JN142505

道

天皇陛下
御即位三十年記念
記録集

◉平成二十一年～平成三十一年

宮内庁＝編

NHK出版

御正装
（平成二十一年）

御即位二十年にあたっての記者会見
（平成二十一年十一月）

象徴としてのお務め
についてのお言葉を
述べられる
（平成二十八年八月）

参議院本会議場での
国会開会式にて
お言葉を述べられる
(平成三十年一月)

大綬章等勲章親授式で
勲章を授与される
（平成三十年十一月）

全国戦没者追悼式で戦没者に黙禱を捧げられる（平成三十年八月）

戦後七十年にあたり
パラオ・ペリリュー島を
ご訪問
西太平洋戦没者の碑に
ご供花の後
アンガウル島に向かい
拝礼される両陛下
(平成二十七年四月)

フィリピン・カリラヤで
比島戦没者の碑にご供花の後
遺族代表に歩み寄られる両陛下
（平成二十八年一月）

ベトナム国
国家主席
ご夫妻を
迎えての
宮中晩餐会
（平成三十年五月）

カナダ総督邸
公式歓迎行事で
お言葉を
述べられる
（平成二十一年
七月）

上
東日本大震災による
被災地で犠牲者を
慰霊される
(平成二十三年四月
宮城県南三陸町)

下
東日本大震災
五周年追悼式で
お言葉を述べられる
(平成二十八年三月)

熊本地震による
被災者をお見舞い
（平成二十八年五月
熊本県南阿蘇村）

上
第三十三回全国豊かな海づくり大会にご臨席
（平成二十五年十月
熊本県）

下
十一度目となる沖縄県ご訪問で日本最西端の碑をご覧になる
（平成三十年三月
沖縄県与那国島）

上
こどもの日に
ちなみ
子育て支援施設
「あい・ぽーと」
をご訪問
（平成二十三年五月
東京都）

下
燈光会創立百周年に
あたり長年航路標識
業務に尽力のあった
元灯台職員とご懇談
（平成二十七年十二月
宮殿）

ソチ冬季オリンピック
並びにパラリンピック
入賞者等との茶会で
入賞者とご懇談
（平成二十六年七月
宮殿）

ロンドン・リンネ協会での
基調講演
「リンネと日本の分類学
―生誕三百年を記念して―」
（平成十九年五月）

カナダ・トロントの
小児病院で子どもたちに
英語で語りかけられ
子守歌をお歌いになる
皇后さま
（平成二十一年七月）

フローレンス・
ナイチンゲール記章を
授与される皇后さま
（平成十三年六月）

上
御所でのご一家
（平成三十年十二月）

下
御所のお庭で
職員とご一緒に
銀杏拾いを
お楽しみに
（平成二十五年十一月）

上
天皇陛下八十四歳の
お誕生日を前に
御所付近の小道を
ご散策
（平成二十九年十二月）

下
これまでの国内の
ご訪問先を
ピン表示した
日本地図を
ご覧になる両陛下
（平成三十年十月）

賢所から宮殿へと
向かう道を
お歩きになる
両陛下
(平成二十六年三月)

道

天皇陛下御即位三十年記念記録集　平成二十一年～平成三十一年　目次

第一章から第六章までは天皇陛下のお言葉、第七章は御製、第八章には皇后陛下のお言葉と御歌を掲載した。巻末には英語で述べられたご講演等を掲載した。なお、目次に記載したページのうち［　］で示したのは、その英文を掲載したページである。

第二節◉折々の務め 15

第二章 鎮魂 29

第一節◉戦争と平和への思い 31

第二節◉激戦の地で ―― 44

第七章　御製（ぎょせい）

第八章 陛下のお側にあって――皇后陛下――

英語のご講演・ご寄稿等

天皇陛下

皇后陛下

凡例

一、本書は、平成二十一年から平成三十一年二月までの、天皇皇后両陛下の国内での式典、大会、宮殿行事や、外国御訪問等の際のお言葉、記者会見におけるお答え、御製《ぎょせい》・御歌《みうた》などから、主なものを選び編集したものである。
また、この機会に、両陛下の平成二十年以前になされた国内外に向けたご寄稿、ご講演についても、改めて掲載することとした。

一、本書の編集にあたっては宮内庁の諸記録を用い、原文どおりとすることを原則とした。ただし、一部、用字・用語の統一、送りがな・句読点の整理、改行の追加等を行った。

一、本文のお言葉等には、それぞれ小見出しを付け、必要に応じ本文註を付した。そのほか、本文に出てくる人名、地名、出来事等で必要と思われるものには、本文中の該当個所に註番号（1）（2）……を付し、各章末にまとめて註記した。

一、題字は中国初唐の書家褚遂良《ちょすいりょう》に拠る（東京国立博物館蔵）。

第一章

象徴

第一節◉天皇の在り方

象徴としてのお務めについて

戦後七十年という大きな節目を過ぎ、二年後には、平成三十年を迎えます。

私も八十を越え、体力の面などからさまざまな制約を覚えることもあり、ここ数年、天皇としての自らの歩みを振り返ると共に、この先の自分の在り方や務めにつき、思いを致すようになりました。

本日は、社会の高齢化が進むなか、天皇もまた高齢となった場合、どのような在り方が望ましいか、天皇という立場上、現行の皇室制度に具体的に触れることは控えながら、私が個人として、これまでに考えてきたことを話したいと思います。

即位以来、私は国事行為(1)を行《おこな》うと共に、日本国憲法下で象徴と位置づけられた天皇の望ましい在り方を、日々模索しつつ過ごしてきました。伝統の継承者として、これを守り続ける責任に深く思いを致し、さらに日々新たになる日本と世界のなかにあって、日本の皇室が、いかに伝統を現代に生かし、いきいきとして社会に内在し、人々の期待に応えていくかを考えつつ、今日に至っています。

そのようななか、何年か前のことになりますが、二度の外科手術(2)を受け、加えて高齢による体力の低下を覚えるようになったころから、これから先、従来のように重い務めを果たすことが困難になった場合、どのように身を処していくことが、国にとり、国民にとり、また、私のあとを歩む皇族にとり良いことであるかにつき、考えるようになりました。すでに八十を越え、幸いに健康であるとは申せ、次第に進む身体の衰えを考慮する時、これまでのように、全身全霊をもって象徴の務めを果たしていくことが、難しくなるのではないかと案じています。

私が天皇の位に就いてから、ほぼ二十八年、この間《かん》私は、我が国における多くの喜びの時、また悲しみの時を、人々と共に過ごしてきました。私はこれまで天皇の務めとして、何よりもまず国民の安寧と幸せを祈ることを大切に考えてきましたが、同時に事にあたっては、時として人々の傍らに立ち、その声に耳を傾け、思いに寄り添うことも大切なことと考えてきました。天皇が象徴であると共に、国民統合の象徴としての役割を果たすためには、天皇が国民に、天皇という象徴の立場への理解を求めると共に、天皇もまた、自らのありように深く心し、国民に対する理解を深め、常に国民と共にある自覚を自らの内に育てる必要を感じてきました。こうした意味において、日本の各地、とりわけ遠隔の地や島々への旅も、私は天皇の象徴的行為として、大切なものと感じてきました。皇太子の時代も含め、これまで私が皇后と共に行ってきたほぼ全国に及ぶ旅は、国内のどこにおいても、その地域を愛し、その共同体を地道に支える市井《しせい》の人々のあることを私に認識させ、私がこの認識をもって、天皇として大切な、国民を思い、国民のために祈るという務めを、人々への深い信頼と敬愛をもってなし得たことは、幸せなことでした。

天皇の高齢化に伴う対処の仕方が、国事行為や、その象徴としての行為を限りなく縮小していくことには、無理があろうと思われます。また、天皇が未成年であったり、重病などによりその機能を果たし得なくなった場合には、天皇の行為を代行する摂政を置くことも考えられます。しかし、この場合も、天皇が十分にその立場に求められる務めを果たせぬまま、生涯の終わりに至るまで天皇であり続けることに変わりはありません。

天皇が健康を損ない、深刻な状態に立ち至った場合、これまでにも見られたように、社会が停滞し、国民の暮らしにもさまざまな影響が及ぶことが懸念されます。さらにこれまでの皇室のしきたりとして、天皇の終焉にあたっては、重い殯《もがり》(3)の行事が連日ほぼ二か月にわたって続き、その後喪儀《そうぎ》に関連する行事が、一年間続きます。そのさまざまな行事と、新時代に関わる諸行事が同時に進行することから、行事に関わる人々、とりわけ残される家族は、非常に厳しい状況下に置かれざるを得ません。こうした事態を避けることはできないものだろうかとの思いが、胸に去来することもあります。

初めにも述べましたように、憲法の下《もと》、天皇は国政に関する権能を有しません。そうしたなかで、このたび我が国の長い天皇の歴史を改めて振り返りつつ、これからも皇室がどのような時にも国民と共にあり、相たずさえてこの国の未来を築いていけるよう、そして象徴天皇の務めが常に途切れることなく、安定的に続いていくことをひとえに念じ、ここに私の気持ちをお話しいたしました。
国民の理解を得られることを、切に願っています。

平成二十八年八月八日　象徴としてのお務めについての天皇陛下のお言葉

譲位期日の決定にあたり

このたび、再来年四月末に期日が決定した私の譲位については、これまで多くの人々が各々の立場で考え、努力してきてくれたことを、心から感謝しています。残された日々、象徴としての務めを果たしながら、次の時代への継承に向けた準備を、関係する人々と共に行っていきたいと思います。

平成二十九年十二月二十日　宮殿　天皇誕生日にあたっての記者会見から

譲位の日を迎えるまで

今年も暮れようとしており、来年春の私の譲位の日も近づいてきています。
私は即位以来、日本国憲法の下で象徴と位置づけられた天皇の望ましい在り方を求めながらその務めを行い、今日までを過ごしてきました。譲位の日を迎えるまで、引き続きその在り方を求めながら、日々の務めを行っていきたいと思います。

平成三十年十二月二十日　宮殿　天皇誕生日にあたっての記者会見から

即位二十年にあたり

今年は、私が即位してから満二十年、そして、私どもが結婚してから満五十年にあたりますが、歳月の流れにいろいろと思いを致しております。皇后と共に、これからも、国と国民のために尽くしていきたいと思います。

平成二十一年一月一日　新年にあたってのご感想

即位二十年にあたり、政府並びに国の内外の多くの人々から寄せられた祝意に対し、深く感謝します。

今年は平成生まれの人が成人に達した年で、スポーツその他の分野でも、すでに平成生まれの人々の活躍が見られるようになりました。二十年という時の流れを思い、深い感慨を覚えます。ここに即位以来の日々を顧み、私どもを、支え続けてくれた国民に心から謝意を表します。

平成二十一年十一月十二日　東京都　国立劇場　天皇陛下御在位二十年記念式典

平成二十年を経て

平成二年の即位礼(4)の日は、穏やかな天候に恵まれ、式後、赤坂御所に戻るころ、午後の日差しが、国会議事堂を美しく茜色《あかね》に染めていた光景を思い出します。あの日沿道で受けた国民の祝福は、この長い年月《ねんげつ》、常に私どもの支えでした。即位二十年にあたり、これまで多くの人々から寄せられたさまざまな善意を顧み、改めて自分の在り方と務めに思いを致します。

ここに、今日の式典をこのように催されたことに対し、厚く感謝の意を表し、国の繁栄と国民の幸せを祈ります。

平成二十一年十一月十二日　東京都　国立劇場　天皇陛下御在位二十年記念式典

即位以来、国内各地を訪問することに努め、十五年ですべての都道府県を訪れることができました。それぞれの地域で、高齢化をはじめとしてさまざまな課題に対応を迫られていることが察せられましたが、訪れた地域はいずれもそれぞれに美しく、容易でない状況のなかでも、人々が助け合い、自分たちの住む地域を少しでも向上させようと努力している姿を頼もしく見てきました。これからも、皇后と共に、各地に住む人々の生活に心を寄せていくつもりです。

平成二十一年十一月十二日　東京都　国立劇場　天皇陛下御在位二十年記念式典

平成が二十年となり、多くの人々がお祝いの気持ちを表してくれることをうれしく思い、感謝しています。

この機会に、我が国の安寧を願い、国民の健康と幸せを祈ります。

平成二十一年十一月六日　宮殿　天皇陛下御即位二十年にあたっての記者会見から

昨年は十二月初めに体調を崩し、静養期間の間に誕生日を迎えました。多くの人々が心配してくれたことを感謝しています。そのようなことから、今年は日程や行事の内容を少し軽くするようにして過ごしてきました。昨年十二月の体調よりは良くなっていますので、来年も今年のように過ごし、皆に心配をかけないようにしたいと思っています。

本年は、私の即位から二十年、私どもの結婚から五十年という節目の年にあたりますが、四月の結婚五十年に際して、また、十一月の即位二十年に際して、多くの人々から祝意を寄せられたことに深く感謝の意を表します。

この二十年間も、我が国の人々はさまざまな困難を乗り越えてきましたが、人々が高齢化の著しい社会状況に対処しつつ、助け合って良い社会をつくるよう努める姿に接する時、深い感動を覚えます。私どももこのような国民に支えられ、日々の務めを行っていくことに幸せを感じています。

平成二十一年十二月二十一日　天皇誕生日にあたってのご感想

日本国憲法では、(5)「天皇は、日本国の象徴であり日本国民統合の象徴」と規定されています。私は、この二十年、長い天皇の歴史に思いを致し、国民の上を思い、象徴として望ましい天皇の在り方を求めつつ、今日まで過ごしてきました。質問にあるような平成の象徴像というものを特に考えたことはありません。

【註】平成の時代につくり上げてこられた「象徴」とはどのようなものかについて問われて

平成二十一年十一月六日　宮殿　天皇陛下御即位二十年にあたっての記者会見から

憲法を遵守する立場

日本国憲法には「天皇は、この憲法の定める国事に関する行為のみを行ひ、国政に関する権能を有しない。」と規定されています。この条項を遵守することを念頭において、私は天皇としての活動を律しています。

しかし、質問にあった五輪招致活動のように、主旨がはっきりうたってあればともかく、問題によっては、国政に関与するのかどうか、判断の難しい場合もあります。そのような場合はできる限り客観的に、また法律的に、考えられる立場にある宮内庁長官や参与の意見を聴くことにしています。今度の場合、参与も宮内庁長官はじめ関係者も、この問題が国政に関与するかどうか一生懸命考えてくれました。今後とも憲法を遵守する立場に立って、事にあたっていくつもりです。

【註】五輪招致活動をめぐる動きなど皇室の活動と政治との関わりについての論議が多く見られたことを踏まえ、皇室の立場と活動に対するお考えについて問われて

平成二十五年十二月十八日　宮殿　天皇誕生日にあたっての記者会見から

日々感謝の気持ち

傘寿を迎える私が、これまでに日本を支え、今も各地でさまざまに我が国の向上、発展に尽くしている人々に日々感謝の気持ちを持って過ごせることを幸せなことと思っています。すでに八十年の人生を歩み、これからの歩みという問いにやや戸惑っていますが、年齢による制約を受け入れつつ、できる限り役割を果たしていきたいと思っています。

八十年にわたる私の人生には、昭和天皇をはじめとし、多くの人々とのつながりや出会いがあり、

直接間接に、さまざまな教えを受けました。宮内庁、皇宮警察(6)という組織の世話にもなり、大勢の誠意ある人々がこれまで支えてくれたことに感謝しています。

平成二十五年十二月十八日　宮殿　天皇誕生日にあたっての記者会見から

将来の皇室の在り方

皇位の継承という点で、皇室の現状については、質問のとおりだと思います。皇位継承の制度に関わることについては、国会の論議にゆだねるべきであると思いますが、将来の皇室の在り方については、皇太子とそれを支える秋篠宮の考えが尊重されることが重要と思います。二人は長年私と共に過ごしており、私を支えてくれました。天皇の在り方についても十分考えを深めてきていることと期待しています。

【註】この先、皇族方の数が少なくなり、皇位の安定的継承が難しくなる可能性があることを踏まえ、皇室の現状、将来、皇太子ご夫妻、秋篠宮ご夫妻をはじめとする次世代の方々に期待することについて問われて

平成二十一年十一月六日　宮殿　天皇陛下御即位二十年にあたっての記者会見から

公務の負担軽減

天皇の務めには日本国憲法によって定められた国事行為のほかに、天皇の象徴という立場から見て、公的に関わることがふさわしいと考えられる象徴的な行為という務めがあると考えられます。毎年出席している全国植樹祭や日本学士院授賞式などがそれにあたります。いずれも昭和天皇は八十歳を超しても続けていらっしゃいました。負担の軽減は、公的行事の場合、公平の原則を踏まえてしなければならないので、十分に考えてしなくてはいけません。今のところしばらくはこのままでいきたいと考えています。私が病気になった時には、昨年のように皇太子と秋篠宮が代わりを務めてくれますから、その点は何も心配はなく、心強く思っています。

【註】今後のご公務に関する皇族方との役割分担に対するお考えについて問われて
平成二十四年十二月十九日　宮殿　天皇誕生日にあたっての記者会見から

「こどもの日」と「敬老の日」の引き継ぎ

「こどもの日」と「敬老の日」にちなんで、平成四年から毎年、子どもや老人の施設を訪問してきましたが、再来年からこの施設訪問を若い世代に譲ることにしました。始めた当時は二人とも五十代でしたが、再来年になると、皇后も私も八十代になります。子どもとは余りに年齢差ができてしまいましたし、老人とはほぼ同年配になります。再来年になると皇太子は五十代半ばになり、私どもがこの施設訪問を始めた年代に近くなります。したがって再来年からは若い世代に譲ることが望ましいと考えたわけです。この引き継ぎは体調とは関係ありません。

負担の軽減に関する引き継ぎについては、昨年の記者会見でお話ししたように、今のところしばらくはこのままでいきたいと思っています。

平成二十五年十二月十八日　宮殿　天皇誕生日にあたっての記者会見から

譲位後の新しい時代

来年春に私は譲位し、新しい時代が始まります。多くの関係者がこのための準備にあたってくれていることに感謝しています。新しい時代において、天皇となる皇太子とそれを支える秋篠宮は共に多くの経験を積み重ねてきており、皇室の伝統を引き継ぎながら、日々変わりゆく社会に応じつつ道を歩んでいくことと思います。

平成三十年十二月二十日　宮殿　天皇誕生日にあたっての記者会見から

第二節◉折々の務め

新年にあたって

本年が日本と世界の人々にとって幸せな年になることを祈ります。

平成二十八年一月一日　新年にあたってのご感想

新年一般参賀

新年おめでとう。
晴れ渡った空の下、皆さんと共に新年を祝うことを誠にうれしく思います。
本年が少しでも多くの人にとり、良い年となるよう願っています。
年頭にあたり我が国と世界の人々の安寧と幸せを祈ります。

平成三十一年一月二日　宮殿　新年一般参賀

親任式

内閣総理大臣に任命します。

平成二十九年十一月一日　宮殿　日本国憲法第六条に基づく内閣総理大臣親任式

最高裁判所長官に任命します。

平成三十年一月九日　宮殿　日本国憲法第六条に基づく最高裁判所長官親任式

大綬章等受章者へ

このたびの受章を心からお祝いいたします。

永年、それぞれの務めに精励し、国や社会のために、また、人々のために尽くされてきたことを、深く感謝しております。

国外の受章者には、我が国の発展や国際社会との関係の増進に尽力されたことに対し、深く感謝の意を表します。

どうか、くれぐれも体を大切にされ、今後とも元気に過ごされるよう願っております。

平成三十年五月八日　宮殿　大綬章等受章者拝謁

国会開会式にあたり

本日、第百七十一回国会の開会式に臨み、全国民を代表する皆さんと一堂に会することは、私の深く喜びとするところであります。

国会が、永年にわたり、国民生活の安定と向上、世界の平和と繁栄のため、たゆみない努力を続けていることを、うれしく思います。

ここに、国会が、当面する内外の諸問題に対処するにあたり、国権の最高機関として、その使命を十分に果たし、国民の信託にこたえることを切に希望します。

平成二十一年一月五日　東京都　国会議事堂　第百七十一回国会開会式

議会開設百二十年にあたり

議会開設百二十年記念式典に臨み、皆さんと一堂に会することを誠に喜ばしく思います。

我が国の議会は、明治二十三年、大日本帝国憲法の下で開会された第一回帝国議会に始まり、中断されることなく、戦後は、日本国憲法により設立された国会に引き継がれ、今日に至っています。この間、昭和二十一年に実施された帝国議会最後の総選挙において、初めて女性議員が選出され、また、新しい国会の開設にあたり、貴族院は廃され、参議院が設立されました。今や、第一回国会の召集以来六十三年が経《た》ち、国会の時代は、五十七年にわたった帝国議会の時代を超えるものとなりました。さまざまな時代を経たこの長い歳月を顧みる時、議会が、我が国における議会政治の確立に努め、国の発展と国民生活の安定向上に力を尽くしてきたことに深い感慨を覚えます。

現下の内外の諸情勢に思いを致す時、国会が、国権の最高機関として、国の繁栄と世界の平和のため果たすべき責務は、いよいよ重きを加えていると思います。

ここに、関係者一同が、先人の努力をしのぶと共に、決意を新たにして、国民の信頼と期待にこたえることを切に希望します。

平成二十二年十一月二十九日　東京都　国会議事堂　議会開設百二十年記念式典

更生保護制度の充実

本日、更生保護制度施行六十周年記念全国大会が行われるにあたり、日ごろ、更生保護事業に尽くされている皆さんと一堂に会することを誠に喜ばしく思います。

我が国の更生保護事業は、保護司、更生保護施設、更生保護女性会、ＢＢＳ会、協力雇用主など、多くの民間篤志家の努力によって支えられてきました。人々が安全に暮らせる社会を目指し、過ちを犯してしまった人々の社会復帰に力を尽くされている皆さんの御苦労には、計り知れないものがあることと察しております。今日、国民が享受している生活は、皆さんのこのような昼夜を分かたぬ献身的な働きがあってのことであることを忘れてはならないと思います。ここに、本日の表彰受賞者をはじめ、長年にわたって更生保護の仕事に携わってきた多くの関係者に深く敬意を表します。

近年の困難な経済状況や高齢化の進展など、更生保護の仕事に携わる皆さんにもさまざまな困難があることと思いますが、それぞれの貴重な経験をいかし、力を合わせてこの制度の一層の充実を図り、過ちを犯した人々も社会で有意義な日々を送ることができるよう願い、大会に寄せる言葉といたします。

平成二十一年九月八日　東京都　東京国際フォーラム　更生保護制度施行六十周年記念全国大会

裁判員制度の実施

今年の夏から、裁判員制度[7]が実施されるようになりました。かつて昭和初期に我が国でも短期間陪審制度が行われたことは、戦後間もないころ、当時の穂積東宮大夫、後の最高裁判所判事から聞いたことがあります。しかし、この制度は日本にはなじまなかったということでした。このたびの制度は、以前の陪審制度とは異なり、裁判官と一般の人が共に裁判に参加するという制度であり、今後の様子を期待を込めて見守りたいと思います。

平成二十一年十二月二十一日　天皇誕生日にあたってのご感想

交通安全活動の成果を願って

本日、第五十回交通安全国民運動中央大会が行われるにあたり、日ごろ、交通安全運動に尽力されている皆さんと一堂に会することを誠に喜ばしく思います。

本年一月三日の新聞には、昨年中の交通事故による死者の数が五千人を割ったという記事が載っていました。一年間の交通事故による死者の数がかつては一万六千人以上に上りましたが、近年は毎年減少し続け、ついに五千人を下回るようになりました。これまで、交通事故による一年間の死者の数が五千人を割っていたのは、五十七年前、昭和二十七年のことです。昭和二十七年という年は平和条約が発効し、我が国の主権が取り戻された年です。当時は高速道路はなく、舗装された道路も少なく、自動車台数も限られたものでした。したがって、自動車交通が著しく発達した今日の交通事情の下で、交通事故による死者の数が当時とほぼ同じ数値になったことは、永年にわたって交通安全の活動に携わってきた関係者の非常な努力によって達成された賜物《たまもの》であります。ここに、本日の表彰受賞者をはじめ、関係者の労苦に対し、深く敬意を表します。

交通事故による死者の数はこのように減少はしてきましたが、それでもなお五千人近くの命が失われていることは誠に痛ましいことです。元気に過ごしていた人が一瞬にして帰らぬ人となることは、その家族にとっていかばかりの悲しみか察するに余りあります。国民一人一人がさらに命の大切さに思いを致し、交通安全に気をつけるよう期待しております。

さまざまな困難を乗り越え、工夫を重ね、交通の安全性を高めるために努力してこられた皆さんの活動が、今後ますます大きな成果を収めることを願い、この中央大会に寄せる言葉といたします。

平成二十二年一月十九日　東京都　日比谷公会堂　第五十回交通安全国民運動中央大会

中小企業の活性化と地域の振興

本日、商工会法の施行五十周年にあたり、商工会の皆さんと一堂に会することを誠に喜ばしく思います。

商工会法施行当時、全国の商工会の会員は四十八万人に過ぎませんでしたが、五十周年を迎えた今日においては、青年部、女性部を含め、約百十万人の会員及び部員を擁する大きな組織に成長しています。

その間、商工会は、小規模事業者の支援のための経営改善普及事業をはじめ、社会一般の福祉増進に資する活動を展開し、地域社会と地域商工業の発展に多大な貢献をしてきました。

今回、栄えある表彰を受けられる方々をはじめ、これまで商工会の発展を支えてこられた多くの関係者の長年にわたる尽力に対し、ここに深く敬意を表します。

近年の困難な経済状況に加え、過疎化や高齢化など、地域を取り巻く環境には非常に厳しいものがあります。これからの我が国の社会にとり、地域に根ざした商工会の幅広い活動は、ますます重要なものになってくると思います。

皆さんが、今後とも、中小企業の活性化と地域の振興に、引き続き尽力されるよう希望すると共に、我が国商工会の一層の発展を願い、お祝いの言葉といたします。

平成二十二年十一月二十六日　東京都　日本武道館　商工会法施行五十周年記念式典

行政相談委員制度の充実

行政相談委員制度五十周年にあたり、皆さんと共にこの式典に臨むことを誠に喜ばしく思います。

行政相談委員制度は、昭和三十六年、行政苦情相談協力委員という名称の下、国民の相談を受ける最も身近な国の窓口として設置されました。以来今日まで、行政相談委員は国民から寄せられるさまざまな苦情の相談に心を込めて応じ、問題点を見出して相談者に必要な助言を行ったり、あるいは行政機関に問題点を伝えて、行政の制度や運営の改善に資するなど、国民生活に重要な役割を担ってきました。本日、ここに表彰を受けられる皆さんをはじめ、全国約五千人の行政相談委員、そして発足以来この制度を支えてこられた多くの関係者の努力に、深く敬意を表します。

東日本大震災(8)に際しては、被災地域の行政相談委員が、震災直後から避難所や公民館、自宅等において、自主的に被災者からの相談への対応を開始し、仮設住宅、当面の生活資金、事業融資などに関する相談を受け付けるなど、被災者のために力を尽くされたと聞いています。非常に心強いことであり、ここに深く感謝の意を表します。

終わりにあたり、これからも全国の行政相談委員のたゆみない努力により、行政相談委員制度が一層充実し、国民生活の安寧が保たれていくことを願い、式典に寄せる言葉といたします。

平成二十三年七月六日　東京都　グランドアーク半蔵門　行政相談委員制度五十周年記念中央式典

農林水産祭天皇杯受賞者へ

このたびの受賞を心からお祝いいたします。

さまざまな困難を乗り越え、研究や努力によって、大きな成果を収め、農林水産業や地域社会の発展に寄与されたことをうれしく思います。皆さんの業績が農林水産業に携わる人々の励ましとなることと期待しています。

寒暑厳しいなかでの作業など、健康に十分気をつけて、元気に過ごされるよう願っています。

平成三十年一月二十六日　宮殿　農林水産祭における天皇杯受賞者拝謁

人事院総裁賞受賞者へ

このたび、人事院総裁賞を受賞されたことを心からお祝いいたします。

皆さんはさまざまな苦労や危険を伴う職場にあって、精根をこめて職務に従事し、人々のために、また、地域や国のために地道に尽力されてきました。このことを深くねぎらいたく思います。

どうか、皆さんには健康に十分留意され、今後とも元気に過ごされるよう願っています。

平成三十年二月七日　宮殿　人事院総裁賞受賞者ご接見

医療功労賞受賞者へ

このたび、医療功労賞を受賞されたことを心からお祝いいたします。

国の内外のさまざまな地域で厳しい環境の下、医療行為に携わり、苦労の多い日々を過ごされたことと察せられますが、皆さんの活動が、それぞれの地域の人々の支えとなり、幸せをもたらしたことを深く感謝しています。

どうかくれぐれも体を大切にされ、今後とも元気に過ごされるよう願っております。

平成三十年三月十二日　宮殿　厚生労働大臣表彰の医療功労賞受賞者拝謁

保健文化賞受賞者へ

永年にわたって保健衛生の仕事に携わり、このたび保健文化賞を受賞されたことを心からお祝いいたします。

皆さんがさまざまな困難を乗り越え、それぞれの分野や地域において保健衛生の向上に努めてこられたことを深く感謝しています。

どうか、くれぐれも体を大切にされ、今後とも社会の問題に目を向けつつ、元気に過ごされるよう願っております。

平成二十九年十月十三日　宮殿　厚生労働大臣表彰の保健文化賞受賞者拝謁

燈光会創立百周年にあたり

燈光会(9)創立百周年にあたり、永年航路標識業務に携わってこられた皆さんとお会いすることをうれしく思います。海に囲まれた我が国にとって海上交通の安全が守られることは大変重要なことであり、危険を伴う厳しい環境のなかでその業務に携わられた皆さんの尽力に対し、深く感謝しています。

私自身の灯台の思い出としては学習院初等科に入学する前に葉山から剱埼《つるぎざき》灯台を見学したことがあります。このような経験から私たちは子どもたち三人が幼稚園に入園する前に千葉県を旅行し、野島《のじま》埼《さき》灯台を訪れる日程を組みました。重要な役割をになっている灯台に対する関心を深めて欲しいと願ったからです。

皆さんにはくれぐれも体を大切にされ、今後とも元気に過ごされるよう願っています。

平成二十七年十二月三日　宮殿　燈光会会員茶会（燈光会創立百周年にあたり）

【註記】

（1）**国事行為**　内閣の助言と承認によって、国民のために天皇が行う、憲法の定める国事に関する行為。国会の指名に基づく内閣総理大臣の任命、内閣の指名に基づく最高裁判所長官の任命、国務大臣その他の官吏の任免の認証、国会の召集、法律や条約の公布、栄典の授与、大使の信任状の認証、外国の大公使の接受などが含まれている。

（2）**二度の外科手術**　平成十五年（二〇〇三）一月十八日に受けられた前立腺全摘出手術と、平成二十四年（二〇一二）二月十八日に受けられた冠動脈バイパス手術のこと。

（3）**殯**　崩御された天皇、太皇太后、皇太后、皇后の霊柩を葬送の日まで殯宮に奉遷（安置）し、ご生前の如く仕えまつる儀式。

（4）**即位礼**　天皇が位に就かれたことを公に告げられる儀式。国事行為たる儀式で、剣璽《けんじ》等承継《とうしょうけい》の儀・即位後朝見の儀・即位礼正殿の儀・祝賀御列の儀・饗宴の儀から成る。平成二年十一月十二日に行われた。

（5）**日本国憲法**　天皇はその立場、役割を、日本国憲法第一章「天皇」第一条〜第八条によって規定されている。

（6）**皇宮警察**　皇宮警察本部。天皇皇后両陛下や皇族各殿下の護衛と、皇居、御所、御用邸などの警備を専門に行う警察。明治十九年（一八八六）に宮内省内に皇宮警察署として誕生。その後、昭和二十九年（一九五四）の新警察法制定に伴い、警察庁の附属機関となり現在の名に改称された。

（7）**裁判員制度**　国民が裁判員として刑事裁判に参加し、被告人の有罪・無罪、有罪の場合の量刑を裁判官と共に決める制度。平成十六年（二〇〇四）に成立した「裁判員の参加する刑事裁判に関する法律」により、平成二十一年（二〇〇九）五月二十一日から開始された。

（8）**東日本大震災**　平成二十三年（二〇一一）三月十一日、三陸沖で発生したマグニチュード九・〇の東北地方太平洋沖地震とこれに伴って引き起こされた津波による大災害。最大震度は七を記録。広い震源域により、太平洋岸各地に津波が押し寄せ、三陸沿岸では国内観測史上最大の巨大津波が発生。この地震や津波などによって死者一万五八九五人、行方不明者二五三九人を出した（二〇一八年［平成三十］三月六日 警察庁）。また、この大津波により、東京電力福島第一原子力発電所で事故が発生。多くの人々が避難生活を余儀なくされた。二〇一八年（平成三十）二月の時点で福島県の県外避難生活者は約三万四〇〇〇人（復興庁）。

（9）**燈光会**　航路標識事業の発達の助成、航路標識事業に関する理解・知識の普及、航路標識事業の調査・研究を主な目的として、大正四年（一九一五）に設立された組織。

第二章

鎮魂

第一節◉戦争と平和への思い

「戦争のない平成の時代」に安堵

終戦を十一歳で迎え、昭和二十七年、十八歳の時に成年式、次いで立太子礼[1]を挙げました。その年にサンフランシスコ平和条約が発効し、日本は国際社会への復帰を遂げ、次々と我が国に着任する各国大公使を迎えたことを覚えています。そしてその翌年、英国のエリザベス二世女王陛下の戴冠式に参列し、その前後、半年余りにわたり諸外国を訪問しました。それから六十五年の歳月が流れ、国民皆の努力によって、我が国は国際社会のなかで一歩一歩と歩みを進め、平和と繁栄を築いてきました。昭和二十八年に奄美群島の復帰が、昭和四十三年に小笠原諸島の復帰が、そして昭和四十七年に沖縄の復帰が成し遂げられました。沖縄は、さきの大戦を含め実に長い苦難の歴史をたどってきました。皇太子時代を含め、私は皇后と共に十一回訪問を重ね、その歴史や文化を理解するよう努めてきました。沖縄の人々が耐え続けた犠牲に心を寄せていくとの私どもの思いは、これからも変わることはありません。

そうしたなかで平成の時代に入り、戦後五十年、六十年、七十年の節目の年を迎えました。さきの大戦で多くの人命が失われ、また、我が国の戦後の平和と繁栄が、このような多くの犠牲と国民のたゆみない努力によって築かれたものであることを忘れず、戦後生まれの人々にもこのことを正しく伝えていくことが大切であると思ってきました。平成が戦争のない時代として終わろうとしていることに、心から安堵《あんど》しています。

平成三十年十二月二十日　宮殿　天皇誕生日にあたっての記者会見から

さきの大戦に対する深い反省

「戦没者を追悼し平和を祈念する日」にあたり、全国戦没者追悼式に臨み、さきの大戦において、かけがえのない命を失った数多くの人々とその遺族を思い、深い悲しみを新たにいたします。

終戦以来すでに七十年、戦争による荒廃からの復興、発展に向け払われた国民のたゆみない努力と、平和の存続を切望する国民の意識に支えられ、我が国は今日の平和と繁栄を築いてきました。戦後という、この長い期間における国民の尊い歩みに思いを致す時、感慨は誠に尽きることがありません。

ここに過去を顧み、さきの大戦に対する深い反省と共に、今後、戦争の惨禍が再び繰り返されぬことを切に願い、全国民と共に、戦陣に散り戦禍に倒れた人々に対し、心からなる追悼の意を表し、世界の平和と我が国の一層の発展を祈ります。

平成二十七年八月十五日　東京都　日本武道館　全国戦没者追悼式

戦後の長き平和な歳月に思いを致しつつ

本日、「戦没者を追悼し平和を祈念する日」にあたり、全国戦没者追悼式に臨み、さきの大戦において、かけがえのない命を失った数多くの人々とその遺族を思い、深い悲しみを新たにいたします。

終戦以来すでに七十三年、国民のたゆみない努力により、今日の我が国の平和と繁栄が築き上げられましたが、苦難に満ちた往時をしのぶ時、感慨は今なお尽きることがありません。

戦後の長きにわたる平和な歳月に思いを致しつつ、ここに過去を顧み、深い反省と共に、今後、戦争の惨禍が再び繰り返されぬことを切に願い、全国民と共に、戦陣に散り戦禍に倒れた人々に対し、心から追悼の意を表し、世界の平和と我が国の一層の発展を祈ります。

平成三十年八月十五日　東京都　日本武道館　全国戦没者追悼式

過去の歴史的事実を十分に知って未来に備える

今、日本では高齢化が進み、経済が厳しい状況になっています。しかし、日本国民が過去にさまざまな困難を乗り越えて今日を築いてきたことを思い起こす時、人々が皆で英知を結集し、相携えて協力を進めることにより、日本が現在直面している困難も一つひとつ克服されることを願っております。

私がむしろ心配なのは、次第に過去の歴史が忘れられていくのではないかということです。昭和の時代は、非常に厳しい状況の下で始まりました。昭和三年、一九二八年昭和天皇の即位の礼が行われる前に起こったのが、張作霖爆殺事件[2]でしたし、三年後には満州事変[3]が起こり、さきの大戦に至るまでの道のりが始まりました。第一次世界大戦のヴェルダン[4]の古戦場を訪れ、戦場の悲惨な光景に接して平和の大切さを肝に銘じられた昭和天皇にとって誠に不本意な歴史であったのではないかと察しております。昭和の六十有余年は私どもにさまざまな教訓を与えてくれます。過去の歴史的事実を十分に知って未来に備えることが大切と思います。

平成も二十年が経ち、平成生まれの人々がスポーツや碁の世界などで活躍するようになりました。うれしいことです。いつの時代にも、心配や不安はありますが、若い人々の息吹をうれしく感じつつ、これからの日本を見守っていきたいと思います。

【註】日本の将来に何かご心配をお持ちかお考えについて問われて

平成二十一年十一月六日　宮殿　天皇陛下御即位二十年にあたっての記者会見から

さきの戦争を戦後生まれの人々に正しく伝える

さきの戦争が終わって六十四年が経ち、昨今は国民の四人に三人が戦後生まれの人となりました。この戦争においては、三百十万人の日本人の命が失われ、また外国人の命も多く失われました。その後の日本の復興は、戦後を支えた人々の計り知れぬ苦労により成し遂げられたものです。今日の日本がこのような大きな犠牲の上に築かれたことを忘れることなく、これを戦後生まれの人々に正しく伝えていくことが、これからの国の歩みにとり、大切なことではないかと考えます。

平成二十一年十一月十二日　東京都　国立劇場　天皇陛下御在位二十年記念式典

歴史を繰り返し学び、平和に思いを致す

今年はさきの戦争が始まって七十年になります。この戦争における死者はおびただしい数に上り、戦後、こうした戦争の惨禍を再び繰り返すことのないよう、日本の人々は、真摯に過去を学びつつ、

戦後の厳しい困難に耐え、営々と国づくりに励み、今日の日本を築き上げました。戦争の記憶が薄れようとしている今日、皆が日本がたどった歴史を繰り返し学び、平和に思いを致すことは極めて重要なことと思います。

平成二十三年十二月二十一日　天皇誕生日にあたってのご感想

戦争の歴史を十分に学び、今後の日本の在り方を考える

本年は終戦から七十年という節目の年にあたります。多くの人々が亡くなった戦争でした。各戦場で亡くなった人々、広島、長崎の原爆、東京をはじめとする各都市の爆撃などにより亡くなった人々の数は誠に多いものでした。この機会に、満州事変に始まるこの戦争の歴史を十分に学び、今後の日本の在り方を考えていくことが、今、極めて大切なことだと思っています。

平成二十七年一月一日　新年にあたってのご感想

さきの戦争のことを十分に知り、考えを深めていく

パラオ訪問の後、夏には宮城県の北原尾、栃木県の千振、長野県の大日向と戦後の引き揚げ者が入

植した開拓の地を訪ねました。外地での開拓で多大な努力を払った人々が、引き揚げの困難を経、不毛に近い土地を必死に耕し、家畜を飼い、生活を立てた苦労がしのばれました。北原尾は、北のパラオという意味で、パラオから引き揚げてきた人々が入植したところです。

この一年を振り返ると、さまざまな面でさきの戦争のことを考えて過ごした一年だったように思います。年々、戦争を知らない世代が増加していきますが、さきの戦争のことを十分に知り、考えを深めていくことが日本の将来にとって極めて大切なことと思います。

平成二十七年十二月十八日　宮殿　天皇誕生日にあたっての記者会見から

特に印象に残る出来事はさきの戦争

八十年の道のりを振り返って、特に印象に残っている出来事という質問ですが、やはり最も印象に残っているのはさきの戦争のことです。私が学齢に達した時には中国との戦争が始まっており、その翌年の十二月八日から、中国のほかに新たに米国、英国、オランダとの戦争が始まりました。終戦を迎えたのは小学校の最後の年でした。この戦争による日本人の犠牲者は約三百十万人といわれています。前途にさまざまな夢を持って生きていた多くの人々が、若くして命を失ったことを思うと、本当に痛ましい限りです。

戦後、連合国軍の占領下にあった日本は、平和と民主主義を、守るべき大切なものとして、日本国憲法をつくり、さまざまな改革を行って、今日の日本を築きました。戦争で荒廃した国土を立て直し、かつ、改善していくために当時の我が国の人々の払った努力に対し、深い感謝の気持ちを抱いています。また、当時の知日派の米国人の協力も忘れてはならないことと思います。戦後六十年を超す歳月を経、今日、日本には東日本大震災のような大きな災害に対しても、人と人との絆《きずな》を大切にし、冷静に事に対処し、復興に向かって尽力する人々が育っていることを、本当に心強く思っています。

平成二十五年十二月十八日　宮殿　天皇誕生日にあたっての記者会見から

戦傷病者の苦難に思いを致して

本日、戦傷病者特別援護法制定四十五周年並びに日本傷痍軍人会創立五十五周年記念式典が行われるにあたり、全国から集まられた皆さんと一堂に会し、深い感慨を覚えます。

一昨日、私どもは、戦傷病者とその家族の労苦を伝える史料館しょうけい館を訪れ、国のために尽くすなか、戦火に傷つき、あるいは病に冒された戦傷病者の苦難に改めて深く思いを致しました。皆さんが戦中戦後の厳しい状況から、その後さまざまに変動を重ねた時代を通し、互いに、また、家族と手を携え、幾多の困難を乗り越えながら、我が国の安寧と繁栄のために貢献してこられたことを、心からねぎらいたく思います。戦傷病者とその家族が歩んできた歴史が、決して忘れられることなく、皆さんの平和を願う思いと共に、将来に語り継がれていくよう切に希望してやみません。

また、この機会に、戦傷病者と苦楽を共にし、援護のための努力をたゆみなく続けてきた関係者に対し、深く感謝の意を表します。

どうか、体を大切にし、励まし助け合って、今後とも元気に過ごされるよう願っております。

平成二十一年一月二十一日　東京都　日本武道館　戦傷病者特別援護法制定四十五周年並びに財団法人日本傷痍軍人会創立五十五周年記念式典

戦傷病者とその家族の歴史を将来に語り継ぐ

戦傷病者特別援護法制定五十周年並びに財団法人日本傷痍軍人会創立六十周年の記念式典が行われるにあたり、全国から集まられた皆さんと一堂に会することを誠に感慨深く思います。

昭和二十年の終戦以来六十八年の歳月が経ちました。国のために尽くし、戦火に傷つき、あるいは病に冒された戦傷病者の皆さんが歩んできた道のりには、計り知れない苦労があったことと察しています。そのようななか、皆さんが互いに、また家族と、手を携えつつ、幾多の困難を乗り越え、今日の我が国の安寧と繁栄を築く上に貢献してこられたことを深くねぎらいたく思います。戦傷病者とその家族が歩んできた歴史が、決して忘れられることなく、皆さんの平和を願う思いと共に、将来に語り継がれていくよう切に希望してやみません。

この機会に戦傷病者と苦楽を共にし、援護のため、たゆみなく努力を続けてきた家族をはじめとする関係者に対し、深く感謝の意を表します。

終わりにあたり、高齢の皆さんがくれぐれも体を大切にし、共に励まし助け合って、今後とも元気に過ごされることを願い、式典に寄せる言葉といたします。

平成二十五年十月三日　東京都　明治神宮会館　戦傷病者特別援護法制定五十周年
並びに財団法人日本傷痍軍人会創立六十周年記念式典

戦後七十年にあたり

昨年は戦後七十年という年にあたり、多くの人々がさきの戦争に思いを致した一年でした。新年を迎え、改めて国と人々の平安を祈念します。

平成二十八年一月一日　新年にあたってのご感想

戦没船員への思い

今年はさきの大戦が終結して七十年という節目の年にあたります。この戦争においては、軍人以外の人々も含め、誠に多くの人命が失われました。平和であったならば、社会のさまざまな分野で有意義な人生を送ったであろう人々が命を失ったわけであり、このことを考えると、非常に心が痛みます。

軍人以外に戦争によって生命に関わる大きな犠牲を払った人々として、民間の船の船員があります。将来は外国航路の船員になることも夢見た人々が、民間の船を徴用して軍人や軍用物資などを載せる輸送船の船員として働き、敵の攻撃によって命を失いました。日本は海に囲まれ、海運国として発展していました。私も小さい時、船の絵葉書を見て楽しんだことがありますが、それらの船は、病院船として残った氷川丸以外は、ほとんど海に沈んだということを後に知りました。制空権がなく、輸送船を守るべき軍艦などもない状況下でも、輸送業務に携わらなければならなかった船員の気持ちを本当に痛ましく思います。今年の六月には第四十五回戦没・殉職船員追悼式が神奈川県の戦没船員の碑の前で行われ、亡くなった船員のことを思い、供花しました。

平成二十七年十二月十八日　宮殿　天皇誕生日にあたっての記者会見から

満蒙開拓への理解

十一月中旬には、私的旅行として長野県阿智村に行き、満蒙開拓平和記念館を訪れました。記念館では、旧満州から引き揚げてきた人たちから話を聞き、満蒙開拓(5)に携わった人々の、厳しい経験への理解を深めることができました。

また、その際訪れた飯田市では、昭和二十二年の大火(6)で、市の中心部のほぼ三分の二が焼失していますす。その復興にあたり、延焼を防ぐよう区画整理をし、広い防火帯道路をつくり、その道路には復興のシンボルとして、当時の中学生がりんごの木を植えた話を聞きました。昭和二十年代という戦後間もないその時期に、災害復興を機に、前よりさらに良いものをつくるという、近年でいう「ビルド・バック・ベター」がすでに実行されていたことを知りました。

平成二十八年十二月二十日　宮殿　天皇誕生日にあたっての記者会見から

護国神社の苦労を思う

昨年は終戦七十周年にあたり、護国神社宮司はじめ関係者にとり、誠に心の重い年であったと思います。

皆さんが国のために戦って亡くなった人々、また、その遺族のために、日々尽くされていることを誠にご苦労に思います。

どうかくれぐれも体を大切にされ、今後とも高齢の遺族の心の支えとなり、護国神社をお守りしていくよう願っています。

平成二十八年三月九日　宮殿　全国護国神社宮司等拝謁

第二節 ◉ 激戦の地で

沖縄の人々の災難を日本人全体で分かち合う

八年ぶりに沖縄県を訪問したわけですけれども、今度行きました所は、今までに行ったことのない所が含まれています。沖縄科学技術大学院大学ですね、恩納村には行きましたけれどもそこは行きませんでしたし、万座毛も初めてでした。それから久米島がやはり初めての所です。戦没者墓苑は、これは毎回お参りすることにしています。そのようなわけで、毎回お参りしている所と新しい所があって、沖縄に対する理解がさらに深まったように思っています。万座毛という所は、歴史的にも琉歌で歌われたりしていまして、そこを訪問できたことは印象に残ることでした。殊に恩納岳もよく見えましたね。久米島の深層水研究所も久米島としては水産上、重要な所ではないかと思っています。多くの沖縄の人々に迎えられたことも心に残ることでした。沖縄は、いろいろな問題で苦労が多いことと察しています。その苦労があるだけに日本全体の人が、皆で沖縄の人々の苦労をしている面を考えていくということが大事ではないかと思っています。地上戦であれだけ大勢の人々が亡くなったことはほかの地域ではないわけです。そのことなども、だんだん時が経つと忘れられていくということが心配されます。やはり、これまでの戦争で沖縄の人々の被った災難というものは、日本人全体で分かち合うということが大切ではないかと思っています。

平成二十四年十二月十九日　宮殿　天皇誕生日にあたっての記者会見から

慰霊のためのパラオ共和国ご訪問

本年は戦後七十年にあたります。さきの戦争では、太平洋の各地においても激しい戦闘が行われ、数知れぬ人命が失われました。祖国を守るべく戦地に赴き、帰らぬ身となった人々のことが深くしのばれます。

私どもはこの節目の年にあたり、戦陣に倒れた幾多の人々の上を思いつつ、パラオ共和国を訪問いたします。

パラオ共和国は、ミクロネシア連邦、マーシャル諸島共和国と共に、第一次世界大戦まではドイツの植民地でしたが、戦後、ヴェルサイユ条約(7)及び国際連盟の決定により、我が国の委任統治の下に置かれました。そしてパラオには南洋庁(8)が置かれ、我が国から多くの人々が移住し、昭和十年ごろには、島民の数より多い五万人を超える人々が、これらの島々に住むようになりました。

終戦の前年には、これらの地域で激しい戦闘が行われ、いくつもの島で日本軍が玉砕しました。このたび訪れるペリリュー島(9)もその一つで、この戦いにおいて日本軍は約一万人、米軍は約千七百人の戦死者を出しています。太平洋に浮かぶ美しい島々で、このような悲しい歴史があったことを、私どもは決して忘れてはならないと思います。

このたびのパラオ共和国訪問が、両国間にこれまで築かれてきた友好協力関係の、さらなる発展に寄与することを念願しています。私どもは、この機会に、この地域で亡くなった日米の死者を追悼すると共に、パラオ国の人々が、厳しい戦禍を体験したにもかかわらず、戦後に、慰霊碑や墓地の清掃、遺骨の収集などに尽力されてきたことに対し、大統領閣下はじめパラオ国民に、心から謝意を表したいと思っております。

この訪問に際し、ミクロネシア連邦及びマーシャル諸島共和国の大統領御夫妻が私どものパラオ国訪問に合わせて御来島になり、パラオ国大統領御夫妻と共に、ペリリュー島にも同行してくださることを深く感謝しております。

終わりに、この訪問の実現に向け、関係者の尽力を得たことに対し、深く感謝の意を表します。

平成二十七年四月八日　東京都　東京国際空港　パラオ国ご訪問ご出発にあたって

フィリピン共和国ご訪問と慰霊

このたび、フィリピン国大統領閣下からの御招待により、皇后と共に、同国を訪問いたします。

私どもは、ガルシア大統領が国賓として日本を御訪問になったことに対する答訪として、昭和三十七年、昭和天皇の名代として、フィリピンを訪問いたしました。それから五十四年、日・フィリピン国交正常化六十周年にあたり、皇后と共に再び同国を訪れることをうれしく、感慨深く思っております。

フィリピンでは、さきの戦争において、フィリピン人、米国人、日本人の多くの命が失われました。なかでもマニラの市街戦においては、膨大な数に及ぶ無辜のフィリピン市民が犠牲になりました。私どもはこのことを常に心に置き、このたびの訪問を果たしていきたいと思っています。

旅の終わりには、ルソン島東部のカリラヤの地で、フィリピン各地で戦没した私どもの同胞の霊を弔う碑に詣でます。

このたびの訪問が、両国の相互理解と友好関係のさらなる増進に資するよう深く願っております。

終わりに内閣総理大臣はじめ、この訪問に心を寄せられた多くの人々に深く感謝いたします。

平成二十八年一月二十六日　東京都　東京国際空港　フィリピン国ご訪問ご出発にあたって

訪問を温かく受け入れてくれた各国に感謝し

戦後六十年にサイパン島を、戦後七十年にパラオのペリリュー島を、さらにその翌年フィリピンのカリラヤを慰霊のため訪問したことは忘れられません。皇后と私の訪問を温かく受け入れてくれた各国に感謝します。

平成三十年十二月二十日　宮殿　天皇誕生日にあたっての記者会見から

【註記】

（1）**立太子礼**　立太子の礼。皇太子であることを公に告げられる儀式。

（2）**張作霖爆殺事件**　昭和三年（一九二八）六月四日、満州（現・中国東北部）軍閥の張作霖が、奉天（現・瀋陽）郊外で日本の関東軍による列車爆破により死亡した事件。

（3）**満州事変**　昭和六年（一九三一）九月十八日、奉天郊外の柳条湖で日本の関東軍が南満州鉄道の線

路を爆破した事件（柳条湖事件）を発端に始まった日中の軍事衝突。日本軍は満州全土を占領し、満州国を建国した。

（4）**ヴェルダン**　フランス北東部のロレーヌ地方の町、第一次世界大戦の激戦地。

（5）**満蒙開拓**　昭和十一年（一九三六）に国策として始まった満州（現・中国東北部）および内蒙古地方（現・内モンゴル自治区）の開拓政策。終戦までに開拓入植者として満州に渡ったのは二十七万人とされる。

（6）**昭和二十二年の大火**　昭和二十二年（一九四七）四月二十日、長野県飯田市で発生した大規模な火災。この火災で市街地の五十万平方メートルが焼失した。死者・行方不明者三人、焼損家屋は四千棟近くにのぼった。

（7）**ヴェルサイユ条約**　大正八年（一九一九）六月二十八日、フランスのヴェルサイユで調印された第一次世界大戦の連合国とドイツとの間の講和条約。日本は中国の山東半島の旧ドイツ権益の継承と、ドイツ領であった南洋諸島（現在の北マリアナ諸島、パラオ、マーシャル諸島、ミクロネシア連邦に相当）の委任統治権を得た。

（8）**南洋庁**　ヴェルサイユ条約によって日本の委任統治領となった南洋諸島を統治するために設置された行政機関。

（9）**ペリリュー島**　パラオ諸島の島の一つ。太平洋戦争中、昭和十九年（一九四四）九月十五日から十一月二十四日にかけて、日本軍とアメリカ軍による激しい陸上戦が行われた。この戦闘で日本軍は壊滅、日米両軍あわせて一万人以上の兵士が命を落とした。

第三章

世界の平和

第一節◉各国元首と共に

【二】宮中にて

シンガポール共和国大統領夫妻を迎えて

このたび、シンガポール共和国大統領ナザン閣下が、令夫人と共に、国賓として我が国を御訪問になりましたことに対し、心から歓迎の意を表します。ここに、今夕を共に過ごしますことを、誠に喜ばしく思います。

私どもは貴国と我が国との外交関係樹立四十周年にあたる二〇〇六年、国賓として貴国を訪問し、大統領閣下並びに令夫人より手厚いおもてなしをいただきました。本日、再びお目にかかり、三年前の貴国訪問を振り返り、ここに改めて深く感謝の意を表します。

私どもがシンガポールを初めて訪問いたしましたのは、一九七〇年のことで、貴国の独立後間もない時でありました。当時のヨセフ・イスラク大統領御夫妻を訪問し、リー・クァンユー首相御夫妻には晩餐会に招いていただきました。その時、建設途上にあったジュロン工業地帯に日本のソテツの苗を二人で植えましたが、先年貴国を訪れた時、日本庭園で立派に育っているそのソテツを見ることができたことはうれしいことでした。

私どもは一九七〇年の最初の訪問以来、一泊の立ち寄りを含め、貴国を三回訪れておりますが、貴国が国民のたゆまぬ努力により、時と共に美しく豊かな国に発展してきていることに対し、深い敬意を表するものであります。

我が国が経済連携協定を結んだ最初の国が貴国であったことが示すように、これまで両国は、緊密な友好協力関係を発展させてまいりました。この両国の関係は、政治、経済にとどまらず、国民同士の文化交流を含む幅広いものになっており、また、地域のさまざまな問題や、地球規模の諸課題について、両国が相携えて対処することが、今日ますます重要になってきております。

今回の御訪問の機会に、こうした両国間の協力関係が、ますます強化されることを願っております。大統領閣下並びに令夫人には、東京御滞在の後、京都や広島を御訪問になり、我が国の歴史や文化に接していただくと聞いております。幸いに新緑のさわやかな季節でもあります。御滞在が快適で、有意義なものとなりますよう期待しております。

ここに杯を挙げて、大統領閣下並びに令夫人の御健勝とシンガポール国民の幸せを祈ります。

平成二十一年五月十一日　宮殿　宮中晩餐会

カンボジア王国国王陛下を迎えて

このたび、カンボジア王国ノロドム・シハモニ国王陛下が、国賓として我が国を御訪問になりましたことに対し、心から歓迎の意を表します。ここに、今夕を共に過ごしますことを、誠に喜ばしく思います。

貴国と我が国との交流は、一五六九年、貴国の商船が九州沿岸に来航して通交を求めたことに始まりました。そのころ我が国は、群雄割拠の時代から、統一政権が生まれる時代への移行期にあり、外国との貿易も盛んになってきていました。一六〇四年より、鎖国により日本人の海外渡航が禁止された一六三五年までの間、政府の渡航証明書を与えられて貴国に渡航した我が国の商船は、四十四艘《そう》に及んでいます。貴国からの輸入品のなかには刀の柄《つか》や鞘《さや》に用いた上質の鮫《さめ》皮があり、また、プロミン(1)の開発以前、長い間ハンセン病の薬として使われていた大風子《だいふうし》(2)も貴国から輸入されていました。この時代には貴国に二か所の日本人町があり、当時アンコール・ワット(3)を訪れた日本人の墨書(4)も今日に残っています。

しかし、我が国はその後二百年以上に及ぶ鎖国政策を続けたことから、貴国との交流はなくなりました。さらに、十九世紀半ば過ぎ、我が国が鎖国政策から開国政策に転換したころ、貴国はフランスの支配下に入り、両国の間に国交が開かれたのはさきの大戦後、両国がほぼ時を同じくしてそれぞれ自国の独立を回復した時のことになります。

父君に初めてお目にかかりましたのは、父君のさまざまな御努力により、貴国が独立を達成してほどない時のことでした。国賓として我が国を御訪問になった父君と重光外務大臣(5)との間で友好条約の署名が行われ、昭和天皇香淳皇后による宮中午餐の席には私も、陪席いたしました。それから五十五年の月日が流れました。父君が今もお元気にお過ごしとのことをうれしく思っております。

その後、貴国が経てきた道は極めて厳しいものでした。内戦により驚くべき多数の人々の命が失われ、誠に痛ましいことでした。この内戦の残した禍は今も続いており、当時埋められた地雷により被害を受ける人の数は、決して少なくないと聞いております。国民生活とりわけ農業を営む人々の生活に不安の影を落とす地雷の除去に携わる人々の労を思うと共に、作業の安全を心より願っております。

国王陛下と初めてお会いいたしましたのは一九八八年、父君、母君と共に陛下が我が国にいらっしゃった時であり、貴国が内戦から和平に向かう時期でありました。和平の成立に至るまでの日々を、陛下は御両親と共に厳しい環境下にお過ごしになり、その御苦労は計り知れないものがあったこととお察ししています。

貴国はこの痛ましい内戦を乗り越えて和平を達成し、国政選挙を経て、政治的安定を確保し、今日さらなる発展に向け力を注いでいます。貴国国民のたゆみない努力に、心から敬意を表したく思います。

我が国の人々はこれまで、貴国の人々と共に、さまざまな面で貴国の復興発展に協力してきました。このたびの御訪問がこのような両国間の協力に尽くした人々の励ましとなり、両国国民の友好の絆《きずな》を一層強めると共に、我が国の人々の、アンコール・ワットをはじめとし、貴国が世界に誇る優れた文化への関心を今までにも増し高める機会となるよう願っております。

日本は今、日々緑が鮮やかになる季節を迎えております。この良き時に我が国をお訪ねくださった陛下の御滞在が、実り豊かなものとなりますよう念じております。

ここに杯を挙げて、国王陛下の御健勝とカンボジア国民の幸せを祈ります。

平成二十二年五月十七日　宮殿　宮中晩餐会

ブータン王国国王王妃両陛下を迎えて

（御名代皇太子殿下のご代読）

国王王妃両陛下をお迎えするこの席において、私自身歓迎の言葉を申し上げるべきところ、病気のため、かなわぬことになりました。誠に残念に思い、その失礼をお詫《わ》びし、皇太子に私の言葉の代読を依頼いたします。

このたび、ブータン王国ジグミ・ケサル・ナムギャル・ワンチュク国王陛下が、ジツェン・ペマ・ワンチュク王妃陛下と共に、国賓として我が国を御訪問になりましたことに対し、心から歓迎の意を表します。この御訪問は、当初、本年五月に国王陛下を国賓としてお迎えする行事として予定されていましたが、東日本大震災のため、陛下の深い御理解を得、半年を経た今日まで延期のやむなきに至っておりました。この間、貴国においては去る十月、陛下と王妃陛下の御成婚の儀がめでたく執り行われ、ここに、御成婚間もない国王王妃両陛下をお迎えできますことを、誠に喜ばしく思います。

去る三月の東日本大震災に際しては、国王陛下から、私に対し、二度にわたって哀悼とお見舞いのお気持ちをお伝えいただき、また、日本赤十字社に対して心温まる御支援をいただきました。さらに、震災直後の三月十二日には、ティンプー市内で国王陛下の主催により、災害における犠牲者に対する追悼式が行われたほか、貴国の各地で追悼式やさまざまな募金活動が行われました。貴国からいただいた、このように誠に心のこもったお見舞いと支援に対して、改めて私どもの深い感謝の意を表したいと思います。

振り返りますと、皇后と私が初めて貴国王室の方とお会いしたのは一九七五年、皇太子・皇太子妃の立場としてネパール国の今は亡きビレンドラ国王の戴冠式に参列した時のことでした。この時、貴国を代表して出席されましたのは、前国王陛下の姉君、貴陛下の伯母君にあたられるデチェン・ワンモ・ワンチュク王女殿下でいらっしゃり、まだ二十代になられたばかりのお若さながら、その立派な立ち居振る舞いで、参列者一同の注目を集めておられました。私どもはすぐに親しくなり、ネパールを発《た》つ前には日本大使公邸にお招きし、朝食を共にいたしました。

陛下にお目にかかりましたのは、その時から三十一年の後、今から五年前、現在洪水の被害が深く案じられているタイ国バンコクにおいて、プミポン国王陛下御即位六十年慶祝式典(6)が挙行された折のことでした。当時、まだ皇太子でおられた陛下と、チャオプラヤ川(7)を進む美しいロイヤル・バージを展望するなど、式典のさまざまな行事に御一緒したことが思い起こされます。

御父君のジグミ・シンゲ・ワンチュク前国王陛下には、昭和天皇の崩御に際し、大喪の礼(8)に御出席いただき、また、私の即位の礼にも御列席いただいたことを、深く感謝しております。前国王陛下が、お元気にお過ごしでいらっしゃるとうかがい、誠に喜ばしく思います。また、前国王陛下にお招きいただき、これまで、皇太子と秋篠宮同妃が、貴国を訪問いたしましたが、それぞれの訪問に際し、ブータン王室から温かいおもてなしをいただいたことに深く感謝いたします。

本年は、貴国と我が国の間の外交関係樹立二十五周年にあたりますが、両国間の交流は、外交関係樹立以前から行われていました。植物学者の中尾佐助(9)氏は、一九五八年に貴国に数か月間滞在し、翌年、貴国の状況を本格的に紹介する書物を著しましたが、これは、我が国国民にとり、貴国のことを知る上で、初めての本となり、私もまだ若かった二十代にこの本を味わい深く読んだ思い出を持っています。中尾氏は、両国の照葉樹林の植生の共通性や、貴国の風習や習慣、豊かな自然について驚きと感慨を持って観察し、また、竹細工、漆器、手漉《す》き紙などや、段々畑、棚田、米、麦、蕎麦《そば》の作付けなど、我が国にも通じる貴国の伝統工芸や伝統的農業についても、興味深い記述を残しました。

さらに、両国の交流の歴史で忘れてはならない一人に、一九六四年にコロンボ計画[10]の農業専門家として貴国に派遣された西岡京治《けいじ》[11]専門家がおります。西岡専門家は、その生涯を通じて、貴国の農業振興に貢献した功績がたたえられ、前国王陛下より、「ダショー」[12]の称号を授けられました。ダショー西岡の意志を受け継いだ人たちが、現在では貴国政府・関係機関の要職を占め、貴国の農業発展のために日々活躍していると聞き、心強く思っています。

貴国では、一九九〇年代の終わりから、王制から立憲君主制への移行準備が進められ、二〇〇八年に、議会制立憲君主制への移行が、平和裡《り》に実現されました。この過程において、国王陛下御自身、皇太子として、また即位後は国王として、全国を行脚され、民主化の重要性について国民との対話に努められたことに、深い敬意を表します。

前国王陛下が提唱された「国民総幸福量」は、貴国の国家運営の指針となり、貴国では経済成長を過度に重視せず、伝統的な社会や文化、自然環境の保護に十分注意を払った国づくりが進められています。我が国においても、「国民総幸福量」に学ぶところは大きいと受け止められています。

このたびの御訪日を契機に、両国間の交流がますます活発になり、友好関係が一層進展していくことを望んでやみません。

我が国は、今、秋も深まり、美しい紅葉の季節を迎えております。このたびの御滞在が実り多く、思い出深いものとなりますよう、期待いたしております。

ここに杯を挙げて、国王王妃両陛下の御健勝と、ブータン国民の幸せを祈ります。

平成二十三年十一月十六日　宮殿　宮中晩餐会

マレーシア国国王王妃両陛下を迎えて

このたび、マレーシア国王アブドゥル・ハリム・ムアザム・シャー陛下が、ハミナ王妃陛下と共に、国賓として我が国を御訪問になりましたことに対し、心から歓迎の意を表します。ここに今夕を共に過ごしますことを、誠に喜ばしく思います。

国王陛下に私が初めてお会いいたしましたのは、今から四十二年前、皇太子の私が、皇太子妃と共に貴国を訪問した時のことであります。この訪問は一九六四年にペルリス州御出身のサイド・プートラ国王、王妃を国賓として我が国にお迎えしたことに対する答訪であり、私は昭和天皇の名代という立場でありました。当時貴国の国王は御病気であり、副国王でいらした陛下がクアラルンプールで私どもを丁重に迎えてくださいました。ペナン、ペルリス、セランゴール、ジョホール各州に及んだこの時の訪問は、私どもにとって未知であった貴国への理解を深める意義あるものとなりました。それと共に各地において私どもを迎えられた人々の温かい心に触れたことも心に残っています。

二度目の私どもの貴国訪問は、即位後間もない一九九一年、国賓としての訪問であり、陛下にも再びお目にかかりました。この時は、当時のアズラン・シャー国王の御出身地であるペラ州を訪問する予定でしたが、隣国の山火事のため、訪問することができなくなるという誠に残念なことが起こりました。しかし、それから十五年後、タイ国王陛下の即位六十周年記念行事に出席する機会に、ペラ州を訪れることができました。元国王をはじめ御家族にお会いし、訪問の予定が立てられていたマレー・カレッジでは、私どものために当時、準備されたものも見ることができました。当地の人々が私どもを迎えようとしていかに心を尽くしてくださっていたかを知り深い感謝を覚えました。

昨年三月十一日に発生した東日本大震災に際しては、当時のミザン・ザイナル・アビディン国王から私に対し、哀悼とお見舞いの気持ちをお伝えいただき、また政府からは被災者に対する支援物資が送られました。ここに、貴国から示された心温まる厚情に、改めて深い感謝の意を表したいと思います。

貴国と我が国の間の交流は、一九五七年の国交樹立後大きく発展し、さまざまな分野で協力が進み、友好親善関係はますます緊密になってきております。とりわけ、一九八一年に提唱された東方政策の下、多くの優秀な貴国の若者が我が国で学び、貴国の発展に大きく貢献すると共に、両国をつなぐかけがえのない友好の懸け橋として活躍されてきたことを喜ばしく思います。このたびの国王王妃両陛下の御訪問により、長きにわたり培われてきた両国の友好関係がますます強化されることを願ってやみません。

貴国には九人の州王がいらっしゃり、国王はこれらの州王の互選により、輪番五年の任期をお務めになります。国王陛下にはマレーシアの歴史で初めてのことになる二度目の王位におつきになりました。常に国民の上を思われ、マレー文化の良き象徴として国民の敬愛を集めてこられた国王陛下が王妃陛下と共に、これからもお元気にその重いお務めをお果たしになることを心より祈念いたします。

国王王妃両陛下のこのたびの御滞在が、快く実り多きものとなりますよう、ここに杯を挙げて、マレーシア国王王妃両陛下の御健勝と、マレーシア国民の幸せを祈ります。

平成二十四年十月三日　宮殿　宮中晩餐会

フランス共和国大統領及びトリエルヴェレール女史を迎えて

このたび、フランス共和国大統領フランソワ・オランド閣下が、ヴァレリー・トリエルヴェレール女史と共に、国賓として我が国を御訪問になりましたことを、心から歓迎いたします。

歓迎の言葉を述べますに先立ち、まず大統領閣下に、おととしの三月十一日に発生した死者、行方不明者が二万人を超える東日本大震災に対して、貴国から緊急援助隊をはじめとする、さまざまな支援をいただいたことに、深くお礼を申し上げます。

私が貴国を初めて訪れましたのは、一九五三年、私の父昭和天皇の名代として、エリザベス女王陛下の戴冠式に参列した機会に、貴国をはじめとする欧米諸国をまわった時のことでありました。平和条約が発効した翌年、戦争により荒廃した国土から訪れた十九歳の私にとって、欧米諸国の実状にふれたこの旅は、その後長く心に残るものでありました。貴国では、最初の三日間を国賓として迎えられ、エリゼー宮にオリオール大統領を訪問し、その後御夫妻が、午餐会を催してくださいました。

それから四十年余、私は皇后と共に国賓として貴国を訪問いたしました。当時ミッテラン大統領は、御健康が優れないにもかかわらず、寒い空港に私どもを迎えられ、晩餐会を催してくださり、また昼食にお招きくださるなど、心のこもったおもてなしをいただきました。大統領は、それから時を経ず亡くなられましたが、真面目な温かいお人柄が懐かしくしのばれます。

歴史を振り返りますと、貴国と我が国は、一八五八年、貴国と徳川幕府との間に締結された修好通商条約により、交流が始まりました。この時期に、我が国は外国からの強い要請により、二百年以上続けてきた鎖国政策を改め、開国を決断いたしました。当然のこととして、国内には大きな変化が起こりました。開国に反対の孝明天皇が亡くなり、十代の若さで私の曽祖父明治天皇が即位いたしました。二百年以上続いた徳川幕府は廃止され、天皇は千年以上にわたって住み続けた京都から、当時江戸と呼ばれていた東京に移り住むこととなり、今日に至っています。

その後、我が国は欧米諸国に伍《ご》して国を発展させるため、欧米諸国から多くのことを学びました。「日本近代法の父」として記憶されているギュスターヴ・ボワソナード教授[13]は、一八七三年から二十余年を我が国で過ごし、ナポレオン法典を基礎とした民法典の起草など、日本の近代法典の整備や、我が国における法学教育に尽力されました。

貴国と我が国は、国交が開かれた当初から、お互いに重要な貿易上の相手国でありました。なかでも、我が国古来の伝統文化に深く根ざす生糸は、かつて、貴国への最も重要な輸出品でした。一八五五年に、欧州を襲った蚕の微粒子病により、当時世界一と評された貴国の養蚕業と絹織物産業が大打撃を蒙《こうむ》った際には、横浜港から貴国に向けて輸出された我が国の蚕種と生糸が、貴国のそれらの産業の立ち直りに貢献しました。一方、我が国は、近代繊維産業を発達させる上で、貴国から多くのことを学んでいます。一八七二年、我が国において、リヨン出身のポール・ブリューナ氏[14]と、同氏が貴国から伴ってきた技師や職人の指導の下、西欧の近代技術と工場システムを導入した富岡製糸場が建設されました。我が国の各地で、繊維産業に携わる人々の多くも、この製糸場で育てられていきました。おととし、私は皇后と共にこの製糸場を訪れ、今も史跡として大切に保存されている建物の内部を見学し、往時をしのびました。

貴国と我が国との交流は、文化面においても誠に実り多いものでありました。十九世紀後半のパリ万国博覧会に出展された我が国の浮世絵、漆器、陶器等は、貴国の人々に深い関心を持たれたと聞いております。一方、我が国からは、それまでの日本画とは異なる油絵や彫刻を学ぶために、多くの人々が渡仏しました。貴国の文学や音楽も、広く我が国の人々に親しまれてきています。

両国の交流は、現在、さらに広範な分野にひろがり、深さを増しています。このような両国の交流の拡大と深化をうれしく思うと共に、両国関係の一層の発展を心から祈念しています。

日本は今、梅雨の時期に入り、御滞在中の天候が心配されますが、大統領閣下並びにトリエルヴェレール女史のこのたびの御滞在が、真に実り多きものとなりますよう願っております。

ここに杯を挙げて、大統領閣下並びにトリエルヴェレール女史の御健勝と、フランス国民の幸せを祈ります。

平成二十五年六月七日　宮殿　宮中晩餐会

ベトナム社会主義共和国主席夫妻を迎えて

このたび、ベトナム社会主義共和国主席チュオン・タン・サン閣下が、令夫人と共に、国賓として我が国を御訪問になりましたことに対し、心から歓迎の意を表します。今夕を共に過ごしますことを、誠にうれしく思います。

閣下には、東日本大震災から三か月後の二〇一一年六月に、ベトナム共産党書記局常務として我が国を御訪問になった際、津波で被害を被った千葉県旭市を訪れ、仮設住宅に住む被災者をお見舞いくださったと聞いております。こうした閣下のお気持ちに対して、ここに、改めて深く感謝の意を表します。

昨年は、日越外交関係樹立四十周年にあたり、日越友好年として、両国で二百五十ものさまざまな文化交流行事が開催されましたが、これは、もともと閣下が御訪日の際、日越友好年という構想を提唱されたことが発端でありました。近年両国間の交流がこのように活発に進んでいることを喜ばしく思います。

貴国と我が国の交流は、古くは八世紀に遡ります。当時の我が国は、奈良を都とし、外国の文物を求めて使節を近隣の国々に派遣していました。東大寺の大仏がつくられたのはこの時期であり、大仏開眼の儀式にはインド僧があたり、今日のベトナムにあたる林邑《りんゆう》[15]国の僧、仏哲《ぶってつ》[16]が、舞を奉納したとされています。当時伝えられた林邑国の音楽は、千年以上の時を経た今日、大きく変わっていると思われますが、我が国では今日も、雅楽のなかの楽曲として演奏されています。

十六世紀から十七世紀には、当時東西交易の拠点として栄えた貴国の港町ホイアン[17]に、我が国の商人が訪れ、日本人町を形成していたことが知られています。これらの日本人町は、十七世紀に始められた、日本人の海外渡航を禁止した鎖国政策により、やがて消滅してしまいます。しかしホイアンには、今も地域の人々に守られて日本橋と名の付く橋や、日本人の墓が残されております。なお、ユネスコの世界文化遺産として認定された、ホイアンの街並みの保存や、伝統的な木造建築の修復には、我が国の専門家も協力したと聞いておりますが、このような形で貴国と我が国との交流が現在にまで引き継がれていることを、うれしく思います。

現代に目を向ければ、一九七三年の外交関係樹立から四十年を経て、ベトナムと日本との間の交流と協力は大いに進み、今や一万人以上の日本人がベトナムに住み、貴国の経済発展にさまざまな形で参画しております。また、我が国には六万人以上のベトナム人が滞在し、幅広い分野で活躍しています。両国民がこのような交流を通して、お互いの文化に親しみ、友好協力関係が発展していることを、誠に心強く思います。

今、東京は、若葉が萌《も》え始める時期を迎えております。桜が咲き、人々が春の喜びを共にする季節です。閣下並びに令夫人には、我が国のこの季節をお楽しみいただきたく思います。そして、閣下のこのたびの御滞在が、両国間の相互理解と友好協力関係のさらなる増進に資する、実り多いものになることを心から願っております。

ここに杯を挙げて、国家主席閣下、並びに令夫人の御健勝と、貴国国民の幸せを祈ります。

平成二十六年三月十七日　宮殿　宮中晩餐会

アメリカ合衆国大統領を迎えて

このたび、アメリカ合衆国大統領バラック・オバマ閣下が、国賓として我が国を御訪問になりましたことを心から歓迎いたします。ここに今夕を共に過ごしますことを、誠に喜ばしく思います。

まず大統領閣下に、三年前に起こった東日本大震災に際し、米国政府及び多くの米国国民からお見舞いと支援をいただいたことに対する、私どもの深い感謝の気持ちをお伝えしたく思います。この地震と津波による災害では、死者、行方不明者が二万人以上となり、建物は壊され、美しい海や山に囲まれた町や田畑は、がれきで覆われました。二万人を超える貴国の軍人が参加した「トモダチ作戦[18]」をはじめとし、貴国の多くの人々が被災者のために行った支援活動は、物のない厳しい環境にあった被災者にとり、大きな支えとなりました。

歴史を振り返りますと、貴国と我が国との交流は、我が国に来航したマシュー・ペリー[19]提督と徳川幕府の交渉により、一八五四年日米和親条約が調印されたことに始まります。我が国はそれまで二百年以上にわたり鎖国政策を行ってきましたが、開国を決意し、欧米の国々より、当時日本にとり未知であった領域分野の学問や技術については、これを鋭意学び、国を発展させることに努めました。貴国の人々に負うところ、また大なるものがありました。

私が貴国を初めて訪れましたのは、一九五三年、エリザベス二世女王陛下の戴冠式に参列した機会に、貴国をはじめとする欧米諸国を訪れた時のことであります。一九六〇年、日米修好百年の年には、現在の皇太子を出産して間もない皇后と共に、初めて公式に貴国を訪問し、アイゼンハワー大統領御夫妻主催の晩餐会にお招きいただき、また多くの米国国民と触れ合う機会に恵まれるなか、ホノルル、サンフランシスコ、ロサンゼルス、ワシントン、ニューヨーク、シカゴ、シアトル、ポートランドの各地を約二週間をかけて訪問いたしました。私どもにとり今も忘れられないのは、ニューヨーク訪問の際、貴国政府及びニューヨーク市が大型船によるマンハッタン島めぐりを計画し、船上に当時貴国で勉学にいそしむ大勢の日本人留学生を招いてくださったことです。当時学習意欲にあふれつつも、余裕のない戦後の生活のなかでそれを十分に満たせなかった我が国の有為な若者に、さらに学ぶ機会を与えてくれた貴国の奨学生制度は、実に有り難いものであったと思います。

その後も国賓としての訪問も含め、貴国を何度か訪れておりますが、その都度貴国民から温かく迎えられたことが心に残っています。貴国が多様な人々を包容し、民主主義の理想を求め、より良い社会を築こうと常に努力する姿には深い感銘を覚えます。貴国と我が国の両国民は、さきの戦争による痛ましい断絶を乗り越え、緊密な協力関係を築きました。両国民が来し方を振り返り、互いの理解を一層深め、相携えて進んでいくことを願ってやみません。(20)

両国の友好の象徴となっている桜とハナミズキの季節に行われる大統領閣下のこのたびの御滞在が、

実り多きものとなりますよう願っております。

ここに杯を挙げて、大統領閣下及び御家族の御健勝と、アメリカ合衆国国民の幸せを祈ります。

平成二十六年四月二十四日　宮殿　宮中晩餐会

オランダ王国国王王妃両陛下を迎えて

このたび、ウィレム・アレキサンダー国王陛下が、マキシマ王妃陛下と共に、国賓として我が国を御訪問になりましたことに対し、心から歓迎の意を表します。ここに今夕を共に過ごしますことを、誠にうれしく思います。

私が貴国を初めて訪れましたのは、今から六十一年前、一九五三年にエリザベス二世女王陛下の戴冠式に昭和天皇の名代として参列した後、欧州諸国をまわった時のことであります。貴国では、国王陛下の祖母君にあたられるユリアナ女王陛下並びに戴冠式でもお会いしたベルンハルト王配殿下から午餐にお招きいただきました。その後、貴国を訪れましたのは、私の結婚後の一九七九年、ルーマニア、ブルガリアを昭和天皇の名代として答訪した時で、皇后と共に貴国に二晩を過ごしました。最初の夜はスーストダイク王宮で催された、ユリアナ女王陛下の晩餐会にお招きいただき、そちらに滞在の後、翌日はベアトリックス王女殿下のお招きで御一家とヘット・アウデ・ロー御用邸で過ごしました。御用邸近くの公園を御一家と馬車でまわりましたが、まだ御幼少であった国王陛下とコンスタンティン王子殿下は、ポニーで馬車の後についていらっしゃいました。その時のことは、今も私どもの懐かしい思い出になっています。

陛下の母君でいらっしゃるベアトリックス王女殿下が我が国を御訪問になったのは一九六三年のことで、まだ二十代のお若い王女殿下でいらっしゃり、同世代の皇后と私は、非常な親しみを持ってお迎えいたしました。御即位後に国賓としてお迎えした一九九一年の御訪問には、当時皇太子でいらした国王陛下が御同行になり、かつてポニーで私どもの馬車を追っていらした陛下が健やかな青年に成長なさったお姿を、感慨深く思いました。この時のベアトリックス女王陛下の我が国御訪問はそれまでに何度か計画され、その都度国内の反対で取りやめとなったものがついに実現を見たもので、私どもにとり、忘れ得ぬ御訪問となりました。その九年後の二〇〇〇年には貴国の御招待を受け、私どもがオランダを訪問しています。この訪問にあたり、女王陛下は幾度か貴国の戦争犠牲者と話し合われ、行事はその人々の了解の下、行われました。この時の女王陛下の御努力に、今も深く感謝しております。

我が国は十七世紀の半ば以降、鎖国政策を行い、日本人の海外渡航、外国人の日本滞在が禁止されましたが、貴国の商館は長崎の出島に移され、貴国の人々はそこに滞在することが認められました。したがって我が国が十九世紀半ば鎖国政策をやめて開国するまで、長崎は貴国を通して欧州へ開かれた我が国唯一の窓でありました。人々は長崎に赴いてオランダ語を学んだり、オランダ商館長が江戸に将軍を訪問する機会に、貴国の人々から世界情勢や医学など欧州の知識を学びました。後には江戸の芝蘭《しらん》堂(21)、長崎の鳴滝《なるたき》塾(22)、大坂の適塾(23)など日本各地でオランダ語を通してさまざまな分野の学問が学ばれ、十九世紀から二十世紀にかけて活躍し、その後の日本の発展を支えた優秀な人材を輩出しました。鎖国が解かれた後の我が国の発展にも、貴国の人々の寄与したところは多く、皇后と私は、特に日本の水資源の管理に力を尽くしたオランダ人、デ・レイケ(24)の功績に関心を抱き、日蘭交流四百周年を前に彼の伝記が出版されたことを喜び合いました。

一方、西周《にしあまね》(25)や津田真道《まみち》(26)など、江戸幕府が初めて送り出した留学生が学んだライデン大学(27)には、一八五五年、欧州で初めての日本学科が設置され、日本に対する関心を高める窓口となりました。

このように長きにわたって培われた両国間の友好関係が、さきの戦争によって損なわれたことは、誠に不幸なことであり、私どもはこれを記憶から消し去ることなく、これからの二国間の親善にさらなる心を尽くしていきたいと願っています。

現在、日蘭両国間では、幅広い分野で友好と協力の関係が進展しております。本年四月には、オランダについて専門的に研究する日本で初めてのコースが、長崎大学に設置されました。また、改築を経て二〇〇五年に開館した貴国にあるシーボルトハウスは、日蘭交流の新たな象徴として大きな役割を果たしています。今後とも、両国の国民が相互に関心を抱き続けることにより、交流の歴史がさらに積み重ねられ、両国の間で新しい協力が育っていくことを期待しています。

このたびの国王陛下並びに王妃陛下の御訪問が、世界の平和と両国の繁栄に向けた協力を改めて確認する機会になることを切に願っています。

ここに杯を挙げて、国王陛下及び王妃陛下の御健勝とオランダ国民の幸せを祈ります。

平成二十六年十月二十九日　宮殿　宮中晩餐会

フィリピン共和国大統領を迎えて

このたび、フィリピン共和国大統領ベニグノ・アキノ三世閣下が、国賓として我が国を御訪問になりましたことに対し、心から歓迎の意を表します。ここに、今夕を共に過ごしますことを、誠に喜ばしく思います。

貴国と我が国の人々の間には、十六世紀中ごろから交易を通じて交流が行われ、マニラには日本町もつくられました。しかし、十七世紀に徳川幕府はキリスト教を禁じ、鎖国令を出して日本人の外国への渡航、外国人の入国を禁じました。そのため、キリシタン大名であった高山右近(28)と内藤忠俊(29)は、徳川幕府により、日本人キリスト教徒と共にマニラに追放されました。本年は、高山右近がマニラで病没してから、ちょうど四百年にあたります。我が国は十九世紀半ば、鎖国政策を改め、諸外国と国交を開くことになりました。二十世紀初頭には、多くの我が国の人々が貴国に渡り、両国民の間の交流は盛んになりました。

しかし、さきの大戦においては、日米間の熾烈《しれつ》な戦闘が貴国の国内で行われ、この戦いにより、多くの貴国民の命が失われました。このことは私ども日本人が深い痛恨の心と共に、長く忘れてはならないことであり、とりわけ戦後七十年を迎える本年、当時の犠牲者へ深く哀悼の意を表します。

戦後、一九五六年の国交回復から今日に至るまで、両国は、共に手を取り合い、友好関係の増進に努めてまいりました。今や、約一万八千人の日本人が貴国に住み、二十万人を超えるフィリピン人が我が国に滞在しております。そのなかには我が国の福祉施設に勤める人々もあり、高齢化する社会のなかで大変重要な役割を担ってくれています。私どもが福祉施設を訪れた時、介護にあたる人々のなかにフィリピンから来たと紹介される人もありました。

我が国の青年海外協力隊は発足した一九六五年から間もなく貴国において活動を開始し、今までにその総数は千六百名近くに達しています。近年、経済、文化、そして人の交流など幅広い分野で両国関係がますます緊密になっていることを、誠に喜ばしく思っています。

今から五十三年前、当時皇太子であった私は、ガルシア大統領を国賓としてお迎えしたことに対する答訪として、昭和天皇の名代という立場で、皇太子妃と共に、貴国を訪問いたしました。その時、マカパガル大統領御夫妻をはじめ、貴国国民から温かく迎えられたことは、忘れ難い思い出となっております。また、カヴィテ[30]にアギナルド将軍御夫妻をお訪ねし、スペインとの独立戦争に勝利し、一八九八年フィリピンの独立が宣言されたバルコニーに将軍御夫妻と共に立ったことは、誠に感慨深いことでありました。

一九八六年二月、閣下の母君は、大統領に御就任、その年の十一月、我が国を国賓として御訪問になり、私は皇太子として、大統領をお迎えいたしました。その後、一九八九年二月の昭和天皇の大喪の礼、翌年十一月の私の即位の礼にも、御列席いただいたことに深く感謝しております。

閣下は、二〇一〇年の御就任以来、我が国をたびたび御訪問になっていらっしゃいます。二〇一一年九月には東日本大震災で甚大な被害を受けた宮城県石巻市を御訪問になり、復興のための義援金が贈られました。このほかにも貴国からは、緊急物資や医療チームの派遣など、さまざまな支援をいただいております。また、昨年六月には広島市を御訪問になり、平和記念公園の原爆慰霊碑に献花をなさいました。我が国に対する温かいお気持ちに対し、心より感謝の意を表します。

閣下が、御就任以来、国民の声に真摯に耳を傾け、貴国の平和と発展のため、貧困対策をはじめとする諸課題に献身的に取り組んでいらっしゃることに、深く敬意を表します。また、我が国との関係強化に意を用いていらっしゃることを心強く思います。このたびの御訪問が、両国の相互理解と友好協力関係の一層の発展に資する、実り多いものとなることを切に願っております。

ここに杯を挙げて、大統領閣下の御健勝とフィリピン国民の幸せを祈ります。

平成二十七年六月三日　宮殿　宮中晩餐会

ベルギー王国国王王妃両陛下を迎えて

このたび、ベルギー王国フィリップ国王陛下が、マチルド王妃陛下と共に、日白両国の友好百五十周年という記念すべき年に、国賓として我が国を御訪問になりましたことに対し、心から歓迎の意を表します。ここに今夕を共に過ごしますことを、誠に喜ばしく思います。

今から六十三年前、当時十九歳であった私は、一九五三年六月に行われた英国のエリザベス二世女王陛下の戴冠式に参列いたしました。その時に貴国からは国王陛下の父君であるアルベール二世前国王陛下が参列され、共に十代の賓客として初めてお目にかかったことが強く心に残っております。戴冠式の後、欧州各国を訪れましたが、貴国では、ラーケン宮[31]にお泊めいただき、父君の兄にあたられる陛下の伯父君、ボードワン国王[32]に家族の一員のようにおもてなしをいただいたことは、私の人生のなかで忘れ得ぬ懐かしい思い出となりました。その後、ボードワン国王も私も結婚し、ファビオラ王妃と皇后の親しい交流も加わり、我が国の皇室はベルギー王室と長年にわたり親交を重ねてまいりました。私の即位の礼にもボードワン国王、ファビオラ王妃が御参列くださいました。貴国の王室の方々が常に私どもを支えてきてくださっていますことを深く感謝しております。

一九九三年、ボードワン国王崩御の際に、私は皇后と共に、その悲しみのお別れに参列させていただき、また、二年ほど前、ファビオラ王妃崩御の際には皇后が貴国を訪問し、お別れをいたしました。貴王室にはその都度、お忙しいなか、心のこもった接遇をいただき、このことにも改めて御礼を申し上げます。

フィリップ国王陛下には、一九八五年に我が国をボードワン国王と共に御訪問になって以来、今回が十一回目の日本への御訪問となります。御両親であるアルベール二世前国王陛下とパオラ前王妃陛下が一九九六年に国賓として我が国を御訪問になった際にも御同行になり、御一緒に栃木県を訪れ、郷土芸能を鑑賞し、中世からある日本で最も古い学校として有名な足利学校を視察したことを覚えております。

日白両国は一八六六年、今から百五十年前に国交を開きました。我が国はその二年後に明治時代を迎え、国の近代化に全力で取り組むこととなりました。その過程において、明治政府は使節団を米国と欧州に派遣し、各国の状況をつぶさに検分し、研究しましたが、貴国を訪問した折にレオポルド二世国王への拝謁の栄を賜っております。明治維新以来の我が国の近代化にとり、そのお手本の一つである貴国との交流は非常に重要なものでありました。たとえば一八八二年に設立された日本銀行は、貴国の中央銀行の制度を大いに参考として創立されました。貴国は今日も、生命科学、医療、製薬等、さまざまな先端分野において、世界をリードしており、両国の緊密な関係は我が国にとって、極めて重要なものであります。

また貴国は、第二次大戦後に始まった欧州統合の流れのなかで、当初から積極的な役割を果たし、現在、首都ブリュッセルは欧州連合及び北大西洋条約機構の本部所在地として、世界の平和と発展のために重要な役割を果たしています。今後とも我が国が欧州との関係を進めていくなかで、貴国は我が国にとって欧州への玄関口としての役割を引き続き果たしていくことと確信しております。

政治・経済関係と共に、両国間にはさまざまな交流があります。学術、音楽や美術などの分野でも多くの日本人が貴国で学んできております。そして、従来から日本研究が盛んであったルーヴェン・カトリック大学、ゲント大学に加え、本年、ブリュッセル自由大学にも日本語学科が開設されたと聞いております。両国の間の幅広い分野での交流がますますひろがり、相互理解が深まってきていることをうれしく思います。

日本は今、長かった暑い夏も終わり、涼風の吹く秋を迎えました。この御訪問が両陛下にとり、また、御一行の方々にとって、思い出深いものとなり、両国の友好・協力関係をさらに進展させるものとなることを願っております。

ここに杯を挙げ、国王陛下及び王妃陛下の御健勝とベルギー国民の幸せを祈ります。

平成二十八年十月十一日　宮殿　宮中晩餐会

シンガポール共和国大統領夫妻を迎えて

このたび、シンガポール共和国タン大統領閣下が、令夫人と共に、両国の外交関係樹立五十周年の機会に、国賓として我が国を御訪問になりましたことに対し、心から歓迎の意を表します。ここに、今夕を共に過ごしますことを、誠に喜ばしく思います。

私どもが初めてシンガポールを訪問いたしましたのは、今から四十六年前、一九七〇年のことでした。当時のヨセフ・イスラク大統領御夫妻にお目にかかり、リー・クァンユー首相御夫妻主催の晩餐会にお招きいただきました。その後一九八一年に貴国を訪れ、さらに、二〇〇六年、両国の外交関係樹立四十周年の年に、国賓として貴国を訪問し、ナザン大統領御夫妻、リー・シェンロン首相御夫妻をはじめ貴国の多くの人々の手厚いおもてなしをいただきました。

私どもが初めて訪問いたしました時、貴国は独立から五年といまだ日が浅く、新しい国としての歩みを始めた時でありました。その後、訪問を重ねるたびに、貴国は目覚ましい発展の足跡を示し、独立から半世紀余りを経た今日までに、美しく豊かな国をつくり上げてきています。そして、このような貴国の発展と共に、我が国との二国間関係も飛躍的な進展を遂げてきたことを大変喜ばしく思います。

それは、あたかも初めて貴国を訪問した時にジュロンにある日本庭園に皇后と共に植えたソテツの苗が今や大きく成長しているかのごとくに思われます。

近年、昨年三月にリー・クァンユー元首相、本年八月にナザン前大統領が逝去されました。建国後のシンガポールを導き、日本との友好協力関係の強化に寄与されてきたお二方に対し、改めて深い哀悼の意を表します。

大統領閣下並びに令夫人は、今回の訪日の折に、東日本大震災で甚大な被害を受けた宮城県七ヶ浜町を御訪問になると聞いています。五年前に発生した東日本大震災に際して、緊急物資や救助チームの派遣などの多大な支援をいただき、貴国から贈られた義援金により、七ヶ浜町を含む被災地にてさまざまな復興支援活動が行われてきました。ここに、シンガポール政府及び国民から示された御厚情に、改めて深い感謝の意を表します。

貴国の独立の翌年、一九六六年に貴国と我が国は外交関係を樹立しました。以来、両国は緊密な友好協力関係を五十年間にわたり発展させてきました。同時に私どもは、今も、さきの大戦に際し、貴国の地において多くの人々が尊い命を失い、あるいは、さまざまな苦難を受けたことを忘れてはならないと思っております。

昨年シンガポール日本人会は百周年の記念すべき年を迎え、今や四万人近くの日本人が貴国に暮らしています。この日本人たちは、シンガポールのみならず、シンガポールを拠点としながら周辺諸国でも活躍しています。

両国の関係は、政治、経済にとどまらず、文化、知的交流など幅広い分野にも及んでいます。日本の文化を伝えるセンターも貴国の協力の下、シンガポールに開設されて、両国の文化面での交流も進んでいます。

さらに両国は、この地域や世界の平和と繁栄のために手を携えて協力してきております。たとえば、一九九四年以来、両国は協力の下に第三国から研修員を迎え入れ、さまざまな技術協力を行ってきています。今までに約九十か国から六千名を超える研修員がこの支援を享受してきました。

日本は今、秋が終わり初冬を迎えつつあります。大統領閣下並びに令夫人は、この後京都、さらには東北を訪問されるとうかがっております。このたびの御訪問が、思い出深いものとなり、日本とシンガポールの次なる五十年に向けて、両国間の相互理解と友好協力関係のさらなる増進に資する、実り多いものになることを心から願っております。

ここに杯を挙げて、大統領閣下並びに令夫人の御健勝とシンガポール国民の幸せを祈ります。

平成二十八年十一月三十日　宮殿　宮中晩餐会

スペイン王国国王王妃両陛下を迎えて

宴を開くにあたり、まずフェリペ六世国王陛下の御即位に対し、改めてお祝い申し上げます。また、このたびは、レティシア王妃陛下と共に、国賓として我が国を御訪問くださり、心から歓迎の意を表します。ここに今夕を共に過ごしますことを、誠にうれしく思います。

初めて貴国を訪問いたしましたのは、一九五三年、まだ当時十九歳であった私が、英国エリザベス二世女王陛下の戴冠式に参列した後に、欧州諸国を訪問した時のことであります。当時、国王陛下の父君、後《のち》のファン・カルロス一世国王陛下は、いまだサン・セバスティアン[33]で御勉学中であるとうかがいました。そして今から半世紀ほど前になる一九六二年に、御即位前のファン・カルロス一世国王陛下は、御成婚後間もないソフィア妃殿下と共に我が国を初めて御訪問になり、爾来《じらい》、スペイン王室と我が国の皇室との交流は長年にわたり積み重ねられてまいりました。

私どもは、皇太子同妃として二回、そして即位後の一九九四年には、国賓として貴国を訪問いたしました。いずれの時にも、ファン・カルロス一世国王及びソフィア王妃両陛下をはじめとする王室の方々から心のこもったおもてなしをいただき、各地で貴国民の温かい歓迎を受けたことを懐かしく思い起こします。

私が初めて貴国を訪問した時に、我が国は先の大戦の痛手から立ち直っておらず、また貴国は内戦の影響もあって、共に厳しい状況の下に置かれておりました。その後両国は共に復興の歩みを進め、貴国を訪問するたびにその著しい変化を目の当たりにしたことが、感慨深く思い出されます。

今夕、このようにしてお迎えしたフェリペ六世国王陛下には、初めての御訪日として、皇太子殿下のお立場で一九九〇年に私の即位の礼に御参列いただきました。ここに改めて感謝いたします。さらに、一九九八年には公賓として御訪問になり、その機会に関西や鎌倉にもいらっしゃいました。また、二〇〇五年には、当時皇太子妃殿下でいらした王妃陛下とおそろいで我が国を訪問なさり、愛知で開催された国際博覧会も御覧になっております。

今から六年前の東日本大震災に際しては、その年の秋、当時まだ皇太子殿下でいらした国王陛下から、福島第一原子力発電所での対応に尽力した警察、消防、自衛隊の隊員が「フクシマの英雄たち」として「アストゥリアス皇太子賞」(34)をいただきました。このことは、震災により大きな被害を受けた我が国の国民にとり、真に大きな励ましとなりました。その折の陛下のお気持ちに対し、心から感謝の意を表します。

日本とスペインの交流は、一五四九年のフランシスコ・ザビエルの我が国への渡来に始まっており、我が国にとりスペインは、欧州において最も長い交流の歴史を持つ国の一つであります。一六一四年には伊達政宗により派遣された支倉常長《はせくらつねなが》(35)一行が貴国を訪れ、フェリペ三世国王の拝謁の栄に浴するなどの交流がありました。このスペイン訪問から四百年となる二〇一三年から一四年にかけて、「日本スペイン交流四百周年」を記念して、両国でさまざまな交流がなされましたことは、記憶に新しいところであります。

我が国の鎖国政策により、その後長きにわたり交流が途絶えますが、一八六八年に修好通商航海条約を締結して両国の国交が再開され、来年両国は修好百五十周年の記念すべき年を迎えます。

近年、スペインと日本は、さまざまな分野での関係を進め、貿易・投資はもとより、学術・文化の交流なども深まってきております。我が国における貴国の絵画、音楽、また文学などへの関心は、古くから今日に至るまで高く、我が国民の貴国への親しい気持ちの基礎を成しております。

一方貴国においては近年、私どもが二度にわたり訪問したサラマンカ大学にある日本・スペイン文化センターが、両国の学術・文化交流で中心的な役割を担ってきております。同大学には、日本研究を含む東アジア研究学士課程が設けられ、三十近い日本の大学が交流を進めており、こうした流れのなかで、私ども双方の国民がさらに深くお互いを理解しつつ協力していくことを、心から願ってやみません。

今、日本列島では「桜前線」が北上しています。桜前線が通り過ぎたところからは、競うように若葉が萌《も》え始めます。このような春の喜びに満ちた良い季節に国王王妃両陛下をお迎えできましたことを、大変うれしく思います。両陛下にとり、このたびの御訪問が、実り多いものとなり、貴国と我が国の関係がさらに一層深まっていくことを心から願っております。
ここに杯を挙げて、国王陛下及び王妃陛下の御健勝と、スペイン国民の幸せを祈ります。

平成二十九年四月五日　宮殿　宮中晩餐会

ルクセンブルク大公国大公殿下を迎えて

このたび、ルクセンブルク大公国アンリ大公殿下が、国賓として両国の外交関係樹立九十周年という記念すべき年に、アレクサンドラ王女殿下と共に我が国を御訪問になりましたことに対し、心から歓迎の意を表します。ここに今夕を共に過ごしますことを、誠に喜ばしく思います。今般、マリア・テレザ大公妃殿下が御健康上のことから、御同行になれなかったことは、残念でありました。妃殿下の御健康を心よりお祈りいたします。

今から六十四年前の一九五三年、当時十九歳であった私は、英国のエリザベス二世女王陛下の戴冠式に参列いたしましたが、大公殿下の父君、ジャン前大公殿下が、時の皇太子殿下として妃殿下と共に御参列になり、彼の地において初めてお目にかかりました。

その後、ジャン前大公同妃両殿下には、昭和天皇の大喪の礼及び私の即位の礼への御列席を含め、一九七九年から何回となく我が国を御訪問になり、皇后と共にお目にかかる機会を得てまいりました。

また、私が皇后と二度にわたり貴国を訪問した折には、ジャン前大公同妃両殿下に、当時皇太子同妃両殿下でいらっしゃったアンリ大公同妃両殿下をはじめ、御家族の方々と共に心のこもったおもてなしをいただきました。このように、ルクセンブルク大公家と我が国皇室との間で、親密な交流が長きにわたり続いていることは、私どもの大きな喜びであります。

アンリ大公殿下にはお若いころより我が国に強い関心をお持ちになり、大学時代には日本に関する研究もなさったとうかがっております。一九八一年に御結婚間もないマリア・テレザ妃殿下と共に初めて我が国を御訪問になって以来、たびたび訪日され、両国関係の発展に貢献してこられました。今回、こうして大公殿下を国賓としてお迎えできたことを、改めてうれしく思います。

欧州の中央に位置するルクセンブルクは、歴史上のさまざまな試練を受けながらも、国民の団結によって独立を維持してきました。非武装永世中立国として貴国を位置づけたロンドン条約が締結されてから、本年で百五十年となります。さらに、第二次世界大戦後の欧州統合の流れのなかで、貴国は、常に重要な役割を担ってきており、ユンカー現欧州委員会委員長をはじめ、欧州のリーダーを輩出してきています。

また、貴国は、従来経済の中心を成してきた鉄鋼業から国際的な金融センターへと、経済構造の転換を遂げ、世界で最も豊かな福祉国家の一つへと発展いたしました。さらに最近では、情報通信技術や物流、宇宙分野などへの産業の多角化が進められており、明日、私たちは大公殿下、王女殿下を筑波宇宙センターに御案内し、御視察いただくこととしております。

貴国と我が国は、一九二七年、我が国のルクセンブルク駐箚《ちゅうさつ》初代公使安達峰一郎《みねいちろう》(36)が、殿下の祖母君、シャルロット女《じょ》大公殿下に信任状を捧呈して外交関係を開設してからの九十年にわたり、友好・協力関係を発展させてまいりました。近年は、政治・経済関係と共に、貴国のルクセンブルク大学と、我が国の大学の間での人的交流をはじめ、学術、文化、観光の面での交流も急速にひろがり、両国民の間の相互理解がますます深まっていることを、大変喜ばしく思います。

今、日本は秋の終わりを迎え、紅葉が輝きを放っています。この御訪問が、大公殿下、王女殿下にとり思い出深いものとなり、また、両国の友好・協力関係を、さらに進展させるものとなることを願っております。

ここに杯を挙げて、大公殿下の御健勝と、ルクセンブルク国民の幸せを祈ります。

平成二十九年十一月二十七日　宮殿　宮中晩餐会

ベトナム社会主義共和国主席夫妻を迎えて

このたび、ベトナム社会主義共和国主席チャン・ダイ・クアン閣下が、令夫人と共に、国賓として我が国を御訪問になりましたことに対し、心から歓迎の意を表します。ここに、今夕を共に過ごしますことを、誠に喜ばしく思います。

昨年春、皇后と共に、国賓として初めて貴国を訪問いたしました。国家主席閣下及び令夫人から大変心のこもったおもてなしをいただき、また、広く貴国民から温かい歓迎を受けたことが、今も思い起こされます。ここに改めて感謝の意を表します。

貴国では首都ハノイと古都フエを訪れ、日越両国の古くからの交流の歩みに触れることができました。八世紀に貴国から我が国に伝えられた楽舞は、今も我が国の雅楽のなかで林邑楽として残されていますが、フエにおいて、その楽舞を源流とするニャーニャックを阮《グエン》朝(37)時代の王宮で鑑賞しました。また、二十世紀初頭に「東遊《ドンズー》運動(38)」を興し、多くの貴国青年を日本留学に導いたファン・ボイ・チャウ氏の記念館を訪問し、その足跡をたどることができました。それに先立ちハノイにおいては、残留日本兵の人たちが戦後何年かにわたり、生活を共にしたベトナム人家族の人々に会い、現在に至るまで続いている日本との交流について聞く機会もありました。この残留日本兵の人たちは、第二次世界大戦後もベトナムに残って、貴国のフランスからの独立戦争を共に戦い、その後もベトナム人家族との生活を続けましたが、ある時期に当時の事情からその家族を残して日本へ帰国せざるを得なくなった人たちでした。

貴国を訪問した際、日本での留学の経験を経て貴国で活躍するベトナムの人々、我が国から派遣され貴国で活動する青年海外協力隊員や貴国での経済活動に携わる日本企業などの関係者とも会いました。それぞれの立場で取り組んでいる日々の活動を聞いて、このような人々がこれから長きにわたり日越両国の架け橋となっていくのであろうと、うれしく思いました。

貴国は、過去の幾多の苦難を乗り越え、国づくりに取り組み、目覚ましい発展を遂げてきています。本年は、一九七三年に貴国と我が国との外交関係が樹立されてから四十五年の節目の年を迎え、両国では多くの記念の行事が実施されると聞いております。この四十五年間、日越両国は年を追って関係を深めてきましたが、特に近年、関係はますます緊密となっています。我が国には現在約二十六万人のベトナムの人々が留学生、技能実習生などとして滞在しています。そのなかには看護師、介護福祉士として活躍し、我が国の高齢社会を支えている人々もいます。同時に貴国で活動する日本人や日本企業の数も年々増えています。そして、両国民の関心の高まりから、お互いの国を往来する訪問者の数は、昨年、双方合わせて百万人を超え、そのなかには我が国から修学旅行として貴国を訪問する高校生もいます。このようにさまざまな交流が深まっていることを心から喜ばしく思います。

我が国は今、緑が鮮やかな季節を迎えております。この良き時の閣下及び令夫人の我が国御訪問が実り多いものとなり、両国間の相互理解と友好協力関係が今後さらに増進しますことを心から願っております。

ここに杯を挙げて、国家主席閣下及び令夫人の御健勝とベトナム国民の幸せを祈ります。

平成三十年五月三十日　宮殿　宮中晩餐会

【二】外国にて

カナダ国ジャン総督主催公式歓迎行事にて

総督閣下、御夫君

このたび、総督閣下の御招待により、皇后と共に貴国を訪問し、ただ今は総督閣下より丁重な歓迎のお言葉をいただき、深く感謝いたします。

三日前オタワに着いた私どもは週末を緑豊かな自然のなかで過ごし、貴国の人々が首都圏の自然を保つために大きな努力を払い、健康な生活を営むことを心掛けていることに深い感銘を受けました。

私どもは、これから訪れる各地で、日系を含む貴国の人々と接し、古くからこの国に住んできた人々と、さまざまな国々から移り住んできた人々が、それぞれの文化を受け入れ、穏やかに今日の国の姿をつくり上げようと、努力を重ねてきた貴国の在り方への理解を深めることに努めたいと考えています。

このたびの私どもの訪問が外交関係樹立八十周年を迎える貴国と我が国の相互理解と友好関係の増

進に資するよう心より願い、歓迎式典にあたっての感謝の言葉といたします。

カナダ国ジャン総督同夫君主催晩餐会にて

平成二十一年七月六日　カナダ国　オタワ　リドー・ホール

総督閣下、御夫君

今夕は、私どものために晩餐会を催してくださり、また、ただ今は、総督閣下から懇篤なお言葉をいただき、厚くお礼申し上げます。

貴国と我が国との交流は、一八七七年、長崎県出身の永野萬蔵(39)が、ブリティッシュ・コロンビア州のニュー・ウェストミンスターに上陸し、貴国に移り住んだことに始まります。その後、両国間の交流は順調に発展し、一八八七年にはバンクーバーと横浜の間に太平洋航路が開通し、二年後バンクーバーに我が国の領事館が置かれました。一九二八年には、オタワに我が国の公使館が、その翌年には、東京に貴国の公使館が、それぞれ開設されました。貴国が開設した在外公館としては、英、米、仏に次ぐ四番目の公館であり、当時、貿易を含め、両国間の交流が、すでに活発になっていたことを示すものであります。

それだけに、このようにして発展してきた両国の関係が、第二次世界大戦により損なわれたことは悲しむべきことでした。この戦いによって苦難を経験した多くの人々があったことに心が痛みます。戦後は、外交関係の再開以来、両国民の英知と不断の努力によって、再び順調に発展を続け、今日、両国は、基本的な価値を分かち合う大切な友邦国として、緊密な友好協力関係を築き上げております。貿易、投資など経済面での交流のみならず、学術、文化の分野でも交流は着実なひろがりを見せております。昨年の外交関係樹立八十周年を祝して、昨年から本年にかけ、両国でさまざまな記念事業が行われていますが、これまで、両国間の友好関係を重視し、協力の増進に尽くしてきた人々に対し、深く感謝の意を表したく思います。

私の貴国訪問は二度目のことになります。前回は一九五三年エリザベス二世女王陛下の戴冠式に参列するため、英国に向かう途次の訪問でありました。十一日間にわたる貴国訪問は十九歳の私にとって心に残るものであり、それぞれ官邸に泊めていただいたマッシイ総督、ウォーレス・ブリティッシュ・コロンビア州副総督をはじめ、貴国の人々の厚情が懐かしく思い起こされます。また、貴国の各地で、そして厳しい寒さのなか、列車が停車する駅で、日系の人々が心を込めて迎えてくれたことは忘れ得ぬことであります。それから五十六年が経ち、今回、皇后と共に、再び貴国を訪れることは、私どもにとり誠にうれしいことです。

今日、国際社会の平和と繁栄のために、日加両国が相携えて努力を重ねることの重要性が、ますます増大しております。貴国が、これまで、国連平和維持活動や、国際的な平和構築活動に献身的に取り組んできたことに深く敬意を表します。なお、その間に犠牲となった人々に心から哀悼の意を表するものであります。

貴国は社会的、文化的な多様性を大切にしつつ、人々の間の絆を軸にして発展させてきました。このような多様性は、世界のあらゆる地域から多くの人々を受け入れてきた貴国の寛容で開放的な社会によって育まれてきたものと思います。私どもは、この晩餐会に同席されているベバリー・オダ国際協力大臣をはじめとして、多くの日系の人々が、貴国のこのような社会のなかで育ち、今日さまざまな分野で活躍していることを誠に喜ばしく思います。

このたびの私どもの訪問が、両国の国民の間の相互理解をさらに深め、友好協力関係の一層の緊密化に資することになれば、誠に喜ばしいことと思います。

ここに、総督閣下並びに御夫君の御健勝とカナダ国民の幸せを祈り、杯を挙げたいと思います。

平成二十一年七月六日　カナダ国　オタワ　リドー・ホール

インド国ムカジー大統領主催晩餐会にて

日印国交樹立六十周年を迎えた機会に、大統領閣下の御招待により、皇后と共に貴国を訪問できましたことを、誠に喜ばしく思います。今夕は私どものために晩餐会を催してくださり、また、ただ今は大統領閣下から丁重な歓迎の言葉をいただき、深く感謝いたします。

私は、五十三年前、昭和天皇の名代として、プラサド大統領の我が国御訪問に対する答訪として皇太子妃と共に初めて貴国を訪問いたしました。プラサド大統領、ラダクリシュナン副大統領、ネルー首相より手厚いおもてなしをいただき、またネルー首相により開かれたレッド・フォートにおけるデリー市民の大会をはじめとして、訪れた各地において人々から温かく迎えられたことが懐かしく思い起こされます。皇后はかつて学生時代にネルー首相の「父が子に語る世界歴史」(40)に出会っており、この旅でネルー首相とたびたび席を共にしたことは、今も忘れ難い思い出となっていることと思います。

貴国と我が国とは地理的に離れ、古い時代には両国の間で人々の交流はほとんどなかったように考えられます。しかし、貴国で成立した仏教は六世紀には朝鮮半島の百済から我が国に伝えられ、八世紀には奈良の都にはいくつもの寺院が建立され、仏教に対する信仰は盛んになりました。八世紀には、はるばるインドから日本を訪れた僧菩提僊那《ぼだいせんな》が(41)、孝謙天皇、聖武上皇、光明皇太后の見守るなかで、奈良の大仏の開眼供養に開眼導師を務めたことが知られています。この時に大仏のお目を入れるために使われた筆は今なお正倉院の宝物のなかに伝えられています。

古代におけるこのような例を除き、次に貴国の人々と我が国の人々との間で交流が盛んに行われるようになるのは、我が国が二百年以上続けてきた鎖国政策を改め、諸外国と国交を開くことにした十九世紀半ば以降のことです。第二次世界大戦前、我が国を訪れた貴国の詩人タゴール(42)は、我が国の人々に深い敬意をもって迎えられました。私どもはさきの訪問で、コルカタのタゴールハウスを訪問しましたが、タゴールが作詞作曲したインドの国歌がインドの楽器の伴奏で美しく歌われるのを聞いたことを、記憶にとどめています。

前回の貴国訪問の旅はこのコルカタ訪問に始まり、ムンバイ、デリー、アグラ、ブタガヤ、パトナ等、かなり広い地域にわたりました。私どもは二人ともまだ二十代半ばの若さであり、この国の深さを十分に知るにはほど遠くありましたが、この旅で当時のプラサド大統領はじめ、独立当時からの国の指導者たちと接し、この国の来し方を学ぶと共に、この方々の民主主義、国際主義、さらには非暴力を旨としたガンジーの思想の流れをくむ平和主義を理想とする国づくりへの高い志に触れたことは、今日もなお私どものなかに強い印象として刻まれています。

このたびの旅行では、前回行くことのかなわなかったインド南部のチェンナイを訪れます。インドの多様性を知る上で、さらなる経験を持つこの機会を楽しみにしています。

終わりになりましたが、貴国議会が年ごとの八月、我が国の原爆犠牲者に対し追悼の意を表してくださることに対し、国を代表し、とりわけ犠牲者の遺族の心をくみ、心から感謝の意を表します。

このたびの私どもの訪問が、両国国民の相互理解をさらに深め、信頼と友情の絆《きずな》を一層強める一助となることを願いつつ、ここに大統領閣下並びに令嬢の末永い御健勝と、貴国国民の幸せを祈り、杯を挙げたいと思います。

平成二十五年十二月二日　インド国　デリー　大統領官邸

パラオ国レメンゲサウ大統領主催晩餐会にて

戦後七十年にあたる本年、皇后と共に、パラオ共和国を訪問できましたことは、誠に感慨深く、ここにレメンゲサウ大統領閣下のこのたびの御招待に対し、深く感謝の意を表します。今夕は、私どものために晩餐会を催してくださり、大統領閣下から丁重な歓迎の言葉をいただき、ありがとうございました。また、この訪問に合わせ、モリ　ミクロネシア連邦大統領御夫妻、ロヤック　マーシャル諸島共和国大統領御夫妻がここパラオ国を御訪問になり、今日、明日と続き、私どもと行動を共にしてくださることも誠にうれしく、心より感謝いたします。

なお、このたびの訪問を前にして、ミクロネシア連邦を襲った台風の被害を耳にいたしました。ここに犠牲になられた方々を悼み、御遺族へのお悔やみをお伝えすると共に、被害を受けた大勢の方々に心よりお見舞い申し上げます。地域の復興の一日も早いことを念願しております。

ミクロネシア地域は第一次世界大戦後、国際連盟の下で、日本の委任統治領になりました。パラオには、南洋庁が設置され、多くの日本人が移住してきました。移住した日本人はパラオの人々と交流を深め、協力して地域の発展に力を尽くしたと聞いております。クニオ・ナカムラ元大統領(43)はじめ、今日貴国で活躍しておられる方々に日本語の名を持つ方が多いことも、長く深い交流の歴史を思い起こさせるものであり、私どもに親しみを感じさせます。

しかしながら、さきの戦争においては、貴国を含むこの地域において日米の熾烈《しれつ》な戦闘が行われ、多くの人命が失われました。日本軍は貴国民に、安全な場所への疎開を勧めるなど、貴国民の安全に配慮したといわれておりますが、空襲や食糧難、疫病による犠牲者が生じたのは痛ましいことでした。ここパラオの地において、私どもはさきの戦争で亡くなったすべての人々を追悼し、その遺族の歩んできた苦難の道をしのびたいと思います。

また、私どもは、この機会に、この地域の人々が、厳しい戦禍を体験したにもかかわらず、戦後に慰霊碑や墓地の管理、清掃、遺骨の収集などに尽力されたことに対して心から謝意を表します。

ミクロネシア三国と日本との外交関係が樹立されてから二十年以上が経ちました。今日、日本とこの地域との間では漁業や観光の分野を中心として関係が深まってきていることは誠に喜ばしいことです。今後それぞれの国との間で一層交流が盛んになることを願ってやみません。

ここに杯を挙げて、パラオ共和国大統領閣下、令夫人、ミクロネシア連邦大統領閣下、令夫人、及び、マーシャル諸島共和国大統領閣下、令夫人の御健勝とそれぞれの国の国民の幸せを祈ります。

平成二十七年四月八日　パラオ国　コロール　ガラマヨン文化センター

フィリピン国ベニグノ・アキノ三世大統領主催晩餐会にて

貴国と我が国との国交正常化六十周年にあたり、大統領閣下の御招待によりここフィリピンの地を再び踏みますことは、皇后と私にとり、深い喜びと感慨を覚えるものであります。今夕は私どものために晩餐会を催され、大統領閣下から丁重な歓迎の言葉をいただき、心より感謝いたします。

私どもが初めて貴国を訪問いたしましたのは、一九五八年十二月、ガルシア大統領御夫妻が国賓として我が国を御訪問になったことに対する、昭和天皇の名代としての答訪であり、今から五十四年前のことであります。一九六二年十一月、マニラ空港に着陸した飛行機の機側に立ち、温顔で迎えてくださったマカパガル大統領御夫妻をはじめ、多くの貴国民から温かく迎えられたことは、私どもの心に今も深く残っております。この時、カヴィテにアギナルド将軍御夫妻をお訪ねし、将軍が一八九八年、フィリピンの独立を宣言されたバルコニーに将軍御夫妻と共に立ったことも、私どもの忘れ得ぬ思い出であります。

貴国と我が国の人々の間には、十六世紀中ごろから交易を通じて交流が行われ、マニラには日本町もつくられました。しかし十七世紀に入り、時の日本の政治を行っていた徳川幕府が鎖国令を出し、日本人の外国への渡航と、外国人の日本への入国を禁じたことから、両国の人々の交流はなくなりました。その後再び交流が行われるようになったのは、十九世紀半ば、我が国が鎖国政策を改め、諸外国との間に国交を開くことになってからのことです。

当時貴国はスペインの支配下に置かれていましたが、その支配から脱するため、人々は身にかかる危険をも顧みず、独立を目指して活動していました。ホセ・リサール(44)がその一人であり、武力でなく、文筆により独立への機運を盛り上げた人でありました。若き日に彼は日本に一か月半滞在し、日本への理解を培い、来る将来、両国がさまざまな交流や関係を持つであろうと書き残しています。リサールは、フィリピンの国民的英雄であるとともに、日比《にっぴ》両国の友好関係の先駆けとなった人物でもありました。

昨年私どもは、さきの大戦が終わって七十年の年を迎えました。この戦争においては、貴国の国内において日米両国間の熾烈な戦闘が行われ、このことにより貴国の多くの人が命を失い、傷つきました。このことは、私ども日本人が決して忘れてはならないことであり、このたびの訪問においても、私どもはこのことを深く心に置き、旅の日々を過ごすつもりでいます。

貴国は今、閣下の英邁《えいまい》な御指導の下、アジアの重要な核を成す一国として、堅実な発展を続けています。過ぐる年の初夏、閣下を国賓として我が国にお迎えできたことは、今も皇后と私の、うれしく楽しい思い出になっています。

このたびの私どもの訪問が、両国国民の相互理解と友好の絆を一層強めることに資することを深く願い、ここに大統領閣下並びに御姉上の御健勝と、フィリピン国民の幸せを祈り、杯を挙げたいと思います。

平成二十八年一月二十七日　フィリピン国　マニラ　大統領府

ベトナム国クアン国家主席夫妻主催晩餐会にて

このたびクアン国家主席閣下の御招待により、皇后と共に貴国を初めて訪問することを誠に喜ばしく思っております。今夕は、私どものために晩餐会を催してくださり、また、国家主席閣下から丁重な歓迎の言葉をいただき、心から感謝いたします。

またこの機会に、私どもの子どもである皇太子や秋篠宮夫妻が、かつてこの地を訪れました時に、貴国の皆様から受けたさまざまなお心遣いに対しても深くお礼を申し上げます。

近年、国家主席をはじめ貴国の指導者が我が国を御訪問になり、その際私どもに貴国訪問の御招待をいただいてまいりました。そうしたなかで、今回、貴国を訪れることができたことを感慨深く思っております。

貴国と我が国の間では、昔から数々の交流が積み重ねられてまいりました。歴史をたどると八世紀には、当時我が国の都であった奈良で大仏開眼の儀式が行われましたが、その際、現在のベトナム中部にあった林邑《りんゆう》の僧侶・仏哲《ぶってつ》により舞が奉納されたと伝えられています。その時の林邑の音楽は、我が国の雅楽の楽曲として現在でも演奏されています。今回、かつて林邑が栄え、また、ベトナムの阮朝の都であったフエを訪問します。その地で我が国の雅楽と源を分かち合うニャーニャックを聞くことを楽しみにしております。

また、十六世紀から十七世紀にかけては、国際貿易港として栄えたベトナム中部に位置するホイアンに、我が国から多くの交易船が訪れ、日本人町もつくられました。

その後、我が国の鎖国政策により、貴国と我が国の交流は途絶えましたが、二十世紀初頭には、「東遊運動」の下、約二百名の貴国の青年たちが我が国に留学していたこともありました。

一九七三年に日越両国の外交関係が樹立されてからすでに四十余年、その間、両国の交流はますます拡大し、現在我が国には、約十八万人のベトナム人が留学生、技能実習生などとして滞在しています。そのなかには、将来我が国で看護師、介護福祉士として活躍することを目指して、病院や福祉施設で働きながら研修をしている約五百名の人たちもあります。明日、文廟《ぶんびょう》(45)において日本に留学していた人たちをはじめ、日越両国の交流に携わる人たちとの会合の機会を持つこととなっており、楽しみにしております。

近年、貴国では、日本語を教える小学校もできるなど、日本語学習への関心が高まっていると聞いています。一方、我が国でも多くの企業がこの地での生産などに関心を高めており、ベトナムに居住する日本人の数も今や約一万五千人に上っています。日越両国において、それぞれの文化を紹介する催しも各地で開催され、お互いの音楽や食事などを多くの人々が楽しんでいることを大変うれしく思っております。

両国民の交流がますます深まり、お互いの文化への親しみが増してきている今日、このたびの私どもの訪問が、両国国民の相互理解と友好の絆《きずな》をさらに強める一助となることを心から願っています。

ここに杯を挙げ、クアン国家主席閣下並びに令夫人の御健勝と貴国の国民の幸せを祈ります。

平成二十九年三月一日　ベトナム国　ハノイ　国家主席府

第二節◉国際親善

世界の国々と共に支え合って歩む

さきの戦争では三百万を超す多くの人が亡くなりました。その人々の死を無にすることがないよう、常により良い日本をつくる努力を続けることが、残された私どもに課された義務であり、後に来る時代への責任であると思います。そして、これからの日本のつつがない発展を求めていく時に、日本が世界のなかで安定した平和で健全な国として、近隣諸国はもとより、できるだけ多くの世界の国々と共に支え合って歩んでいけるよう、切に願っています。

平成二十六年十二月十九日　宮殿　天皇誕生日にあたっての記者会見から

日系人を思い訪日外国人を迎える

今年、我が国から海外への移住が始まって百五十年を迎えました。この間、多くの日本人は、赴いた地の人々の助けを受けながら努力を重ね、その社会の一員として活躍するようになりました。こうした日系の人たちの努力を思いながら、各国を訪れた際には、できる限り会う機会を持ってきました。そして近年、多くの外国人が我が国で働くようになりました。私どもがフィリピンやベトナムを訪問した際も、将来日本で職業に就くことを目指してその準備に励んでいる人たちと会いました。日系の人たちが各国で助けを受けながら、それぞれの社会の一員として活躍していることに思いを致しつつ、各国から我が国に来て仕事をする人々を、社会の一員として私ども皆が温かく迎えることができるよう願っています。また、外国からの訪問者も年々増えています。この訪問者が我が国を自らの目で見て理解を深め、各国との親善友好関係が進むことを願っています。

平成三十年十二月二十日　宮殿　天皇誕生日にあたっての記者会見から

訪れた国々のこと

カナダ、アメリカ合衆国

このたび、カナダ総督閣下からの御招待により皇后と共にカナダを訪問することになりました。日加両国は、戦後の外交関係再開以来、緊密な友好協力関係を順調に築き上げてきました。今般、私どもに長らく招待を寄せられたカナダ政府の好意にこたえ、訪問を実現することができるようになったことをうれしく思います。

私のカナダ訪問は二度目になります。前回の訪問は平和条約が発効した翌年の昭和二十八年（一九五三年）、私が十九歳の時のことでありました。この年の六月、エリザベス女王陛下の戴冠式が行われ、私は昭和天皇の名代として式に参列するため英国に向かう途次、カナダを訪問いたしました。今回も訪れる予定であるビクトリアのブリティッシュ・コロンビア州副総督官邸は、私が外国の地において初めての夜を過ごした所です。当時のマッシイ総督、サンローラン首相、ウォーレス・ブリティッシュ・コロンビア州副総督はじめ、日系カナダ人を含むカナダの人々から寄せられた厚情は忘れ得ぬものであります。また四晩三日を車中で過ごしたバンクーバーからトロントに至る鉄道の各駅で、厳しい寒さのなか、迎えに来てくれた日系の人々の温かい気持ちは深く心に残るものでありました。それから五十六年、今回、カナダを訪問したことのない皇后と共に、再びこの国を訪れることを心よりうれしく思います。

日本とカナダの間では、近年、さまざまな分野で友好協力関係が進展しており、さらに昨年来、修好八十周年を祝して、両国それぞれにおいてさまざまな記念行事が開催されております。このたびの私どもの訪問が、両国間の相互理解と友好関係を一層深めることに資するよう願っております。

また、この機会に、私どもの結婚を祝してハワイと日本の間で設立された奨学金財団が本年五十周年を迎えるにあたり、その記念行事に出席するため、帰路ハワイを訪問いたします。私どもは、毎年、この奨学金によって勉学する日米両国の奨学生に会ってきましたが、このたび、これら奨学生たちと再会し、併せてこの奨学金を設立し、守り育ててきた両国の関係者のこれまでの努力に深く敬意を表したく思っています。

カナダ、ハワイとも日系人の多い地域です。今回の訪問中に各地で、日系の人々に会い、日系人の歩んできた道への理解をさらに深めていきたいと思っています。

終わりに、内閣総理大臣をはじめ、この訪問の実現のために尽力してくれた多くの人々に対し、感謝の意を表します。

平成二十一年六月三十日　カナダ国及びアメリカ合衆国ご訪問にあたってのご感想

このたび、総督閣下からの御招待によりカナダ国を皇后と共に訪問し、その帰路皇太子奨学金の記念行事に出席するためハワイ州を訪問いたします。

カナダは昭和二十八年、私が昭和天皇の名代としてエリザベス二世女王陛下の戴冠式に参列するために英国に向かう途次、訪問しましたが、それから五十六年、今回は皇后と共に再び訪れることをうれしく思っております。私どもの訪問が修好八十周年を迎えた両国の相互理解と友好関係のさらなる増進に資するよう願っております。

私どもの結婚を祝ってハワイの日系人が中心となって設立された奨学金財団が本年五十周年を迎えます。記念行事では奨学金財団に尽力した人々の労を謝すると共に、かつて奨学生として会った人々と再会するのを楽しみにしています。

終わりに内閣総理大臣をはじめ、この訪問に心を寄せられた多くの人々に深く感謝いたします。

平成二十一年七月三日　東京都　東京国際空港　カナダ・アメリカ合衆国ご訪問ご出発にあたって

七月には総督閣下の御招待により皇后と共にカナダを訪問しました。私自身は五十六年前、エリザベス女王陛下の戴冠式に参列するため、英国に赴く途次、カナダを訪れましたが、これは結婚前、私がまだ十九の時でした。このたびの訪問では、カナダが良好な環境を守り、この地に住むさまざまな民族を大切にしながら国を発展させている姿に接し、今日のカナダへの理解を深めることができました。私どもを温かく迎えてくださった総督閣下をはじめ、この訪問に心を寄せられたカナダの人々に心から謝意を表したく思います。

平成二十一年十二月二十一日　天皇誕生日にあたってのご感想

英国

このたび、エリザベス二世女王陛下より、即位六十周年にあたり、各国の君主を招いて催す午餐会に御招待をいただき、皇后と共に英国を訪問することになりました。ここに女王陛下の御招待に対し深く感謝いたします。

女王陛下の戴冠式が行われたのは、戦後、日本との平和条約が発効した翌年、一九五三年六月のことでした。当時十九歳の私は、昭和天皇の名代として式に参列し、その機会に欧米諸国を訪問いたしました。さまざまなことを学び、経験した旅でしたが、戦争により荒廃した国土から訪れた者として、訪問した多くの国の人々が豊かに生活していることに胸をつかれ、そのことが深く心に残りました。当時の英国の対日感情は、厳しい状況にあると聞いており、事実、英国の一地域においては訪問が受け入れられなかったような事態もありましたが、チャーチル首相はじめ、知日英国人、在英大使館員などの尽力により、私自身はそのような雰囲気をあからさまに感じるようなことに遭遇することはありませんでした。関係者の心配りによるものであったことと思います。戴冠式では女王陛下をはじめ、英国の王族、外国からの代表とお会いし、興味深く、楽しい時を過ごすことができました。それからほぼ六十年、女王としてのお務めを今もお元気に果たしていらっしゃる女王陛下に、このたびお祝いをお伝えする機会を持てますことを誠にうれしく思います。この時の戴冠式に出席しておられた外国からの代表で、私と同じく、このたび再びお祝いの席に出席される方は、ベルギーの現国王アルベール二世陛下お一方と聞いています。この時、ボードワン国王陛下の名代として参列しておられたアルベール陛下は十八歳、私は十九歳という、参列者のなかでも最も若いうちの二人でした。このたび午餐会に出席なさる方々には、これまでに日本や、それぞれの国でお会いした方が多く、その方々との旧交を温めることも楽しみにしています。

今回の旅行に先立ち、この二月に心臓の手術を受けたことで、多くの国民に心配を掛けました。たくさんの人々が心を寄せ、お見舞いの気持ちを表してくれたことに深く感謝しています。現在運動を通してリハビリに努めているところですが、健康を取り戻してきているように感じています。

このたび訪れる英国からは、東日本大震災にあたり、まず救援隊が派遣され、その後も、さまざまなチャリティー活動を通じて被災者への支援が行われてきました。訪英にあたり、関係者とお会いし、私ども、そして日本国民の感謝の気持ちを伝えたいと思います。

平成二十四年五月十一日　英国ご訪問にあたってのご感想

今年は英国女王陛下の即位六十周年にあたり、御招待を受け、私も皇后と共にその行事に出席いたしました。この行事には、各国の君主が招待されましたが、戴冠式とこのたびの六十周年のお祝いに重ねて出席できたのはベルギーの国王陛下と私の二人で、戴冠式の時は十八歳と十九歳でした。若くして臨んだ戴冠式でのさまざまな経験が懐かしく思い起こされます。

平成二十四年十二月十九日　宮殿　天皇誕生日にあたっての記者会見から

インド

昨年、日印国交樹立六十周年を迎え、このたび、皇后と共に、インドを訪問することになりました。私どもがかつてインドを訪問したのは、プラサド大統領が国賓として日本を御訪問になったことに対する答訪の時で、私どもの結婚一年後の今から五十三年前のことになります。当時は国事行為の臨時代行に関する法律がなかったため、天皇が国を離れることができず、心苦しいことではありましたが、天皇の名代として私が答訪した次第です。

デリーにおいて、プラサド大統領、ラダクリシュナン副大統領、ネルー首相が丁重に迎えてくださったことが懐かしく思い起こされます。インドの独立に至る日々、またそれ以後の年月、さまざまな困難を克服し、国を率いてこられたこれらの方々に、二十代半ばという若き日にお会いしたことは、私どもにとり誠に意義深いことであったと思います。皇后はかつて学生時代にネルー首相の『父が子に語る世界歴史』に出合っており、ネルー首相との会話は非常に心に残ることであったと思います。この訪問で、私どもは東はコルカタから西はムンバイにわたる各地を訪れ、歴史や文化に触れ、インドへの理解を深めることができました。また、多くの人々から温かく迎えられたことも深く心に残っています。

それから半世紀以上が経ちました。さきの訪問時、私どもが建設の儀式に携わったインド国際センターは立派に完成し、運用されており、このたび、再び訪問することになっています。かつて外務大臣の時にお会いしたムカジー大統領閣下やシン首相に再びお会いすることと共に、このたびの訪問で楽しみにしていることの一つに挙げられます。

インドは独立以来民主主義を堅持し、国を発展させてきました。今日インドはＩＴ産業をはじめ、さまざまな分野で発展が著しいと聞いています。このたびの訪問がインドへの理解をさらに深める機会となることを期待しています。両国民が互いに切磋琢磨《せっさたくま》し、両国が相携えて発展していくことを願ってやみません。

平成二十五年十一月二十八日　インド国ご訪問にあたってのご感想

このたびのインドの訪問は、インドとの国交六十周年という節目の年にあたっておりましてインドを訪問したわけです。

インドを初めて訪問しましたのは当時のプラサド大統領が日本を国賓として訪問されたことに対する答訪として、昭和天皇の名代として訪問したわけです。当時は、まだ国事行為の臨時代行に関する法律のない時代でしたから、私が天皇の名代として行くことになったわけです。

当時のことを思い起こしますと、まだインドが独立して間もないころ、プラサド大統領は初代の大統領でしたし、これからの国づくりに励んでいるところだったと思います。ラダクリシュナン副大統領は後に大統領になられました。それからネルー首相と、世界的に思想家としても知られた人たちでしたし、その時のインドの訪問は振り返っても意義あるものだったと思います。

そして、私にはそれまでヨーロッパと中国の歴史などは割合に本を読んだりしていましたが、その間に横たわる地域の歴史というものは本も少なく、余り知られないことが多かったわけです。この訪問によって両地域の中間にあたる国々の歴史を知る機会に恵まれたと思います。

今度のインドの訪問は、前の訪問の経験がありますので、ある程度、インドに対しては知識を持っていましたが、一方で、日本への関心など非常に関心や交流が深くなっているということを感じました。

ネルー大学での日本語のディスカッションなど日本語だけで非常に立派なディスカッションだったように思います。また、公園で会ったインドの少年が、地域の環境問題を一生懸命に考えている姿も心に残るものでした。

そういう面で、これからインドとの交流、また、インドそのものの発展というものに大きな期待が持たれるのではないかという感じを受けた旅でした。

平成二十五年十二月十八日　宮殿　天皇誕生日にあたっての記者会見から

パラオ

戦後七十年にあたり、さきの大戦で亡くなった多くの人々を追悼するため、パラオ共和国を訪問いたしました。ここに御招待くださったパラオ共和国大統領閣下ならびに令夫人に深く感謝の気持ちを述べると共に、この訪問に携わられたパラオ側の関係者に深く感謝の意を表したく思います。またパラオ大統領閣下のお心遣いの下、今回の慰霊行事のすべてに御同行くださったミクロネシア連邦大統領閣下ならびに令夫人、マーシャル諸島共和国大統領閣下ならびに令夫人にもここに併せて深く感謝の意を表します。

我が国とパラオの間には長く深い交流の歴史があり、訪問中、パラオの人々から温かい歓迎を受けたことは、両国の築いてきた友好協力関係の表れとして、誠にうれしく感じております。今後両国の交流が、一層盛んになることを念願しております。

今日はこの訪問にさまざまな形で携わられた、内閣総理大臣はじめ関係者をお招きし、茶会を催すことを喜ばしく思います。皆さんに対し、深く感謝いたします。

平成二十七年六月二十九日　宮殿　パラオご訪問尽力者茶会

この節目の年にあたり、かつて日本の委任統治領であったパラオ共和国を皇后と共に訪問し、ペリリュー島にある日本政府の建立した西太平洋戦没者の碑と米国陸軍第八十一歩兵師団慰霊碑に供花しました。パラオ共和国大統領御夫妻、マーシャル諸島共和国大統領御夫妻、ミクロネシア連邦大統領御夫妻もこの訪問に同行してくださったことを深く感謝しています。この戦没者の碑の先にはアンガウル島[46]があり、そこでも激戦により多くの人々が亡くなりました。アンガウル島は、今、激しい戦闘が行われた所とは思えないような木々の茂る緑の島となっています。空から見たパラオ共和国は珊瑚《さんご》礁《しょう》に囲まれた美しい島々からなっています。しかし、この海には無数の不発弾が沈んでおり、今日、技術を持った元海上自衛隊員がその処理に従事しています。危険を伴う作業であり、この海が安全になるまでにはまだ大変な時間のかかることと知りました。さきの戦争が、島々に住む人々に大きな負担をかけるようになってしまったことを忘れてはならないと思います。

平成二十七年十二月十八日　宮殿　天皇誕生日にあたっての記者会見から

フィリピン

日本・フィリピン国交正常化六十周年にあたり、アキノ大統領閣下からのご招待により、皇后と共に同国を訪問し、滞りなく日程を終え、帰国いたしました。この訪問にあたっては大統領閣下並びに閣下の御姉上をはじめ、多くのフィリピンの人々から温かく迎えられたことが深く心に残っています。さきの戦争においては、フィリピンの地において大変多くの人々の命が失われました。過去に思いを致す時、深い心の痛みを覚えます。これからもこのことを常に心して両国民の友好関係の増進に努めていかなければならないと思います。

ここに、この訪問に携わられた内閣総理大臣はじめ、関係者に対し、深く感謝の意を表します。

平成二十八年二月二十四日　宮殿　フィリピンご訪問尽力者茶会

今年一年を振り返ると、まず挙げられるのが、一月末、国交正常化六十周年にあたり、皇后と共にフィリピンを訪問したことです。アキノ大統領の心のこもった接遇を受け、また、訪れた各地でフィリピン国民から温かく迎えられました。私が昭和天皇の名代として、初めてフィリピンを訪問してから、五十四年近くの歳月が経っていました。この前回の訪問の折には、まだ、対日感情が厳しい状況にあると聞いていましたが、空港に到着した私どもを、タラップの下で当時のマカパガル大統領夫妻が笑顔で迎えてくださったことが、懐かしく思い出されました。

今回の滞在中に、近年訪日したフィリピン人留学生や研修生と会う機会を持ち、また、やがて日本で看護師・介護福祉士になることを目指して、日本語研修に取り組んでいるフィリピンの人たちの様子に触れながら、この五十四年の間に、両国関係が大きく進展してきたことを、うれしく感じました。

両国の今日の友好関係は、さきの大戦で命を落とした多くのフィリピン人、日本人の犠牲の上に、長い年月を経て築かれてきました。このたびの訪問において、こうした戦没者の霊の鎮まるそれぞれの場を訪ね、冥福を祈る機会を得たことは、有り難いことでした。また、戦後長く苦難の日々を送ってきた日系二世の人たちに会う機会を得たことも、私どもにとり非常に感慨深いことでした。

今後とも両国の友好関係がさらに深まることを祈っています。

平成二十八年十二月二十日　宮殿　天皇誕生日にあたっての記者会見から

ベトナム、タイ

このたび、ベトナム社会主義共和国のクアン国家主席閣下の御招待により、皇后と共に、同国を初めて訪問し、その帰路にタイ王国を訪れます。

ベトナムからは、二〇〇七年にチェット国家主席を、二〇一四年にサン国家主席を国賓として我が国にお迎えし、また、私どもに対してベトナム訪問の御招待を重ねていただいておりました。このたびの訪問においては、首都であるハノイにおいて歓迎式典をはじめとする公式行事に臨み、日越の交流に携わる人々との会合の機会を持ち、その後、古都であるフエにおいて、ベトナムの歴史に触れることが予定されています。私どもの訪問が両国の相互理解と友好関係のさらなる増進に資することを願っております。

また、昨年十月に崩御になったプミポン国王陛下と私どもは、半世紀を超える親しい交流を重ねてきており、帰路タイを訪れ、同国王への最後のお別れをし、新国王ワチラロンコン陛下に弔意を表したいと思っております。

内閣総理大臣をはじめ、この訪問に心を寄せられてきた多くの人々に深く感謝いたします。

平成二十九年二月二十八日　東京都　東京国際空港　ベトナム国ご訪問（タイお立ち寄り）ご出発にあたって

今年二月末から三月初旬にかけて、皇后と共にベトナムを訪問しました。我が国とベトナムとの関係は、近年急速に進み、国家主席はじめ多くのベトナムの要人が我が国を訪れていますが、私たちがベトナムを訪問するのは、初めてのことでした。ベトナムでは、現在の国家主席御夫妻をはじめ、四人の指導者【註】に丁重に迎えられ、また、多くのベトナム国民から温かい歓迎を受けました。両国間の緊密な関係に深く思いを致しました。ハノイにおいて、さきの大戦の終了後もベトナムに残り、ベトナム人と共にフランスからの独立戦争を戦った、かなりの数の日本兵が現地で生活を営んだ家族の人たちに会う機会もありました。こうした日本兵たちは、ベトナムの独立後、勧告により帰国を余儀なくされ、残されたベトナム人の家族は、幾多の苦労を重ねました。そうしたなか、これらベトナム人の家族と、帰国した元残留日本兵たちが、その後日本で築いた幾組かの家族との間に、理解ある交流が長く続いてきていることを聞き、深く感慨を覚えました。

ハノイ訪問ののちに古都であるフエを訪問しましたが、ベトナム独立運動の先駆者で、日本の支援を求めて我が国に滞在した時期もあるファン・ボイ・チャウの記念館も訪れました。ここでも日本とベトナムとのさまざまな交流の歴史に触れることとなりました。今後とも両国の友好関係が一層進展していくことを願っています。

ベトナム訪問ののちにタイを訪問し、昨年十月に崩御になったプミポン国王との長い交流の日々を懐かしく思い出しながら、最後のお別れをいたしました。

【註】ベトナムにおいて最高指導部を構成する国家主席、共産党中央執行委員会書記長、首相、国会議長の四名である。

平成二十九年十二月二十日　宮殿　天皇誕生日にあたっての記者会見から

横浜開港百五十周年にあたり

横浜開港百五十周年にあたり、国内外の多数の参加者と共にこの記念式典に臨むことを誠に喜ばしく思います。

我が国は、十七世紀半ば近くから二百年余にわたり、鎖国政策を続けてきましたが、アメリカのペリー提督の率いる艦隊が開国を求めて来航したことにより、一八五四年日米和親条約が結ばれ、我が国は開国に向かって歩み始めました。四年後、我が国は、アメリカ、オランダ、ロシア、イギリス、フランスの五か国との間に修好通商条約を結び、横浜はこの条約に基づき、翌年開港されました。開港前の横浜は、戸数百戸ほどの半農半漁の寒村でありましたが、開港後には、先進的な産業や文化を積極的に吸収しようとする人々が日本の各地から移り住み、外国人と接し、さまざまな知識を得、それを国内各地に伝え、我が国の発展に大きく寄与しました。また開国後の我が国を支えてきた重要な産物、生糸、お茶、蚕種の輸出にも、この横浜港が大きく関わってきています。この地が我が国のために果たした役割には誠に大きなものがありました。

なお、横浜の開港以来の歴史においては、関東大震災(47)やさきの大戦における横浜大空襲(48)など、幾度かの苦難がありましたが、その都度人々が相携えて困難を乗り越え、今日の横浜を築いてきました。こうした過去の歩みに対し、この機会に深く敬意を表します。

今日、我が国は、国際社会の一員として、諸外国と友好関係を深めております。今後とも、関係者の努力により、横浜が、我が国と各国との間の交流を活発化するために、一層大きな役割を果たしていくことを願い、お祝いの言葉といたします。

平成二十一年五月三十一日　神奈川県　パシフィコ横浜　横浜開港百五十周年記念式典

尖閣諸島の問題

質問にありました近隣諸国との友好・交流については、これを増進することが極めて重要なことと思っています。尖閣諸島の問題に関しては、私の立場として、これに触れることは差し控えたく思います。

【註】尖閣諸島問題があったことを踏まえ、近隣諸国との友好・交流に対するお考えについて問われて

平成二十二年十二月二十日　宮殿　天皇誕生日にあたっての記者会見から

外国訪問は政府が検討し決定

私の外国訪問については、よく外国の元首からご招待をいただきますが、その時に、訪問については政府が検討し決定するということになっていますとお答えしています。ですから、外国への訪問についてはこのようなことで、そういう場所が決まった場合には、力を尽くして、意義のある訪問に努めていきたいと思っています。

平成二十二年十二月二十日　宮殿　天皇誕生日にあたっての記者会見から

東日本大震災に派遣された英国救援隊員への感謝

それぞれの方々とお話しを始めます前に、ここにおられるすべての皆さんに、一言お礼を述べたいと思います。

私ども──皇后と私──、そして数多くの日本国民は、昨年三月十一日、痛ましい大災害が日本を襲った際、英国の人々が時をおかずに示された対応に、深く感動いたしました。

この国の多くの人々が、災害の犠牲者に対し、同情を示してくださったことにとどまらず、困難な状況に置かれた被災者のために、多岐にわたる貴重な救援活動を迅速に実施されたことは、誠に心励まされることでした。

皆さんの思いやり溢れ、また、実効性に優れた救援活動は、これまで日英両国民の間で長きにわたって育まれてきた深い友情を、さらに強めるものであったことと感じております。

このような貴重な支援活動を企画、実施するにあたり、大きな役割を果たされた皆さん方に対し、英国女王陛下の即位六十周年というこの記念すべき機会に、私どもの心からの感謝を直接お伝えできますことを、誠にうれしく思います。

ありがとう。

平成二十四年五月十七日　英国　大使館ボールルーム　英国の日本関係者ご引見において
天皇陛下が英語で述べられたお言葉（626頁参照）の日本語訳

英国在留邦人に

女王陛下の即位六十周年にあたってご招待をいただき、英国を訪問した機会に在留邦人代表の皆さんにお会いすることをうれしく思います。

一昨日は東日本大震災にあたりさまざまな形で日本の支援に携わった英国の関係者にお会いし、多くの英国の人々が日本の人々のために力を尽くしていることに深い感謝の気持ちを持っていることを伝えました。ほぼ六十年前英国の対日感情が決して良好とはいえなかった時代に昭和天皇の名代として戴冠式に参列した私には、今日の日英間に結ばれてきた強い絆に深い感慨を覚えます。これはひとえに皆さん方在留邦人が英国の人々と共にたゆみなく相互理解と友好を培ってきた努力の表れと思います。ここに皆さん、並びに皆さんの先輩方に深く敬意を表します。

どうか皆さんには体を大切にされ、今後とも両国民間の友情が一層強まるよう努力してくださることを願ってやみません。

平成二十四年五月十九日　英国　大使公邸　在留邦人代表ご接見における天皇陛下のお言葉

タイ国プミポン国王陛下の崩御を悼んで

十月中旬にタイのプミポン国王陛下が崩御になりました。昭和三十八年に国賓として訪日された時に初めてお目に掛かり、その翌年に、昭和天皇の名代として、皇后と共にタイを訪問し、国王王妃両陛下に温かく迎えていただき、チェンマイ(49)など、タイの地方にも御案内いただきました。即位六十周年のお祝いに参列したことをはじめ、親しく交流を重ねてきた日々のことが、懐かしく思い出されます。

平成二十八年十二月二十日　宮殿　天皇誕生日にあたっての記者会見から

皇太子明仁親王奨学金財団設立五十周年にあたり

本年は、皇太子奨学金財団が設立されて五十年になります。この記念行事にあたり、関係する皆さんが各地から集い、今夕を共に過ごすことを誠に喜ばしく思います。

五十年前、私どもの結婚を祝って、ハワイの日系の人々が中心となり、この奨学金が設立されたことは、私どもにとって大変うれしいことでした。ハワイと日本の間で相互に留学が行われ、私どもはその留学生に毎年お会いしてきました。この機会に、かつてこの制度により、学んだ人々と再会することができることを楽しみにしています。

ここに、この奨学金を設立し、守り育ててこられたハワイと日本の関係者のこれまでの尽力に深く敬意を表し、奨学生のさらなる活躍とこの制度がこれからも学ぶ人々の希望に応えて充実していくことを期待し、併せて、ハワイと日本との友好関係の一層の増進を願って、杯を挙げたいと思います。

平成二十一年七月十五日　ハワイ　ヒルトン・ハワイアン・ビレッジ　皇太子明仁親王奨学金財団設立五十周年記念行事における天皇陛下の乾杯のお言葉

第三節◉激動する時代にあって

平成の二十年間を振り返って

平成の二十年間を振り返ってまず頭に浮かぶのは、平成元年、一九八九年のベルリンの壁の崩壊に始まる世界の動きです。その後の二年間に東西に分かれていたドイツは統一され、ソビエト連邦からロシアを含む十五か国が独立しました。そしてそれまで外からはうかがい知ることの難しかったソビエト連邦、及びそれに連なる国々の実情や過去の歴史的事実が、世界に知られるようになりました。このような世界の動きを、深い感動を持って見守ったことが思い起こされます。ベルリンの壁の崩壊から四年後、私どもはドイツを訪問し、ヴァイツゼッカー大統領ご夫妻、ベルリン市長ご夫妻と共に徒歩でブランデンブルク門(50)を通りました。西ベルリンから東ベルリンに入ると、ベートーベンの「歓喜の歌」の合唱が聞こえてきました。私どもの忘れ得ぬ思い出です。

しかし、その後の世界の動きは、残念ながら平和を推進する方向には進んでいきませんでした。平成十三年、二〇〇一年世界貿易センタービルなどが旅客機の突入により破壊され、三千人以上の命が失われました。それを契機として、アフガニスタン、続いてイラクで戦争が起こり、今も両国とパキスタンでは多くの命が失われています。

このように今日の世界は、決して平和な状況にあるとはいえませんが、明るい面として考えられるのは、世界がより透明化し、多くの人々が事実関係を共有することができるようになったことです。拉致《らち》の問題も、それが行われた当時は今と違って、日本人皆が拉致の行われたことを事実として認識することはありませんでした。このため、拉致が続けられ、多くの被害者が生じたことは返す返すも残念なことでした。それぞれの人の家族の苦しみは、いかばかりであったかと思います。また、チェルノブイリ原子力発電所(51)の事故のような、人々の健康や環境に大きな影響を与える事故であっても、当時のソビエト連邦では発表されず、事故についての最初の報道はスウェーデンの研究所からもたらされました。ソビエト連邦が発表したのはそれより後のことで、事故のあった地域の人々の健康に与えた被害は、一層大きくなったことと思います。

平成二十一年十一月六日　宮殿　天皇陛下御即位二十年にあたっての記者会見から

平成の二十年間に国外で起こった忘れられない出来事

この二十年間に国外で起こったこととして忘れられないのはベルリンの壁の崩壊です。即位の年に起こったこの事件に連なる一連の動きにより、ソビエト連邦からロシアを含む十五か国が独立し、それまでは外部からうかがい知ることのできなかったこれらの地域の実情や歴史的事実が明らかになりました。より透明な世界が築かれていくことに深い喜びを持ったことが思い起こされます。しかし、その後の世界は人々の待ち望んだような平和なものとはならず、今も各地域で紛争が絶えず、多くの人命が失われているのは誠に残念なことです。世界の人々が、共に平和と繁栄を享受できるようになることを目指して、すべての国が協力して努力を積み重ねることが大切であると思います。

平成二十一年十一月十二日　東京都　国立劇場　天皇陛下御在位二十年記念式典

冷戦後の心が痛む世界の動き

第二次世界大戦後の国際社会は、東西の冷戦構造の下にありましたが、平成元年の秋にベルリンの壁が崩れ、冷戦は終焉を迎え、これからの国際社会は平和な時を迎えるのではないかと希望を持ちました。しかしその後の世界の動きは、必ずしも望んだ方向には進みませんでした。世界各地で民族紛争や宗教による対立が発生し、また、テロにより多くの犠牲者が生まれ、さらには、多数の難民が苦難の日々を送っていることに、心が痛みます。

平成三十年十二月二十日　宮殿　天皇誕生日にあたっての記者会見から

【注記】

（1）**プロミン**　昭和十八年（一九四三）、アメリカのファジェット博士によって、ハンセン病の治療に有効であると確認された化学療法剤。

（2）**大風子**　大風子油。イイギリ科の落葉高木植物ダイフウシの種子から油を圧搾してつくられ、かつてハンセン病の治療薬として用いられた。

（3）**アンコール・ワット**　カンボジア北西部に位置するアンコール遺跡群を代表する石造寺院。十二世紀初め、クメール王朝スールヤバルマン二世によって建立。平成四年（一九九二）、アンコール遺跡として世界遺産に登録された。

（4）**日本人の墨書**　江戸時代初期、徳川家光によってアンコール・ワットに派遣された武士たちが残した落書き。十字回廊に残された短文は森本右近太夫（一房）によるもの。

（5）**重光外務大臣**　重光葵（一八八七～一九五七）。外交官、政治家。昭和十八年（一九四三）、東條英機内閣の外務大臣を務め、戦後、極東国際軍事裁判で禁錮七年の判決を受けたが、昭和二十五年に仮釈放、同二十九年に鳩山一郎内閣の外務大臣となった。

（6）**プミポン国王**（プミポン・アドゥンヤデート　Bhumibol Adulyadej　一九二七～二〇一六）　タイ国王。在位一九四六～二〇一六。一九四六年、国王であった兄の死に伴い、十八歳でラーマ九世として王位を継承。「開かれた王室」を実践し、国民から絶大な支持を受け、敬愛を集めた。在位七十年は国家元首として世界最長だった。

（7）**チャオプラヤ川**　タイのバンコクなどを中心に流れる河川。全長は約千二百キロメートル。

（8）**大喪の礼**　崩御された天皇陛下のご葬儀。平成元年（一九八九）二月二十四日に執り行われた。

（9）**中尾佐助**（一九一六〜九三）　植物学者。アジアやアフリカの植物分布を広く学術調査し、南アジア一帯から日本にかけての照葉樹林帯の文化的な関連を提唱した。昭和三十三年（一九五八）に日本人として初めてブータンを訪問した。

（10）**コロンボ計画**　一九五〇年にセイロン（現・スリランカ）の首都コロンボで開かれた英連邦諸国の外相会議で提唱され、翌年発足した南アジアや東南アジアの経済開発推進を目的とした国際経済協力機構。日本は昭和二十九年（一九五四）加盟。

（11）**西岡京治**（一九三三〜九二）　植物学者。コロンボ計画の農業指導者として昭和三十九年（一九六四）、ブータンに赴任。二十八年にわたり、ブータンの農業振興に尽力し、国王から称号を贈られた。葬儀は国葬として執り行われた。

（12）**ダショー**　ブータンで民間人に授与される最高位の称号。「最高にすぐれた人」を意味する。

（13）**ギュスターヴ・ボワソナード教授**（Gustave Émile Boissonade de Fontarabie　一八二五〜一九一〇）フランスの法学者。日本政府の招聘で明治六年（一八七三）来日。日本の国内法の整備に貢献した。

（14）**ポール・ブリューナ**（Paul Brunat　一八四〇〜一九〇八）　フランスの製糸技術者。慶応二年（一八六六）、リヨンにある生糸問屋の横浜支店へ派遣され来日。明治に入ると製糸工場建設のために日本政府と契約、富岡製糸場の設立に尽力した。

（15）**林邑**　ベトナム中・南部で二世紀から十七世紀まで栄えたチャンパ王国。中国では唐代まで「林邑」と称した。

（16）**仏哲**（生没年不詳）　天平八年（七三六）に、林邑国から渡来した僧侶。奈良大安寺に住し、林邑楽や密教典籍を伝えた。

（17）**ホイアン**　十六世紀からの古い建築が残るベトナム中部の港町。一九九九年、世界遺産に登録された。

(18)**トモダチ作戦**　平成二十三年（二〇一一）三月十一日に発生した東日本大震災の際に、米軍が行った災害救助及び被災地支援活動の作戦名。二万人を超える人員が動員された。

(19)**マシュー・ペリー**（Matthew Calbraith Perry　一七九四～一八五八）アメリカの軍人。嘉永六年（一八五三）、日本の開国を求める米大統領の親書を携え、艦船四隻を率いて浦賀港に来航した。翌年、日米和親条約は締結に至り、二百年余り続いた日本の鎖国が解除された。

(20)**両国の友好の象徴となっている桜とハナミズキ**　大正元年（一九一二）、尾崎行雄東京市長（当時）がアメリカ大統領夫人からの要望により、およそ六千本の桜の苗木をアメリカに贈った返礼として、アメリカからは北米原産のハナミズキの苗木四十株が贈られた。桜の苗木の半数はワシントンのポトマック公園の河畔に植えられ、今では桜の名所となっている。

(21)**芝蘭堂**　江戸時代後期に蘭学者の大槻玄沢が江戸に開いた蘭学塾。

(22)**鳴滝塾**　文政七年（一八二四）に、ドイツ人でオランダ商館付きの医官シーボルトが長崎の鳴滝に開いた診療所兼私塾。高野長英、伊東玄朴、二宮敬作など多くの人材を育成した。

(23)**適塾**　江戸時代末期、緒方洪庵が大坂に開いた蘭学塾。大村益次郎、佐野常民、福沢諭吉、橋本左内などの人材を輩出した。

(24)**デ・レイケ**（Johannis de Rijke　一八四二～一九一三）オランダの土木技術師。明治六年（一八七三）に来日し、ファン・ドールンらと共に河川・港湾整備計画を立てた。

(25)**西周**（一八二九～九七）啓蒙思想家。儒学、英語、蘭学を学び、文久二年（一八六二）に津田真道、榎本武揚らと共に幕命でオランダに留学した。慶応元年（一八六五）の帰国後、明治維新を経て明治政府の官僚を歴任。日本近代哲学の父といわれる。

(26)**津田真道**（一八二九～一九〇三）洋学者、啓蒙思想家。文久二年に西周らとオランダに留学。ライデン大学のフィッセリングに法学、経済学、統計学を学ぶ。帰国後、フィッセリングの講義録を『泰西国法論』として翻訳、出版した。

(27) **ライデン大学**　一五七五年に設立されたオランダ国内で最も古い大学。一八五五年に世界で初めて日本学科が設置された。

(28) **高山右近**（一五五二～一六一五）　戦国時代から江戸時代初期の武将。十二歳の時に洗礼を受け、生涯を通じてキリスト教に帰依。布教活動も熱心に行うが、キリスト教を禁教とした徳川家康によるキリシタン国外追放令を受けてフィリピンのマニラへ送られる。

(29) **内藤忠俊**（一五五〇頃～一六二六）　内藤如安。戦国時代から江戸時代初期の武将。キリスト教に入信後、熱心に布教活動を行うも、キリシタン国外追放令を受け、高山右近らとマニラへ送られる。マニラでは日本人キリシタン町を築き、生涯をそこで過ごした。

(30) **カヴィテ**　フィリピンの北部、カヴィテ州に属する都市で、マニラ湾に突き出た半島に位置している。

(31) **ラーケン宮**　ブリュッセルにあるベルギー王室の居城。一七八四年、オーストリア総督の居城としてつくられ、一八三〇年のベルギー独立以後はベルギー国王の居住する王宮となった。

(32) **ボードワン国王**（Baudouin I　一九三〇～九三）ベルギー国王。在位一九五一～九三。一九六〇年、スペインのファビオラ王妃と結婚。ベルギーの統合に尽力すると共に、数多くの国々を訪問し国際親善に努めた。

(33) **サン・セバスティアン**　スペイン北東部バスク州の町。ドノスティアとも。

(34) **アストゥリアス皇太子賞**　スペインの皇太子が主宰する世界的な賞。芸術や学問、スポーツなどさまざまな分野の八部門が対象となっている。「フクシマの英雄たち」は二〇一一年の平和部門で授賞された。

(35) **支倉常長**（一五七一～一六二二）　江戸時代初期の仙台藩士。藩主伊達政宗によって、慶長十八年（一六一三）、イスパニア（スペイン）、ローマに派遣され、元和六年（一六二〇）に帰国した。

（36）**安達峰一郎**（一八六九〜一九三四）外交官、国際法学者。メキシコ、ベルギー、フランス駐在大使を務め、ヴェルサイユ講和条約や国際連盟などの国際会議で活躍。昭和六年（一九三一）に常設国際司法裁判所の所長に選出される。オランダ・アムステルダムで死去。オランダの国葬で弔われる。

（37）**阮朝**　一八〇二年から一九四五年に存在していたベトナムの王朝。ホー・チ・ミンらの革命によって滅亡した。首都はベトナム中部の現在のフエにあたる。

（38）**東遊運動**　一九〇五年頃から始まったベトナム人青年の日本留学運動。フランスからの独立運動を指揮していたファン・ボイ・チャウが日本の近代化を学ぶために興し、二百人ほどのベトナム青年が日本へ留学したが、フランス側の弾圧により一九〇九年にはすべての留学生が国外へ追放された。

（39）**永野萬蔵**（一八五五〜一九二四）　カナダに移住した最初の日本人。一九七七年には移住百年を記念してブリティッシュ・コロンビア州の山に「マウント・マンゾウ・ナガノ」の名が付けられた。

（40）**「父が子に語る世界歴史」**　インドのイギリスからの独立運動を指導し、独立後は首相に就任したジャワハルラール・ネルー（一八八九〜一九六四）によって書かれた歴史書。一九三〇年からイギリスによって投獄されていた三年の間、手紙というかたちで世界の歴史を娘に書き送った。

（41）**菩提僊那**（七〇四〜七六〇）　インドからの渡来僧。天平八年（七三六）に来日。天平勝宝四年（七五二）に行われた東大寺大仏殿の開眼供養法会で導師を務めた。

（42）**タゴール**（Rabindranath Tagore　一八六一〜一九一四）　インドの詩人、思想家。インドの近代化のために尽くす。一九一三年、詩集「ギーターンジャリ」で、アジア人初のノーベル文学賞を受賞。

（43）**クニオ・ナカムラ元大統領**（一九四三〜　）パラオの元大統領。日本委任統治領だった南洋諸島（現・パラオ）に生まれる。教師を経て政治家となり、一九九三年に大統領に就任。戦後、アメリカの委任統治領となっていたパラオを、独立と国際連合加盟に導いた。

（44）**ホセ・リサール**（José Protacio Rizal Mercado y Alonzo Realonda　一八六一〜九六）　フィリピン

の革命家、医師。スペインへの留学を経て、スペイン統治下にあったフィリピンで独立を目指すが、ただちに逮捕されミンダナオ島に流刑となる。その後、他が興した独立運動にも関与しているとされ再び逮捕、銃殺刑となる。

(45) **文廟** ベトナムの首都ハノイにある霊廟。ベトナム王朝のタンロン王城跡の一角にあり、ベトナム最古の大学が置かれた場所でもある。儒教の開祖孔子が祀られていて、孔子廟とも。

(46) **アンガウル島** パラオ諸島の南、ペリリュー島の南西に位置するパラオ共和国の島。昭和十九年（一九四四）九月から十月にかけて、日本軍とアメリカ軍による銃撃戦が行われた。

(47) **関東大震災** 大正十二年（一九二三）九月一日に発生した相模湾一帯を震源とする大地震とそれによって関東一円の広い範囲に起こった大災害。地震のマグニチュードは七・九。風が強く、東京や横浜で大火災が発生した。死者・行方不明者は十万五千人、全壊半壊焼失した建物は三十七万棟余に及ぶ。

(48) **横浜大空襲** 昭和二十年（一九四五）五月二十九日に、横浜市中心部に対して行われた米軍による空爆攻撃。大量の焼夷弾によって、横浜市街地は山手地区と山下公園周辺を除いて燃え尽きた。

(49) **チェンマイ** タイ北部の山岳地帯に位置する都市。一二九六年、ランナー王朝で新しい首都として建設された古都でもある。

(50) **ブランデンブルク門** ドイツのベルリンにある凱旋門。ギリシャ神殿建築風に設計され、寛政三年（一七九一）に完成。第二次世界大戦後は、東西ベルリンの境界線に位置し、東ベルリンに属していて封鎖されていたが、平成元年（一九八九）十二月、東西ドイツの統合で再び開通した。

(51) **チェルノブイリ** ウクライナ共和国の首都キエフの北約百キロにある都市。昭和六十一年（一九八六）四月二十六日、ここにある原子力発電所の事故で放射能漏れが起こり、多数の死者が出た。また、周辺諸国に放射能汚染が生じた。

第四章

国民生活

第一節◉人々の苦難を思い

東日本大震災発生五日後のお言葉

このたびの東北地方太平洋沖地震は、マグニチュード九・〇という例を見ない規模の巨大地震であり、被災地の悲惨な状況に深く心を痛めています。地震や津波による死者の数は日を追って増加し、犠牲者が何人になるのかもわかりません。一人でも多くの人の無事が確認されることを願っています。また、現在、原子力発電所の状況が予断を許さぬものであることを深く案じ、関係者の尽力により事態のさらなる悪化が回避されることを切に願っています。

現在、国を挙げての救援活動が進められていますが、厳しい寒さのなかで、多くの人々が、食糧、飲料水、燃料などの不足により、極めて苦しい避難生活を余儀なくされています。その速やかな救済のために全力を挙げることにより、被災者の状況が少しでも好転し、人々の復興への希望につながっていくことを心から願わずにはいられません。そして、何にも増して、この大災害を生き抜き、被災者としての自らを励ましつつ、これからの日々を生きようとしている人々の雄々しさに深く胸を打たれています。

自衛隊、警察、消防、海上保安庁をはじめとする国や地方自治体の人々、諸外国から救援のために来日した人々、国内のさまざまな救援組織に属する人々が、余震の続く危険な状況のなかで、日夜救援活動を進めている努力に感謝し、その労を深くねぎらいたく思います。

今回、世界各国の元首から相次いでお見舞いの電報が届き、その多くに各国国民の気持ちが被災者と共にあるとの言葉が添えられていました。これを被災地の人々にお伝えします。

海外においては、この深い悲しみのなかで、日本人が、取り乱すことなく助け合い、秩序ある対応を示していることに触れた論調も多いと聞いています。これからも皆が相携え、いたわり合って、この不幸な時期を乗り越えることを衷心より願っています。

被災者のこれからの苦難の日々を、私たち皆が、さまざまな形で少しでも多く分かち合っていくことが大切であろうと思います。被災した人々が決して希望を捨てることなく、身体《からだ》を大切に明日からの日々を生き抜いてくれるよう、また、国民一人びとりが、被災した各地域の上にこれからも長く心を寄せ、被災者と共にそれぞれの地域の復興の道のりを見守り続けていくことを心より願っています。

平成二十三年三月十六日　東北地方太平洋沖地震に関する天皇陛下のお言葉

東日本大震災を振り返って

三月十一日に起こった東日本大震災は、今から八十八年前の大正十二年、十万人以上の死者を出した関東大震災以来の大きな災害で、死者、行方不明者数は二万人近くに上りました。さらに後日この地震に誘発された地震が長野県の栄村をはじめとして各地で起こり、犠牲者が出たところもありました。家族や親しい人を亡くした人々の悲しみはいかばかりかと察しています。また住まいや生活の場を失った人々、原発の事故[1]で住んでいた地域に住めなくなった人々のことが深く案じられます。震災発生以後、皇后と共に被災地や各地に設けられた被災者のための避難所を訪れ、被災者を見舞ってきましたが、これらの訪問を通して、被災者がさまざまな悲しみや苦しみを抱えつつも、決して取り乱すことなく、強い連帯感を持ち、互いに助け合って困難を乗り越えようとしていることが感じられ、そのことを非常に心強く思いました。また日本各地で、人々が被災者のために支援活動を始めたり、何らかの形でこれに携わろうとしていることも心強いことでした。

厳しい環境の下、我が身の危険も顧みず、専心救援活動にあたった自衛隊、警察、消防、海上保安庁をはじめとする国や地方自治体関係者、また原発事故の対応にあたった、東京電力及びその関係者の献身的努力に深く感謝しています。

諸外国からも救援の人々が来日し、日本の救援活動を助けてくれました。また駐日外国大使等日本に住んでいる外国人をはじめ、災害発生後日本を訪れた多くの外国人も、被災地を訪れ被災者を励まされていることに感謝しています。震災に際していただいた外国元首からのお見舞いの電報の多くに、自分たちは被災者と共にある、という言葉が添えられていたことが思い起こされます。

歴史を振り返ると、我が国は、今回の地震津波災害とほぼ同じ犠牲者数を記録した明治二十九年の「三陸地震(2)」をはじめとし、これまでにも幾度となく地震や津波による災害を蒙《こうむ》ってきました。しかし、時の経過と共に、次第にその記憶や認識が薄れてきてしまっていたように思います。私が津波の恐ろしさに接したのは、平成五年「北海道南西沖地震(3)」のお見舞いに皇后と共に奥尻島を訪れた時のことです。島は地震と津波で大きな被害を受けており、二百人以上の死者、行方不明者が生じていました。少しの地形の違いでも、津波の高さは場所によりかなり違うこと、自動車で逃げようとした人が渋滞で助からず、歩いて高台に上がった人が助かったなどと聞いたことが記憶に残っています。記録には津波の高さは青苗の市街地で十メートルを超えたところがあると書かれていますから、もしこのたびの被災地域の人が、奥尻島の津波災害の状況をさらにつまびらかに知っていたならば、一刻も早く避難することにもっと力を注ぎ、より多くの人が助かっていたのではないかと残念に思われてなりません。このたびの津波災害においても、避難訓練と津波教育が十分行われていたところほど被害者が少なかったと聞き、施設面の充実と共に、今後も避難訓練と津波教育が十分に行われ、災害にあたり少しでも多くの人が危険から守られるよう願っています。

私どもの住む日本は、四方に海を持ち、山や川も多く、風光に恵まれた島国です。一方、我が国はいくつものプレートが重なり合うところに位置し、地震が多く、火山や急峻《きゅうしゅん》な山川、日ごろは人々に幸を与えてくれる海も、時に荒れ、多大な被害をもたらします。この厳しい現実を認識し、災害時における人々の悲しみを記憶から消すことなく、常に工夫と訓練を重ね、将来起こるべきことに備えていかなければならないと思います。

今、被災地には再び厳しい寒さが訪れようとしています。住環境が十分でないところに住む被災者、殊に高齢者の健康が心配です。寒い冬を皆が少しでも健康に過ごすことができるよう願っています。

平成二十三年十二月二十一日　天皇誕生日にあたってのご感想

東日本大震災の年を振り返って

振り返ると、今年は災害に明け暮れた心の重い年でした。しかし、被災地の人々が、厳しい避難生活のなかで、我慢強く耐え、多くの人々がボランティアとして被災者を支援したことは本当に心強いことでした。日本人全体がこの震災に向き合い、被災者のために何かの役に立とうとしていることを感じています。本年もあとわずかになりました。新しい年も被災者に心を寄せつつ過ごしていきたいと思っています。

平成二十三年十二月二十一日　天皇誕生日にあたってのご感想

東日本大震災の翌年を迎えて

昨年は春には東日本大震災が起こり、夏から秋にかけては各地で大雨による災害が起こり、多くの人命が失われ、実に痛ましいことでした。また、原発事故によってもたらされた放射能汚染のために、これまで生活していた地域から離れて暮さなければならない人々の無念の気持ちも深く察せられます。昨年は誠に心の重い年でした。そのような状況のなかで、皆が互いに助け合い、また多くの人々が被災者の支援に力を尽くしていることを心強く思っています。

今年は、復興に向けてさまざまな計画を立て、将来への指針を選択していく年であると共に、がれきの処理をはじめとする多くの困難な業務に取り組まなければならない年になると予想されます。人々の英知が結集されるよう、また業務に携わる人々の作業が安全に行われるよう、願ってやみません。

日本は大震災の影響等により現在厳しい状況にありますが、皆が被災者に心を寄せつつ、力を合わせ、明日の社会を築くために忍耐強く力を尽くしていくことを期待しています。

平成二十四年一月一日　新年にあたってのご感想

東日本大震災一周年追悼式

東日本大震災から一周年、ここに一同と共に、震災により失われた多くの人々に深く哀悼の意を表します。

一年前の今日、思いも掛けない巨大地震と津波に襲われ、ほぼ二万に及ぶ死者、行方不明者が生じました。そのなかには消防団員をはじめ、危険を顧みず、人々の救助や防災活動に従事して命を落とした多くの人々が含まれていることを忘れることができません。

さらにこの震災のため原子力発電所の事故が発生したことにより、危険な区域に住む人々は住み慣れた、そして生活の場としていた地域から離れざるを得なくなりました。再びそこに安全に住むためには放射能の問題を克服しなければならないという困難な問題が起こっています。

このたびの大震災にあたっては、国や地方公共団体の関係者や、多くのボランティアが被災地へ足を踏み入れ、被災者のためにさまざまな支援活動を行ってきました。このような活動は厳しい避難生活のなかで、避難者の心を和ませ、未来へ向かう気持ちを引き立ててきたことと思います。この機会に、被災者や被災地のために働いてきた人々、また、原発事故に対応するべく働いてきた人々の尽力を、深くねぎらいたく思います。

また、諸外国の救助隊をはじめ、多くの人々が被災者のためさまざまに心を尽くしてくれました。外国元首からのお見舞いのなかにも、日本の被災者が厳しい状況のなかで互いに絆《きずな》を大切にして復興に向かって歩んでいく姿に印象づけられたと記されているものがあります。世界各地の人々から大震災にあたって示された厚情に深く感謝しています。

被災地の今後の復興の道のりには多くの困難があることと予想されます。国民皆が被災者に心を寄せ、被災地の状況が改善されていくようたゆみなく努力を続けていくよう期待しています。そしてこの大震災の記憶を忘れることなく、子孫に伝え、防災に対する心掛けを育み、安全な国土を目指して進んでいくことが大切と思います。

今後、人々が安心して生活できる国土が築かれていくことを一同と共に願い、御霊《みたま》への追悼の言葉といたします。

平成二十四年三月十一日　東京都　国立劇場　東日本大震災一周年追悼式

東日本大震災から一年九か月が経って

東日本大震災から一年九か月が経ち、被災地に再び厳しい冬がめぐってきています。放射能汚染によりかつて住んでいた所に戻れない人々、雪の積もる仮設住宅で二度目の冬を過ごさなければならない人々など、被災者のことが深く案じられます。震災時の死者行方不明者数は一万八千人余と報じられましたが、その後、二千人以上の震災関連の死者が生じたため、犠牲者は二万人を超えました。地震や津波を生き抜いた人々が、厳しい生活環境下、医療などが十分に行き届かない状況のなかで亡くなったことは誠にいたわしいことと感じています。また、被災地の復興には放射能汚染の除去や、人体に有害な影響を与える石綿が含まれるがれきの撤去など、危険と向き合った作業が行われなければならず、作業に携わる人々の健康が心配です。放射能汚染の除去の様子は福島県の川内村で見ましたが、屋根に上がって汚染を水流で除去するなど、十分に気をつけないと事故が起こり得る作業のように思いました。安全に作業が進められるよう切に願っています。

平成二十四年十二月十九日　宮殿　天皇誕生日にあたっての記者会見から

東日本大震災から二度目の新年を迎えて

東日本大震災から二度目の冬がめぐってきました。放射能汚染によりかつて住んでいた地域に戻れない人々や、仮設住宅で厳しい冬を過ごさざるを得ない人々など、年頭にあたって、被災者のことが、改めて深く案じられます。今後、震災や津波による被害の経験を十分にいかした防災教育やまちづくりが行われ、人々の安全な生活が確保される方向に向かうよう願っています。

日本は、大震災の影響等により、現在厳しい状況に置かれていますが、皆が被災者に心を寄せつつ、互いに支え合ってさまざまな困難を克服していくよう期待しています。

平成二十五年一月一日　新年にあたってのご感想

東日本大震災二周年追悼式

本日、東日本大震災から二周年を迎えるにあたり、ここに一同と共に、震災によりかけがえのない命を失われた多くの人々とその遺族に対し、改めて深く哀悼の意を表します。

二年前の今日、東日本を襲った巨大地震とそれに伴う大津波により、二万人を超す死者、行方不明者が生じました。震災後に訪れた被災地では、永年にわたって人々が築いてきたふるさとが痛々しく破壊されており、被災者の悲しみはいかばかりかと察せられました。一方、この厳しい状況のなか、被災地で、また、それぞれの避難の地で、気丈に困難に耐え、日々生活している被災者の姿には、常に深く心を打たれ、この人々のことを、私どもはこれからも常に見守り、この苦しみを、少しでも分かち合っていくことが大切だとの思いを新たにしています。

このたびの大震災に際して、厳しい環境の下、専心救援活動にあたった自衛隊、警察、消防、海上保安庁をはじめとする国や地方自治体関係者、多くのボランティア、そして原発事故の対応にあたった関係者の献身的な努力に対し、改めて深くねぎらいたく思います。

諸外国からも実に多くの善意が寄せられました。物資や義援金が送られ、また、救援の人々も多数来日し、日本の救援活動を助けてくれました。また駐日外国大使など日本に住んでいる外国人をはじめ、災害発生後の日本を訪れる多くの外国人が、被災地に赴き、被災者を励ましてくださっていることに感謝しています。

このたびの津波災害において、私どもは災害に関し、日ごろの避難訓練と津波防災教育がいかに大切であるかを学びました。この教訓を決して忘れることなく、これから育つ世代に伝えていくことが大切と思います。今後とも施設面の充実と共に、地域における過去の災害の記憶の継承、日ごろからの訓練と教育などにより、今後災害の危険から少しでも多くの人々が守られることを期待しています。危険な業務に携わる人々も、このたびの経験をいかし、身の安全が確保されることに工夫と訓練を重ねていくよう願っています。

今なお多くの苦難を背負う被災地に思いを寄せると共に、被災者一人びとりの上に一日も早く安らかな日々の戻ることを一同と共に願い、御霊《みたま》への追悼の言葉といたします。

平成二十五年三月十一日　東京都　国立劇場　東日本大震災二周年追悼式

東日本大震災から三度目の新年を迎えて

東日本大震災から三度目の冬がめぐってきましたが、放射能汚染によりかつて住んでいた地域に戻れずにいる人々や、仮設住宅で厳しい冬を過ごす人々など、年頭にあたり、被災者のことが改めて深く案じられます。

平成二十六年一月一日　新年にあたってのご感想

東日本大震災三周年追悼式

本日、東日本大震災から三周年を迎え、ここに一同と共に、震災によって失われた人々とその遺族に対し、改めて深く哀悼の意を表します。

三年前の今日、東日本を襲った巨大地震とそれに伴う津波は、二万人を超す死者、行方不明者を生じました。今なお多くの被災者が、被災地で、また、避難先で、困難な暮らしを続けています。さらにこの震災により、原子力発電所の事故が発生し、放射能汚染地域の立ち入りが制限されているため、多くの人々が住み慣れた地域から離れることを余儀なくされています。いまだに自らの家に帰還する見通しが立っていない人々が多いことを思うと心が痛みます。

この三年間、被災地においては、人々が厳しい状況のなか、お互いの絆《きずな》を大切にしつつ、幾多の困難を乗り越え、復興に向けて懸命に努力を続けてきました。また、国内外の人々がこうした努力を支援するため、引き続きさまざまな形で尽力していることを心強く思っています。

被災した人々の上には、今もさまざまな苦労があることと察しています。この人々の健康が守られ、どうか希望を失うことなくこれからを過ごしていかれるよう、長きにわたって国民皆が心を一つにして寄り添っていくことが大切と思います。そして、この大震災の記憶を決して忘れることなく子孫に伝え、防災に対する心掛けを育み、安全な国土を築くことを目指して進んでいくことを期待しています。

被災地に一日も早く安らかな日々の戻ることを一同と共に願い、御霊《みたま》への追悼の言葉といたします。

平成二十六年三月十一日　東京都　国立劇場　東日本大震災三周年追悼式

東日本大震災から四度目の新年を迎えて

昨年は大雪や大雨、さらに御嶽山の噴火による災害で多くの人命が失われ、家族や住む家をなくした人々の気持ちを察しています。

また、東日本大震災からは四度目の冬になり、放射能汚染により、かつて住んだ土地に戻れずにいる人々や仮設住宅で厳しい冬を過ごす人々もいまだ多いことも案じられます。昨今の状況を思う時、それぞれの地域で人々が防災に関心を寄せ、地域を守っていくことが、いかに重要かということを感じています。

平成二十七年一月一日　新年にあたってのご感想

東日本大震災四周年追悼式

東日本大震災から四年が経《た》ちました。ここに一同と共に震災によって亡くなった人々とその遺族に対し、深く哀悼の意を表します。

四年前の今日、東日本を襲った巨大地震とそれに伴う津波により、二万人を超す死者、行方不明者が生じました。テレビに映った津波の映像は決して忘れることのできない、本当に恐ろしいものでした。死者、行方不明者のなかには危険を顧みず、人々の救助や防災活動に従事した人々があったことが今も痛ましく思い出されます。被災地で、また避難先で、被災者の多くが今日もなお、困難な暮らしを続けています。特に年々高齢化していく被災者の健康は深く心に掛かります。

さらに、この震災により、原子力発電所の事故が発生し、放射能汚染地域の立ち入りが制限されているため、多くの人々が住み慣れた地域から離れることを余儀なくされました。今なお、自らの家に帰還する見通しが立っていない人々が多いことを思うと心が痛みます。

この四年間、被災地においては、人々が厳しい状況のなか、お互いの絆《きずな》を大切にしつつ、幾多の困難を乗り越え、復興に向けて努力を続けてきました。また、こうした努力を支援するため、国内外の人々が引き続きいろいろな形で尽力しています。この結果、地場産業の発展、防災施設の整備、安全な居住地域の造成などさまざまな進展が見られましたが、依然として被災した人々を取り巻く状況は厳しく、これからも国民皆が心を一つにして寄り添っていくことが大切と思います。

このたびの大震災においては、私どもは災害に関し、日ごろの避難訓練と津波防災教育がいかに大切かを学びました。こうした教訓を決して忘れることなく子孫に伝え、より安全な国土を築くべく努力を続けることが重要であると思います。

この十四日から宮城県仙台市において第三回国連防災世界会議が開催されますが、この会議において、我が国のみならず世界各国においてもこのたびの大震災の教訓が分かち合われ、被害の軽減や人々の安全性の確保に意義ある成果が上げられることを願っています。

被災地に一日も早く安らかな日々の戻ることを一同と共に願い、御霊《みたま》への追悼の言葉といたします。

平成二十七年三月十一日　東京都　国立劇場　東日本大震災四周年追悼式

東日本大震災から五度目の新年を迎えて

東日本大震災から間もなく五年を迎えようとしています。いまだそれまで住んでいた地域に戻れずにいる人々や、仮設住宅で苦労の多い生活を送っている人々があることが案じられ、こうした人々が寒さの厳しい冬を健康に十分気をつけて過ごされるよう、そして、被災地域の復興が少しでもはかどるよう、願っています。

平成二十八年一月一日　新年にあたってのご感想

東日本大震災五周年追悼式

東日本大震災から五年が経ちました。ここに一同と共に、震災によって亡くなった人々とその遺族に対し、深く哀悼の意を表します。

五年前の今日、東日本を襲った巨大地震とそれに伴う津波により、二万人を超す死者、行方不明者が生じました。仙台平野を黒い壁のような波が非常な速さで押し寄せてくるテレビの映像は、決して忘れることができないものでした。このような津波に対してどのような避難の道が確保できるのか暗《あん》澹《たん》たる気持ちになったことが思い起こされます。また、何人もの漁業者が、船を守るために沖に向け出航していく雄々しい姿も深く心に残っています。

このようななかで、自衛隊、警察、消防、海上保安庁をはじめとする国や地方自治体関係者、さらには、一般市民が、厳しい状況のなかで自らの危険や労をいとわず救助や捜索活動に携わったことに深い感謝の念を抱いています。

地震、津波に続き、原子力発電所の事故が発生し、放射能汚染のため、多くの人々が避難生活を余儀なくされました。事態の改善のために努力が続けられていますが、今なお、自らの家に帰還できないでいる人々を思うと心が痛みます。

こうした苦難のなかで、政府や全国の地方自治体と一緒になって、多数のボランティアが被災者のために支援活動を行いました。また、百六十を超える国・地域や多数の国際機関、また在日米軍が多大な支援にあたってくれたことも忘れることはできません。

あれから五年、皆が協力して幾多の困難を乗り越え、復興に向けて努力を続けてきました。この結果、防災施設の整備、安全な居住地域の造成、産業の再建など進展が見られました。しかし、被災地で、また避難先で、今日もなお多くの人が苦難の生活を続けています。特に、年々高齢化していく被災者をはじめとし、私どもの関心の届かぬところで、いまだ人知れず苦しんでいる人も多くいるのではないかと心に掛かります。

困難のなかにいる人々一人一人が取り残されることなく、一日も早く普通の生活を取り戻すことができるよう、これからも国民が心を一つにして寄り添っていくことが大切と思います。

日本は美しい自然に恵まれていますが、その自然は時に非常に危険な一面を見せることもあります。このたびの大震災の大きな犠牲の下で学んだ教訓をいかし、国民皆が防災の心を培うと共に、それを次の世代に引き継ぎ、より安全な国土が築かれていくことを衷心より希望しています。

今なお不自由な生活のなかで、たゆみない努力を続けている人々に思いを寄せ、被災地に一日も早く安らかな日々の戻ることを一同と共に願い、御霊《みたま》への追悼の言葉といたします。

平成二十八年三月十一日　東京都　国立劇場　東日本大震災五周年追悼式

東日本大震災から五年を振り返って

東日本大震災が発生してから五年を超えました。三月には、福島県、宮城県の被災地、そして九月には岩手県の被災地を訪問し、復興へ向けた努力の歩みと共にいまだ困難な状況が残されている実情を見ました。そのなかで岩手県大槌町では、十九年前に滞在した宿に泊まりましたが、当時、はまぎくの花を見ながら歩いたすぐ前の海岸が、地震で海面下に沈んで消えてしまっていることを知り、自然の力の大きさ、怖さをしみじみと思いました。

この五年間、皆が協力して復興の努力を積み重ね、多くの成果がもたらされてきました。しかし同時に、今なお多くの人が困難をしのんでおり、この人々が、一日も早く日常を取り戻せるよう、国民皆が寄り添い、協力していくことが必要と感じます。

平成二十八年十二月二十日　宮殿　天皇誕生日にあたっての記者会見から

御在位二十年を振り返って

この二十年、さまざまなことがありました。とりわけ平成七年の阪神・淡路大震災(4)をはじめとし、地震やそれに伴う津波、噴火、豪雨等、自然災害が幾度にもわたり我が国を襲い、多くの人命が失われたことを忘れることはできません。改めて犠牲者を追悼し、被災した人々の苦労を思い、復興のために尽力してきた地域の人々、それを全国各地より支援した人々の労をねぎらいたく思います。

平成二十一年十一月十二日　東京都　国立劇場　天皇陛下御在位二十年記念式典

阪神・淡路大震災

国内のことでまず思い起こされるのは、六千四百人以上の人々が亡くなった阪神・淡路大震災です。

地震による家屋の崩壊と共に火災が起こり、誠に痛ましい状況でした。ただ淡路島では、火災がすべて未然に防がれ、また、地域の人々による迅速な救出活動により、多くの人の命が助けられたと聞きました。この地震は、その後に大きな教訓を残しました。建築の耐震化が進められ、人々の間に、災害に対する協力の輪がひろがりました。後にほかの被災地を訪れた時、自分たちの災害に支援の手を差し伸べてもらったので、お礼の気持ちでこの被災地の支援に来たという人々に会うことがあり、頼もしく思いました。

苦労の多いなかで、農業、林業、水産業などに携わる人々がさまざまに工夫を凝らし、その分野を守り続けてきている努力を尊いものに思っており、毎年農林水産祭天皇杯受賞者(5)にお会いするのを楽しみにしています。

平成二十一年十一月六日　宮殿　天皇陛下御即位二十年にあたっての記者会見から

伊勢湾台風から五十年

今年も豪雨や台風など自然災害により六十人を超す人々が亡くなりました。家族を失った人々の気持ちはいかばかりかと察しています。五千人以上の命が失われた伊勢湾台風から今年は五十年になります。当時ヘリコプターに乗って、上空から、一面水に浸った被災地の光景に接したことや、木曽川、長良川、揖斐川の木曽三川《さんせん》の氾濫《はんらん》の災害を受けた長島町の町長の話を聞いたことなど、痛ましく思い起こされます。

平成二十一年十二月二十一日　天皇誕生日にあたってのご感想

奄美大島豪雨、猛暑、口蹄疫

今年は台風の上陸が少なく、死者を伴うような災害はありませんでしたが、梅雨期に各地に大雨が降り、死者を伴う災害が起こりました。また十月には鹿児島県の奄美大島を、この地域の人々がこれまで経験したことがないような激しい豪雨(6)が襲い、死者を伴う大きな災害をもたらしました。亡くなった人々の家族の悲しみ、住む家を失った人々の苦しみに深く思いを致しています。交通や通信が途絶したなかで、かなりの時間を過ごさなければならなかった島民の不安な気持ちはいかばかりであったかと思います。四十年以上も前に、私どもは奄美大島を訪れ、当時の名瀬市から、山道を通って、このたび大きな災害を受けた当時の住用村に行きました。当時を思い起こす時、このような道路が寸断された山地の多い島で、救助活動にあたった人々の苦労がしのばれます。

夏は各地で猛暑が続き、多くの高齢者が熱中症で亡くなったことは痛ましいことでした。一人暮らしの高齢者や農作業中の高齢者が、熱中症にかかっていることを気づかずにいたために、亡くなっている例もあることから、熱中症に対する知識を深め、皆で健康に気をつけていくことが重要なことと思います。猛暑は農業にも大きな被害をもたらし、農業に携わる人々の苦労が察せられます。

農業関係の大きな出来事としては、宮崎県で発生した口蹄疫(7)があります。長年にわたって大切に育ててきた牛や豚をことごとく処分しなければならなかった人々の悲しみ、ワクチン接種や殺処分など危険を伴う作業に携わった獣医師はじめ多くの人々の労苦に深く思いを致すと共に、この被害を他県に及ぼすことなく食い止めた県民の協力を深く多としています。

平成二十二年十二月二十日　宮殿　天皇誕生日にあたっての記者会見から

各地で発生した豪雨災害

今年は豪雨による災害も、七月には新潟県と福島県で、九月には和歌山県、奈良県ほかで起こりました。九月に和歌山県等で起こった台風十二号による豪雨災害では、森林に覆われた斜面がえぐり取られる深層崩壊(8)というこれまで耳にしたことのない恐ろしい現象が起こりました。こうした災害により百人以上の生命が失われたことは本当に残念なことでした。ただ注目したいのは、七月に新潟県を襲った豪雨災害では、七年前に同地域が受けた豪雨災害時の雨量よりさらに多くの降雨量があったにもかかわらず、前回に比べ犠牲者の数が少なかったことです。これは前回の災害を教訓として治水や住民の避難に対し、さまざまな対策が講じられた成果であり、防災に力を注ぐことがいかに生命を守ることになるかを教えてくれます。

水害はタイ王国でも起こりました。国王陛下は長らく御入院中で、この水害にお心を痛めていらっしゃることとお案じしています。タイの水害は日本の産業にも影響を与え、タイにおいて日系企業が行っていた操業が不能となり、生産に携わっていたタイ人の少なからぬ人数を日本に呼び、生産を再開することになりました。言葉や生活習慣の異なるタイ人が日本での生活をつつがなく過ごすことができるよう願っています。このたびの日本における災害及びタイの水害は、改めて今日の世界がさまざまな国の人々と共に生きる社会であることを感じさせるものでした。

平成二十三年十二月二十一日　天皇誕生日にあたってのご感想

御嶽山噴火、長野県北部地震

痛ましい災害もありました。八月には大雨が広島市を襲い、土砂災害によって七十四人が亡くなりました。先日被災地を訪問しましたが、暗闇のなかで木がなぎ倒され、大きな石が土砂と共に落下してくる状況は想像するだに恐ろしく、人々の恐怖はいかばかりであったかと思います。

また九月には、御嶽山の噴火(9)により、死者、行方不明者が六十三人となりました。紅葉を楽しもうと登った人々であったことを思い、心が痛みます。

長野県北部でも十一月に震度六弱の地震[10]が発生しましたが、幸いにも地域の人々の日ごろの訓練と消防職員の協力によって死者を出すことはありませんでした。建物の被害は大きく、冬に向かっての生活の苦労が深く察せられますが、死者がなかったことはうれしいことでした。

平成二十六年十二月十九日　宮殿　天皇誕生日にあたっての記者会見から

口永良部島新岳噴火

今年の自然災害としては、まず五月に鹿児島県の口永良部島《くちのえらぶじま》の新岳《しんだけ》が噴火[11]して、海岸まで達する火砕流が発生し、全島民が島から避難したことが挙げられます。火砕流は雲仙岳の噴火災害のお見舞いに行った時に見ましたが、海岸まで達する火砕流は本当に恐ろしい光景だったと思います。島民は幸い皆無事でしたが、まだ避難生活が続いていることに心を痛めています。

平成二十七年十二月十八日　宮殿　天皇誕生日にあたっての記者会見から

関東・東北豪雨

九月には豪雨により鬼怒川などが氾濫(12)し、八人が亡くなる大きな災害となりました。氾濫により多くの人々が家々に閉じ込められ、どんなにか不安な時を過ごしたことかと思います。自衛隊をはじめとするヘリコプター等の救助活動により、人々が無事に救出されたことは本当に幸いなことでした。危険を伴う救出活動に携わった人々に深く感謝しています。水につかった家屋や田畑の復旧作業には多くの労力を必要とするもので、多数のボランティアが協力してくれていることをうれしく思っています。困難に遭遇している人々を助けようという気持ちが日本人のなかに豊かに育っていることを非常に心強く思います。後日、常総市の被災地をお見舞いしましたが、泥水につかった田畑がひろがり、苦労して作物を育ててきた人々の気持ちはいかばかりかと察せられました。

平成二十七年十二月十八日　宮殿　天皇誕生日にあたっての記者会見から

熊本地震、台風十号大雨災害

四月には熊本地震(13)が発生しました。十四日夜の地震で、多くの被害が出ましたが、十六日未明に本震が発生し、さらに大きな被害が出ました。その後も長く余震が続き、人々の不安はいかばかりであったかと思います。

五月に現地を訪れましたが、被害の大きさに胸を痛めると共に、皆が協力し合って困難を乗り越えようと取り組んでいる姿に、心を打たれました。

今年はさらに八月末に台風十号による大雨[14]が岩手県と北海道を襲い、そのなかで高齢者グループホームの人たちを含め、多くの人が犠牲になったことも痛ましいことでした。

このような災害にあたり、近年、個人やさまざまな団体と共に、各地の県や市町村などの自治体が、被災地への支援の手を差し伸べ、さらにそれを契機として、全国でさまざまな地域間の交流が行われるようになってきていることを、うれしく思っています。

平成二十八年十二月二十日　宮殿　天皇誕生日にあたっての記者会見から

九州北部豪雨、口永良部島噴火

今年も残念なことに、いくつもの自然災害が起こりました。特に七月には九州北部がまれに見る豪雨[15]に見舞われ、多くの人命が失われるなど、大きな被害を受けました。十月に福岡県朝倉市と大分県日田市をお見舞いに訪れましたが、朝倉市に向かう車中から見た災害の大きさは、自然の力の恐ろしさを改めて感じさせるものでした。被害に遭った人々が深い悲しみのなかにありながら、皆で協力して懸命に復興に取り組んでいることを、心強く思いました。

また、十一月には鹿児島県屋久島を訪れ、その西方十二キロに浮かぶ口永良部島で、二年半余り前に起きた火山噴火によって屋久島への全島避難を余儀なくされた人々をお見舞いしました。噴火に先立ち避難訓練を行っていたこともあって、幸い速やかに全島民が無事に屋久島に避難したと聞きました。屋久島の人々の助けを得て避難生活を送り、今は多くの人が口永良部島に戻り、復興に取り組みながらもとの生活に戻りつつあることを、うれしく思います。

我が国は豊かな自然に恵まれていますが、同時に自然災害の脅威に晒されており、こうした事態に備え、また、不幸にして災害が起こった時、人々が助け合うことがどれほど重要かということに、思いを深くしました。

平成二十九年十二月二十日　宮殿　天皇誕生日にあたっての記者会見から

災害の多かった平成三十年

この一年を振り返る時、例年にも増して多かった災害のことは忘れられません。集中豪雨、地震、そして台風などによって多くの人の命が落とされ、また、それまでの生活の基盤を失いました。新聞やテレビを通して災害の様子を知り、また、後日いくつかの被災地を訪れて災害の状況を実際に見ましたが、自然の力は想像を絶するものでした。命を失った人々に追悼の意を表すると共に、被害を受けた人々が一日も早くもとの生活を取り戻せるよう願っています。

ちなみに私が初めて被災地を訪問したのは、昭和三十四年、昭和天皇の名代として、伊勢湾台風(16)の被害を受けた地域を訪れた時のことでした。

平成三十年十二月二十日　宮殿　天皇誕生日にあたっての記者会見から

国民の防災に対する関心の高まりを期待して

豪雨や台風については近年予報が詳しく報ぜられるようになり、これまでの治山治水の効果と合わせ、災害による犠牲者数は減少してきましたが、いまだに年間数十人の犠牲者が生じることは非常に残念なことです。防災関係者の尽力と共に、国民の防災に対する関心がさらに高まることを期待しています。

平成二十一年十二月二十一日　天皇誕生日にあたってのご感想

私どもの住む日本は誠に美しい自然に恵まれる一方、自然災害を受けやすい環境にあり、今年も日本人一人一人が防災の心を培うと共に、お互いが気をつけ合って、身を守る努力を続けられることを心より希望しています。

平成二十八年一月一日　新年にあたってのご感想

金融危機、新型インフルエンザ

この一年を顧みて、まず思い起こされるのは、世界的な金融危機(17)に端を発した我が国の厳しい経済情勢により、多くの人々が困難な状況に置かれたことでした。住む家を失った人々もあり、心の痛むことでした。また五月以来流行が心配されていた新型インフルエンザは秋になって患者数が増加し、来年がどのような状況になるのか案じられます。ワクチン接種などが進み、流行が抑えられることを期待しています。

平成二十一年十二月二十一日　天皇誕生日にあたってのご感想

互いに助け合い、励まし合って

秋以降、世界的な金融危機の影響により、我が国においても経済情勢が悪化し、多くの人々が困難な状況におかれていることに心が痛みます。国民の英知を結集し、人々の絆を大切にしてお互いに助け合うことによって、この困難を乗り越えることを願っています。

平成二十一年一月一日　新年にあたってのご感想

今日、我が国はさまざまな課題に直面しています。このようななかで、人々が互いに絆《きずな》を大切にし、叡智《えいち》を結集し、相携えて努力することにより、忍耐強く困難を克服していけるよう切に願っています。

平成二十一年十一月十二日　東京都　国立劇場　天皇陛下御在位二十年記念式典

昨年は、引き続く厳しい経済情勢の下で、多くの人々がさまざまな困難に直面し、苦労も多かったことと察しています。

新しく迎えたこの年に、国民皆が互いに助け合い、励まし合って当面の困難を克服すると共に、世界の人々とも相携え、平和を求め、健全な未来を築くために力を尽くすよう願っています。

平成二十二年一月一日　新年にあたってのご感想

昨年は、多くの地域で猛暑が続き、また経済の状況も厳しく、人々の生活にはさまざまの苦労があったことと察しています。家族や社会の絆を大切にし、国民皆が支え合ってこれらの困難を克服すると共に、世界の人々とも相携え、その安寧のために力を尽くすことを切に願っています。

平成二十三年一月一日　新年にあたってのご感想

昨年も、多くの人々がさまざまな困難に直面し、苦労も多かったことと察していますが、新しく迎えたこの年に、国民皆が苦しい人々の荷を少しでも分かち持つ気持ちを失わず、助け合い、励まし合っていくとともに、世界の人々とも相携え、平和を求め、良き未来を築くために力を尽くしていくよう願っています。

平成二十六年一月一日　新年にあたってのご感想

平成三年の雲仙普賢岳の噴火(18)、平成五年の北海道南西沖地震と奥尻島の津波被害にはじまり、平成七年の阪神・淡路大震災、平成二十三年の東日本大震災など数多くの災害が起こり、多くの人命が失われ、数知れぬ人々が被害を受けたことに言葉に尽くせぬ悲しみを覚えます。ただ、そのなかで、人々の間にボランティア活動をはじめさまざまな助け合いの気持ちが育まれ、防災に対する意識と対応が高まってきたことには勇気づけられます。また、災害が発生した時に規律正しく対応する人々の姿には、いつも心を打たれています。

平成三十年十二月二十日　宮殿　天皇誕生日にあたっての記者会見から

第二節◉自然と環境

クニマス

今年は国際連合が定めた国際生物多様性年にあたり、また、生物多様性条約第十回締約国会議が多くの国々の参加者を名古屋市に迎え、開催されました。この会議では、さまざまな論議が交わされましたが、最終的に各国の同意を得て、会議が滞りなく終了したことは喜ばしいことでした。より多くの人々が生物多様性に関心を持つようになった意義ある会議であったと思います。

この生物多様性年も終わりに近いころ、日本の淡水魚が一種増えました。それは、最近新聞などでも報じられたクニマスのことです。クニマスは田沢湖にだけ生息していましたが、昭和の十年代、田沢湖の水を発電に利用する時、水量を多くするため、酸性の強い川の水を田沢湖に流入させたため、絶滅してしまいました。ところがこのクニマスの卵がそれ以前に山梨県の西湖に移植されており、そこで繁殖して、今日まで生き延びていたことが今年に入り確認されたのです。本当に奇跡の魚《うお》と言っても良いように思います。クニマスについては、私には十二歳の時の思い出があります。この年に、私は、大島正満博士[19]の著書『少年科学物語』のなかに、田沢湖のクニマスは酸性の水の流入により、やがて絶滅するであろうということが書かれてあるのを読みました。そしてそのことは私の心に深く残るものでした。それから六十五年、クニマス生存の朗報に接したわけです。このクニマス発見に大きく貢献され、近くクニマスについての論文を発表される京都大学中坊教授[20]の業績に深く敬意を表すると共に、このたびのクニマス発見に東京海洋大学客員准教授さかなクン[21]はじめ多くの人々が関わり、協力したことをうれしく思います。クニマスの今後については、これまで西湖漁業協同組合が西湖を管理して、クニマスが今日まで守られてきたことを考えると、現在の状況のままクニマスを見守り続けていくことが望ましいように思われます。その一方、クニマスが今後絶滅することがないよう危険分散を図ることは是非必要です。

平成二十二年十二月二十日　宮殿　天皇誕生日にあたっての記者会見から

山梨県恩賜林

（御名代皇太子殿下のご代読）

恩賜林御下賜百周年記念大会が開催されるにあたり、皆さんと共にこの大会に臨むことを楽しみにしていましたが、病を得、欠席を余儀なくされました。誠に残念に思いますが、ここに大会に寄せる言葉を皇太子に託します。

明治時代、山梨県では、山林の荒廃が進んだ結果、水害がたびたび起こり、災害による県民の窮状誠に厳しいものがありました。特に、二百三十三人の命が失われた明治四十年の水害(22)はなかでも最も大きな災害であり、心を痛められた明治天皇は、明治四十四年、今から百年前のこの年、県内の御料地のほとんどを、県民生活の救済と県土復興に役立てるよう、山梨県に御下賜になりました。以来、この恩賜林は、人々の努力により、豊かに育ち、人々の生活にさまざまな形で、多くの恵みをもたらしてきました。

しかしこの状況はさきの戦争により、大きく変わりました。我が国では、戦災からの復興に木材が必要とされ、木々が伐採されて山々の荒廃が進みました。その結果、たびたび各地で台風による災害が起こりました。この状況を改善するために、第一回植樹行事ならびに国土緑化大会が昭和二十五年山梨県で開催されました。植樹祭として今日まで続くこの行事は、国民が森林に目を向ける重要な契機となったことと思います。

折しも本年は、「森林に対する世界の市民の参加と理解」を目的とする「国際森林年」にあたります。このような森林に対する国際的な関心の高まりを背景にして、山梨県では、近年、環境に配慮した森林管理を、国際的な基準に則《のっと》って取り進めていると聞いており、誠に心強いことと思っています。

これまで百年間にわたって、恩賜林のために関係者がたゆみなく続けてきた尽力に対して深く敬意を表すると共に、これからも、この恩賜林が「人々のための森林」として、大切に守り育てられることを願い、大会に寄せる言葉といたします。

平成二十三年十一月十三日　山梨県　山梨県立県民文化ホール　恩賜林御下賜百周年記念大会

みどりの学術賞受賞者及び緑化推進運動功労者へ

本日みどりの学術賞の授賞と緑化推進運動功労者の表彰が行われ、皆さんが受賞されたことを心からお祝いいいたします。

私どもは日本の各地を訪れる時に緑の美しさに心をひかれます。皆さんをはじめ、多くの人々が永年にわたり、災害から人々を守り、緑豊かな国土を築く上に学術の面から、また実地において力を尽くされてきたことに深い感慨を覚えます。

どうかくれぐれも皆さんには体を大切にされ、今後とも人々の暮らしが楽しく豊かになるよう努められることを願っております。

平成二十八年六月九日　御所　みどりの学術賞受賞者及び緑化推進運動功労者
内閣総理大臣表彰受賞者ご接見

第三節◉福祉の充実

結核予防と人々の健康のために

財団法人結核予防会創立七十周年記念第六十回結核予防全国大会式典にあたり、日ごろ、結核予防事業に尽くされている関係者と一堂に会することを喜ばしく思います。

結核予防会が創立された七十年前、結核は国内で著しく蔓延《まんえん》し、国民病とも呼ばれていました。その猛威から人々を救うことを使命としてこの会は設立されました。しかし、そのころは特効薬もなく、結核を患っていた人々の不安と苦しみ、医療に従事していた人々の労苦は、今日では想像することも難しいようなものであったと思います。

戦後、ストレプトマイシンをはじめとする特効薬の開発やレントゲン検査などの診断技術の普及により、結核をめぐる状況は、急速に改善されました。私自身、かつてストレプトマイシンやヒドラジッドなどの新薬の恩恵に浴したものの一人です。【註】そして、結核予防会をはじめとする多くの関係者が、協力して結核予防を推進し、その結果、結核による死者の数は著しく減少しました。また、その過程で培われた経験や知識をいかして、世界の国々の結核対策支援にも尽力してきました。こうした関係者の努力に対し、深く敬意を表します。

しかし、近年、国内において、新しい問題が生じています。患者の高齢化が進み、また、都市部を中心に、若い人々や社会的、経済的に弱い立場にある人々の間で、感染者が目立っています。さらに、治療が難しいとされる多剤耐性結核も見られ、それぞれに適切な対応が求められています。一方、世界においても、結核は、エイズやマラリアと並ぶ深刻な感染症であり、開発途上国を中心として、毎年、多くの人々が亡くなっています。今日、このような結核の現状を認識し、結核予防の重要性に人々が理解を深めることは極めて大切なことと思います。

本大会を契機として、関係者が一層力を合わせ結核予防事業に取り組み、人々の健康のために力を尽くされることを願い、式典に寄せる言葉といたします。

【註】天皇陛下は、昭和二十八年十二月、二十歳のお誕生日の直前に結核と診断され、以後、ストレプトマイシンやヒドラジッドなどによる治療等を続けられ、昭和三十二年九月にはほとんど治癒されました。

平成二十一年三月十八日　東京都　ホテルニューオータニ　財団法人結核予防会創立七十周年記念第六十回結核予防全国大会

身体障害者の福祉の向上と社会参加支援

国立障害者リハビリテーションセンター並びに国立職業リハビリテーションセンター創立三十周年にあたり、関係者一同と共に、記念式典に臨むことを誠に喜ばしく思います。

この二つのセンターは、三十年前、身体に障害のある人々が社会の一員として自立できるよう、医療から職業訓練、就労支援までを一貫して行うことを目的として設立されました。近年は、身体の障害に限らず、広く障害のある人々を受け入れる施設として、さまざまな新しい試みにも取り組んでいると聞いております。障害者の自立と社会参加のために力を尽くしてきたセンター職員をはじめ、多くの関係者のたゆみない努力に対し、ここに深く敬意を表します。

三十年間に両センターを利用した人々の数は一万人を超え、就職している人々もかなりの数に達していると聞いています。経済情勢が厳しい状況にある今日、ここを巣立った人々のことが案じられますが、それぞれセンターでのさまざまな経験をいかし、幸せな日々を過ごされるよう祈っています。

今日、障害者に対する国民の理解と関心はますます深まってきており、障害者が社会で意欲的に活動できる環境をつくるよう多くの人々が尽力していることを非常に心強く思っています。科学技術の著しい進歩は障害者に対する医療を充実させ、障害者の活動の領域をひろげることに大きく貢献しています。さまざまな分野の人々が協力して研究開発にいそしみ、障害者の福祉の向上と社会参加に資するよう期待しています。

創立三十周年を迎えた両センターが、ますます高齢化する社会への対応を念頭に置き、それぞれの機能を一層充実させ、我が国において大きな役割を果たしていくことを願い、お祝いの言葉といたします。

平成二十一年十二月七日　埼玉県　国立障害者リハビリテーションセンター
国立障害者リハビリテーションセンター及び国立職業
リハビリテーションセンター創立三十周年記念式典

済生会の経験と活動

済生会が創立されて百年、ここに皆さんと共に、その記念式典に臨むことを誠に喜ばしく思います。

済生会は明治四十四年、「無告ノ窮民《キユウミン》ニシテ醫薬《イヤク》給セス、天壽《テンジュ》ヲ終フルコト能《アタ》ハサルハ、朕カ最《モットモ》軫念《シンネン》シテ措《オ》カサル所ナリ、乃《スナハ》チ施薬《セヤク》救療、以《モッ》テ濟生《サイセイ》ノ道ヲ弘《ヒロ》メムトス」という明治天皇の勅語を体して創立されました。当時の我が国は国勢こそ盛んになっていましたが、国民のなかには、生活に困窮して、医療が受けられない人も多く、深刻な状態にありました。以後、済生会は長年にわたり、この「生命を救う道」を広めるという目的の下、たゆみない努力を続け、各地域における医療と福祉の向上に多大な貢献を成してきました。ここに今日に至る済生会の歴史のなかで、その活動を支えてきた多くの人々の努力に深く敬意を表します。

さきの東日本大震災においては、済生会の各地の病院からもいち早く医療関係者が被災地に赴き、現在も引き続き支援が行われていることを誠に心強く思っています。大津波による壊滅的被害が広範囲に及んだこのたびの災害では、救援活動を行う環境が厳しく、その苦労は計り知れないものであったと察しています。私どもはいくつかの地域で被災者を見舞う機会を持ちましたが、その折少なからぬ被災者から、救援の人々に支えられていることに対する深い感謝の気持ちを告げられました。そうしたなかに、済生会の救援活動も大きな役割を担っていたことと、感謝しています。

自然災害の危険が常に存在し、高齢化が進んでいる我が国の社会にあっては、困難な状況に置かれている人々を支えていく済生会の活動は極めて重要であります。済生会が長年にわたって積み重ねた経験を今後にいかし、済生会の活動が人々の幸せに一層資するようになることを願い、お祝いの言葉といたします。

平成二十三年五月三十日　東京都　明治神宮会館
社会福祉法人恩賜財団済生会創立百周年記念式典

知的障害者の人格尊重と社会生活の支援

（御名代皇太子殿下のご代読）

全日本手をつなぐ育成会が創立六十周年を迎え、その記念式典に皆さんと一堂に会することを誠に喜ばしく思います。この会は、六十年前、知的障害のある我が子の幸せを切に願う三人の母親たちを中心に始められました。当時、障害者に温かい目で接し、理解しようとする人々は決して多くはありませんでした。したがって、このような家庭を持った人々の悩みや悲しみには、誠に深いものがあったことと察せられます。育成会が長年にわたるその活動を通して、障害者とその家族のさまざまな苦労を分かち合える仲間をつくってきたことは、その人々にとり、どれほど大きな支えになったことかと思います。三人の創設者をはじめとし、このようにして、これまで知的障害者のため努力を重ねてきた多くの人々に対し、深く敬意を表します。

三月に発生した東日本大震災は、障害者とその家族にさまざまな困難をもたらしたことと案じています。今後、被災地を含む各地の育成会関係者が相互の絆《きずな》を一層深め、互いに支え合いながら、悲しみを乗り越え、未来を切り開いていくよう期待しています。

創立六十周年にあたり、全日本手をつなぐ育成会が経てきた道のりに思いを致し、知的障害のある人々の人格が一層尊重され、地域の人々と共に充実した生活を送ることのできる社会が築かれていくことを切に願い、式典に寄せる言葉といたします。

平成二十三年十一月六日　東京都　東京国際フォーラム
第六十回全日本手をつなぐ育成会全国大会「式典」

表彰を受けた障害者等及びデフリンピック入賞者へ

このたび、表彰を受けられたことを心からお祝いいたします。

皆さんが自らの障害を克服し、社会参加を果たしておられること、また、永年にわたり、障害者のために力を尽くされてきたことをうれしく、心強く思います。

本年は第二十三回夏季デフリンピック競技大会(23)がトルコのサムスンで行われましたが、選手の皆さんが立派な成績を収められたことは誠に喜ばしいことであります。

どうかくれぐれも体を大切にされ、今後とも元気に過ごされるよう願っております。

この機会に永年付き添われた御家族の苦労を深くねぎらいたく思います。

平成二十九年十二月五日　宮殿　厚生労働大臣表彰の障害者自立更生者等
並びに文部科学大臣表彰の夏季デフリンピック競技大会入賞者等拝謁

皆が支え合う社会

今日、日本では高齢化が進み、厳しい経済情勢とあいまって、人々の暮らしが深く案じられます。そのようななかで、高齢者や介護を必要とする人々のことを心に掛け、支えていこうという人々が多くなってきているように感じられ、心強く思っています。皆が支え合う社会が築かれていくことを願っています。

平成二十一年十一月六日　宮殿　天皇陛下御即位二十年にあたっての記者会見から

老後が安らかに送れる社会

質問のなかで言及された高齢者の所在不明問題は、私自身思いも掛けなかったことで驚きました。私はこれまで人々が無事に高齢に達することを喜ばしいことと思っていましたが、元気に過ごしていると考えられていた高齢者のなかに、その生死がわからない状況にある人々がいることが明らかになったことは非常に残念なことでした。高齢化の進む社会にあって高齢者がしっかり守られていくことは極めて大切なことと思います。医療や介護に携わる人々の不足などさまざまな困難もあることと察せられますが、高齢者のために力を尽くす人々が増え、人々の老後が安らかに送れるようになっていくことを切に願っています。

【註】高齢者の所在不明問題があったことを踏まえ、社会問題に対するお考えについて問われて
平成二十二年十二月二十日　宮殿　天皇誕生日にあたっての記者会見から

全国老人クラブへの期待

全国老人クラブ連合会の創立五十周年にあたり、皆さんと共にこの記念大会に臨むことをうれしく思います。

五十年にわたる関係者のたゆみない努力によって、老人クラブが全国に普及し、各地において高齢者の社会参加や健康の保持に貢献してきたことは、誠に喜ばしく、このたび表彰を受けられる皆さんをはじめ、多くの関係者の尽力に対し、深く敬意を表します。

多くの高齢者が、老人クラブのさまざまな活動を通じて、子どもたちや、若い世代とも交流しながら、積極的に社会参加を進めていることは非常に心強いことであります。老人クラブが、豊かで活力のある社会を築くために、引き続き大きな役割を果たすことを期待しております。

今日の高齢者は——私もその一人でありますが——多くの人命が失われた悲惨な戦争によって荒廃した

国土から立ち上がっていく我が国と、歩みを共にしてこられました。私どもは若い時に平和の大切さを身にしみて育った世代です。皆さんが老人クラブなどの活動を通して、それぞれ幼い時に、あるいは青年として経験したことを、直《じか》に子どもたちや若い世代の人々に伝えていくことは、我が国のために極めて大切なことと思われます。

会員の皆さんには、くれぐれも健康に気をつけ、将来にわたって元気に過ごされるよう願うと共に、全国の老人クラブの活動がより一層発展することを期待し、大会に寄せる言葉といたします。

平成二十四年十月四日　東京都　日比谷公会堂　全国老人クラブ連合会創立五十周年記念全国老人クラブ大会

雪国の高齢者の安全を願って

社会の問題として心配されることは、高齢化が進んでいることであります。特に都市から離れた地方では大変深刻な問題になっていると思います。平成二十三年度の冬期の雪による死者は百三十人以上に達し、多くが除雪作業中の高齢者でした。私自身近年山道を歩く時、転びやすくなっていることを感じているので、高齢者が雪国で安全に住めるような状況がつくられていくことを切に願っています。若い時には高齢のため転びやすくなることなど考えてもみませんでした。

平成二十四年十二月十九日　宮殿　天皇誕生日にあたっての記者会見から

雪の深くなる季節、屋根の雪下ろしの事故には十分に気をつけてください。

平成二十六年一月一日　新年にあたってのご感想

新聞に大きく取り上げられるような災害ではありませんが、常々心に掛かっていることとして多雪地帯での雪害による事故死があります。日本全体で昨冬の間に雪で亡くなった人の数が九十五人に達しています。この数値は広島市の大雨による災害や御嶽山の噴火による災害の死者数を上回っています。私自身高齢になって転びやすくなっていることを感じているものですから、高齢者の屋根の雪下ろしはいつも心配しています。高齢者の屋根の上での作業などに配慮が行き届き、高齢者が雪の多い地域でも安全に住めるような道が開けることを願ってやみません。

平成二十六年十二月十九日　宮殿　天皇誕生日にあたっての記者会見から

「こどもの国」開園五十周年にあたり

「こどもの国」開園五十周年記念式典を、ここに集まられた多くの参加者と共に祝うことは誠に喜ばしく、また感慨深いことであります。

五十余年の昔、私どもの結婚にあたり、多くの人々から寄せられたお祝いの気持ちを二人して大切に考え、何か社会のためになるものとして使っていただければと、子どもの施設を提案しました。実現にあたっては、厚生省はじめ多くの人々の協力があり、今日の場所に「こどもの国」がつくられることになりました。当時この場所は、私が見に行った時の記憶では、雑木林とささやぶに覆われていたように思います。したがって、そのような場所を切り開き、土地を整備し、今日の「こどもの国」がつくられるまでには大変な苦労があったことと察せられます。ここに改めて当時建設に携わった多くの人々の努力に、深く感謝の意を表します。

この地は自然が豊かに保たれていましたから、ここを訪れることは、都市化した地域に住む子どもたちに、四季さまざまに変化する自然に接する良い機会をもたらしたことと思います。「こどもの国」には、これまでに延べ四千万人を超える人々が来園したとのことであります。そのなかには、親子孫三世代にわたり、幼少期をこの「こどもの国」で遊んだという人も多くあると聞き、うれしく思っています。

これからも、この「こどもの国」が自然に恵まれた遊びの広場として、多くの子どもたちに愛され、ここで育まれた経験が、子どもたちの人生を豊かにしていくことを願い、お祝いの言葉といたします。

平成二十七年五月二十八日　神奈川県　こどもの国　こどもの国開園五十周年記念式典

第四節◉スポーツの喜びを

バンクーバーパラリンピック入賞者へ

バンクーバーパラリンピック冬季競技大会が滞りなく行われ、皆さんがそれぞれ大きな成果を収められたことは誠に喜ばしいことです。入賞を心からお祝いいたします。皆さんは障害を持ちつつさまざまな困難を乗り越え、努力を重ね、一つの大きな目的を達成されました。この経験を生かし将来へ向かって力強く歩まれるよう期待しております。皆さんの努力は障害者はもとより多くの人々に深い感動や励ましを与えたことと信じます。

終わりにこのたびの成果が我が国障害者スポーツの発展に資することを願い、日本障害者スポーツ協会会長はじめ大会に携わった関係者の労を深くねぎらいたく思います。

平成二十二年五月二十七日　宮殿　バンクーバー冬季パラリンピック入賞選手及び役員茶会

ロンドンパラリンピック入賞者へ

ロンドンパラリンピック競技大会が滞りなく行われ、皆さんがそれぞれ大きな成果を収められたことを誠に喜ばしく思います。入賞を心からお祝いいたします。皆さんは障害を持ちつつさまざまな困難を乗り越え、努力を重ね、一つの大きな目的を達成されました。選手の活躍の映像は、多くの人々に深い感動を与えたことと思います。脊髄損傷者のリハビリを目的として始められたストークマンデビル大会がこのような障害者のスポーツに発展してきたことに深い感慨を覚えます。

選手の皆さんには、このたびの経験を生かし、将来へ向かって力強く歩まれるよう願っています。終わりにあたり、日本障害者スポーツ協会会長はじめ大会に携わった関係者の労を深くねぎらいたく思います。

平成二十四年十月五日　宮殿　ロンドンパラリンピック入賞選手等茶会

ロンドンオリンピック入賞者へ

このたびロンドンオリンピック競技大会が、多くの国や地域の参加の下、滞りなく行われ、皆さんがそれぞれ大きな成果を収められたことを誠に喜ばしく思います。入賞を心からお祝いいたします。皆さんは日々努力を重ね、ここに一つの大きな目的を達成されました。その姿は多くの人々に深い感動や励ましを与えたことと思います。このたびの経験を生かし、さらに将来へ向かって力強く歩まれるよう願っています。

終わりにあたり、日本オリンピック委員会会長はじめ、大会に携わった関係者の労を深くねぎらいたく思います。

平成二十四年十月十五日　宮殿　ロンドンオリンピック入賞選手等茶会

ソチ冬季オリンピック・パラリンピック入賞者へ

ソチ冬季オリンピック及びパラリンピック競技大会が多くの国や地域の参加の下、滞りなく行われ、皆さんがそれぞれ大きな成果を収められたことは誠に喜ばしいことです。入賞を心からお祝いいたします。

皆さんはさまざまな困難を乗り越え、努力を重ね、ここに大きな目的を達成されました。皆さんの努力とその成果は、多くの人々に深い感動や励ましを与えたことと信じます。どうかこの経験を生かし、将来へ向かって力強く歩まれるよう願っております。

終わりに、このたびの成果が我が国のスポーツ全体にわたる発展に寄与することを期待し、日本オリンピック委員会会長、日本障害者スポーツ協会会長はじめ、大会に携わった関係者の労を深くねぎらいます。

平成二十六年七月十六日　宮殿　ソチ冬季オリンピック並びにパラリンピック入賞選手及び役員茶会

日本体育協会・日本オリンピック委員会創立百周年にあたり

国内外から参加された皆さんと共に日本体育協会・日本オリンピック委員会創立百周年記念祝賀式典に臨むことを誠に喜ばしく思います。

日本体育協会と日本オリンピック委員会は、今から百年前の明治四十四年、一九一一年に、嘉納治五郎(24)会長の下で大日本体育協会として創立されました。国際オリンピック委員会委員でもあった嘉納会長は、大日本体育協会が日本を代表する国内オリンピック委員会であると共に日本におけるスポーツ振興の中核的存在となることを願っていました。そして翌年にはストックホルムで行われた第五回オリンピック大会へ嘉納団長の下、二人の選手が参加しました。日本選手が初めてメダルを獲得したのはそれから八年後、アントワープ大会のことであります。種目はテニスであり、熊谷一弥《くまがいいちや》選手(25)が銀メダルを、ダブルスで熊谷選手と柏尾《かしお》誠一郎選手(26)が同じく銀メダルを受賞しました。それから八年後、アムステルダム大会では三段跳びで織田幹雄選手(27)、二百メートル平泳ぎで鶴田義行選手(28)がそれぞれ金メダルに輝きました。大日本体育協会の支援の下、日本のスポーツは盛んになり、ロサンゼルス大会とベルリン大会における日本選手の活躍には目覚ましいものがありました。

しかし、その後、第二次世界大戦が起こり、終戦までに日本を含む多くの国々で大勢の人々が、かけがえのない命を失いました。ロサンゼルス大会の馬術大賞典障害飛越で優勝した西竹一中尉(29)、ベルリン大会の棒高跳びで西田修平選手(30)と二位と三位を分け合った大江季雄《すえお》選手(31)もこの戦いにおいて帰らぬ人となりました。

日本の各地は空襲で焼け野原となり、戦後の人々の生活には誠に厳しいものがありました。このような荒廃した状況のなか、日本体育協会の前身である大日本体育協会の関係者が集まり、国民、特に青少年にスポーツの喜びを与えたいと国民体育大会を開催することが提案されました。食糧難、交通難、宿舎難などさまざまな困難を乗り越え、終戦の翌年、国民体育大会は、戦災を免れた京都市を中心にして開催されました。戦争の痛手に打ちひしがれていた日本の人々に、スポーツの面から復興の気持ちをもり立てようとしたスポーツ関係者の気概には心を打たれるものがあり、日本のスポーツがこのような先人の努力の上に築かれたことに深く思いを致すのであります。

今日、日本体育協会と日本オリンピック委員会は独立した組織となっており、日本体育協会は、国民スポーツの普及振興を、日本オリンピック委員会は、国際競技力の向上を担うこととなっています。両者が交流を深めつつ互いに助け合い、高め合って、スポーツの発展に力を尽くされることを願い、記念式典に寄せる言葉といたします。

平成二十三年七月十六日　東京都　グランドプリンスホテル新高輪
日本体育協会・日本オリンピック委員会創立百周年記念祝賀式典

スポーツとして認められた身体障害者スポーツ

一年を振り返るとさまざまなことがあった年でした。明るいニュースとしてはロンドンオリンピック、ロンドンパラリンピックでの日本選手の活躍が挙げられます。ロンドンオリンピックで日本が獲得したメダル数は、これまでのオリンピックのなかで最多でした。また、ロンドンパラリンピックでは、車いすテニスの国枝選手がシングルスで北京大会に続いて二連覇を達成するなど、日本の選手はさまざまな分野で活躍しました。金メダルを取ったゴールボールの試合も映像で楽しく見ました。研ぎ澄まされた感覚でボールを防ぐ姿には深い感動を覚えました。脊髄損傷者の治療として英国で始められた身体障害者スポーツが、今日ではすっかりスポーツとして認められるようになったことに感慨を覚えます。

障害者をはじめ困難を抱えている人に心を寄せていくことも、私どもの大切な務めと思い、過ごしてきました。障害者のスポーツは、ヨーロッパでリハビリテーションのために始まったものでしたが、それを超えて、障害者自身がスポーツを楽しみ、さらに、それを見る人も楽しむスポーツとなることを私どもは願ってきました。パラリンピックをはじめ、国内で毎年行われる全国障害者スポーツ大会を、皆が楽しんでいることを感慨深く思います。

平成三十年十二月二十日　宮殿　天皇誕生日にあたっての記者会見から

パラリンピックにも多くの関心が寄せられて

八月から九月にかけて、リオデジャネイロでオリンピックとパラリンピックが開催されました。時差があったこともあり、毎朝テレビで、日本人選手の活躍する姿が見られたことは、楽しいことでした。オリンピックと同様に、パラリンピックにも多くの人々の関心が寄せられていることをうれしく思いました。

平成二十八年十二月二十日　宮殿　天皇誕生日にあたっての記者会見から

アジア冬季競技大会開会宣言

（御名代皇太子殿下のご代読）

ここに、札幌市・帯広市において開催される第八回アジア冬季競技大会の開会を宣言します。

平成二十九年二月十九日　北海道　札幌ドーム　第八回アジア冬季競技大会

【注記】

（1）**原発の事故**（福島第一原子力発電所事故）平成二十三年（二〇一一）三月十一日に発生した東北地方太平洋沖地震とそれに伴う津波によって、東京電力福島第一原子力発電所で起きた事故。電源を喪失、海水による冷却機能の喪失により炉心溶融が引き起こされ、このことで建屋を損壊する一連の爆発が起こり、放射性物質が大気中に放出された。福島県の多くの市町村が避難指示区域に設定され、多くの住民が避難生活を余儀なくされている。

（2）**三陸地震**　明治二十九年（一八九六）六月十五日、岩手県三陸沖での地震により発生した大津波。津波の高さは最大で三十八・二メートルに達し、二万人以上の死者・行方不明者を出した。

（3）**北海道南西沖地震**　平成五年（一九九三）七月十二日、北海道の日本海沖合で発生したマグニチュード七・八の地震。崖崩れや津波などによって、奥尻島を中心に死者二百二人、行方不明者二十八人を出した。

（4）**阪神・淡路大震災**　平成七年（一九九五）一月十七日に発生したマグニチュード七・三の兵庫県南部地震とそれに伴う大災害。死者六千四百三十四人、行方不明者三人、全半壊家屋二十五万戸余り、焼損家屋七千五百戸を出した。

（5）**農林水産祭天皇杯**　過去一年間の農林水産祭参加表彰行事において、農林水産大臣賞を受賞したもののなかから、七部門（農産・蚕糸、園芸、畜産、林産、水産、多角化経営、むらづくり）ごとに最も優秀な農林水産業者に授与される賞。ほかに内閣総理大臣賞、日本農林漁業振興会会長賞及び女性の活躍について内閣総理大臣賞及び日本農林漁業振興会会長賞がある。天皇杯受賞者は天皇皇后両陛下に業績成果などを説明する。

（6）**（奄美大島の）激しい豪雨**　平成二十二年（二〇一〇）十月十八日から二十一日にかけて鹿児島県奄美大島で発生した記録的な集中豪雨。それに伴い河川の氾濫や土砂災害が発生し、全半壊家屋は四百五十戸余り、床上・床下浸水家屋は九百六十戸余り、死者三名を出した。

（7）**口蹄疫**　口蹄疫ウイルスによって引き起こされる家畜伝染病で、牛や豚、水牛などの鯨偶蹄目に感染する。非常に致死率が高いため感染が確認された場合、他への感染拡大を防ぐため患畜は殺処分となる。日本では平成二十二年（二〇一〇）四月に宮崎県南部を中心に流行し、牛、豚、水牛あわせて二十九万頭以上が殺処分された。

（8）**深層崩壊**　山崩れやがけ崩れなどの斜面崩壊のうち、すべり面が表層崩壊よりも深部で発生し、表土層だけでなく深層の地盤までもが崩壊土塊となる比較的規模の大きな崩壊現象。

（9）**御嶽山の噴火**　平成二十六年（二〇一四）九月二十七日、長野県と岐阜県の県境にある御嶽山（標高三千六十七メートル）で発生した噴火。噴火警戒レベル一（平常）という低い段階で突然噴火したため、火口付近にいた登山者五十八人が命を落とした。

（10）**震度六弱の地震**（長野県神城断層地震）　平成二十六年（二〇一四）十一月二十二日に、長野県北安曇野郡白馬村を震源に発生したマグニチュード六・七の地震。負傷者四十六人、一部損壊を含む住宅被害は千五百戸に及んだ。

（11）**口永良部島の新岳が噴火**　平成二十七年（二〇一五）五月二十九日に鹿児島県口永良部島の新岳で発生した爆発的噴火。噴火警報が発表され、噴火警戒レベルも五（避難）まで引き上げられ、全島民が屋久島へ避難した。同年十二月二十五日、一部地域を除き避難指示が解除された。

（12）**鬼怒川などが氾濫**　平成二十七年（二〇一五）九月九日から十一日に発生した関東・東北豪雨により、九月十日、茨城県常総市三坂町で増水した鬼怒川の堤防が決壊した。氾濫した川の水が流れ込み、中流域およそ四十平方キロメートルが浸水した。

（13）**熊本地震**　平成二十八年（二〇一六）四月十四日、熊本県熊本地方で発生した震源の深さ十一キロメートル、マグニチュード六・五の地震とそれに伴う一連の地震。最初の地震から二十八時間後の四月十六日、同地方で震源の深さ十二キロメートル、マグニチュード七・三の地震が発生し、熊本県と大分県を中心に、死者二百六十三人（関連死を含む）、全壊・半壊家屋四万二千戸など甚大な被害を出した。この地震により熊本城の石垣や櫓が大きく損壊、復旧工事が続けられている。

（14）**台風十号による大雨**　平成二十八年（二〇一六）八月三十日、岩手県大船渡市付近に上陸し、東北地方を通過した台風。猛烈な風と記録的な大雨で死者二十六人、行方不明者三人、全壊・半壊家屋二千七百戸を出した。

(15)**九州北部がまれに見る豪雨**　平成二十九年（二〇一七）七月五日から六日にかけて対馬海峡付近に停滞した梅雨前線の影響で、九州北部上空に線状降水帯が形成され、猛烈な雨が継続的に降り続き記録的な大雨となった。福岡県と大分県では合わせて四十人の死者、二人の行方不明者を出した。

(16)**伊勢湾台風**　昭和三十四年（一九五九）九月二十六日、和歌山県潮岬付近に上陸し、近畿地方・東海地方を中心に、広範囲にわたり被害を及ぼした台風。死者・行方不明者五千人以上を出した。

(17)**世界的な金融危機**　平成二十年（二〇〇八）九月に、前年からのアメリカのサブプライム（住宅ローン）問題に端を発した、米国投資銀行のリーマン・ブラザーズ・ホールディングスの経営破綻を契機に、連鎖的に世界の金融資本市場が機能不全に陥った。日本経済にも大きな影響を及ぼした。

(18)**雲仙普賢岳の噴火**　平成二年（一九九〇）十一月十七日、長崎県島原半島の雲仙岳主峰の普賢岳が約二百年ぶりに噴火し、溶岩ドームからの火砕流及び降雨などに伴い発生した土石流によって多数の被害をもたらした。平成三年（一九九一）六月三日の火砕流では死者四十人、行方不明者三人を出した。

(19)**大島正満博士**（一八八四～一九六五）　理学博士、農学博士、生物学者。アメリカのスタンフォード大学へ留学し、サケ科の淡水魚類を中心に研究を行った。台湾総督府中央研究所動物学部長、東京府立高等学校（現・首都大学東京）教授などを務めた。寒地性の魚であるマスを台湾で発見した。

(20)**中坊教授**　中坊徹次（一九四九～　）農学博士。魚類学者。京都大学総合博物館名誉教授。平成二十二年（二〇一〇）、絶滅したとされていたクニマスが西湖に生息していることを発見した。

(21)**さかなクン**　東京海洋大学名誉博士、同大学客員准教授、イラストレーター。平成二十二年（二〇一〇）、クニマスの生息確認に貢献した。

(22)**明治四十年の水害**　明治四十年（一九〇七）八月二十二～二十七日にかけて、台風の影響で降り続けた大雨により、笛吹川や釜無川の堤防が損傷、決壊した。死者二百三十三人、住宅被害一万二千戸、浸水被害一万五千戸を出した。被害が大きく、生活が成り立たなくなった甲府盆地東部の住民三千人が北海道南部に集団移住した。

(23) **デフリンピック競技大会** 四年に一度開催される聴覚障害者のための国際的な総合スポーツ競技大会。夏季大会は一九二四年にフランスで、冬季大会は一九四九年にオーストリアで初めて開催された。

(24) **嘉納治五郎**（一八六九〜一九三八） 柔道家、教育者。柔術を発展させる形で柔道をつくり上げ、道場である講道館を設立した。「柔道の父」とも呼ばれる。学習院（当時存在した官立学校）の教頭や、東京高等師範学校（現・筑波大学）の校長を歴任するなど、教育者としても尽力した。

(25) **熊谷一弥選手**（一八九〇〜一九六八） テニス選手。慶應義塾大学庭球部主将の時に、それまで日本で競技されていた軟式テニスから、国際的な硬式テニスへの転向を決定、軟式が全盛であった各大学に硬式採用を通告し、日本のテニスを世界へ切り開いた。大正二年（一九一三）、初の海外遠征である「東洋選手権大会」で銀メダルを獲得、その後も数多くの海外の大会でメダルを獲り、世界から注目される。

(26) **柏尾誠一郎選手**（一八九二〜一九六二） テニス選手。熊谷一弥選手と共に大正九年（一九二〇）のアントワープオリンピックに出場し、ダブルスで銀メダルを獲得。この五輪で獲得したメダルはテニスの二つのメダルであり、それが日本にもたらされたオリンピックで初めてのメダルとなった。

(27) **織田幹雄選手**（一九〇五〜九八） 陸上競技選手。昭和三年（一九二八）のアムステルダムオリンピックにおいて、三段跳びで金メダルを獲得した。日本人及びアジア人初のオリンピック金メダリストとなった。

(28) **鶴田義行選手**（一九〇三〜八六） 水泳選手。昭和三年（一九二八）のアムステルダムオリンピックの二百メートル平泳ぎで金メダルを獲得。さらに、四年後のロサンゼルス大会でも金メダルを獲得、日本人初のオリンピック連覇者となった。昭和四年（一九二九）には二百メートル平泳ぎで当時の世界記録を樹立した。

(29) **西竹一中尉**（一九〇二〜四五） 陸軍軍人。陸軍騎兵学校を卒業後、軍務として派遣されていたヨーロッパで数々の馬術の競技会に出場。好成績をおさめる。一九三二年、ロサンゼルスオリンピックの馬術障害飛越競技で金メダルを獲得。四年後のベルリン大会の後は軍に戻り、昭和二十年（一九四五）陸軍中佐、戦車第二十六連隊長として赴任した硫黄島で戦死。

(30) **西田修平選手**（一九一〇〜九七） 陸上競技選手。昭和七年（一九三二）、ロサンゼルスオリンピックの棒高跳びで銀メダルを獲得。四年後のベルリン大会では、大江季雄選手と共に二位となる四メートル二十五センチの同記録を出したが、二人は二位三位決定戦を辞退し、その順位を分け合った。メダルも半分に割り、つなぎ合わせたものをつくり直した。

(31) **大江季雄選手**（一九一四〜四一） 陸上競技選手。昭和十一年（一九三六）、ベルリンオリンピックに棒高跳びの選手として出場。西田修平選手と銀・銅メダルを分け合った。昭和十四年（一九三九）、陸軍に召集。昭和十六年（一九四一）、フィリピン・ルソン島において戦死。

第五章

文化と学術

第一節◉文化の伝統

平城遷都千三百年をことほぐ

平城遷都千三百年記念祝典が、国内外から多くの人々の参加を得て、ここ奈良の平城宮跡において開催されることを、誠に喜ばしく思います。

平城京は、元明天皇の和銅三年（七一〇）藤原京から遷都し、桓武天皇の延暦三年（七八四）長岡京に遷都するまでの七十四年間、都であった所です。この奈良時代、我が国はさまざまな分野で大きな発展を遂げました。我が国の神話や古代の歴史を知る上に重要な歴史書、古事記と日本書紀が完成したのは、奈良時代の初期のことでした。また地誌風土記も奈良時代につくられ、一部のものは現在も残っています。古い時代から奈良時代までの多くの歌を集めた万葉集もこの時代につくられ、今日も多くの人々がこの歌集を愛読しています。建物については、平城宮のなかにあった東朝集殿《ひがしちょうしゅうでん》を移築した唐招提寺講堂などいくつかの建物が残っており、今回の第一次大極殿の復元の参考にされたと聞いております。正倉院には東大寺の大仏に奉献した聖武天皇の遺愛の品々などが収められ、なかには唐やその西方地域から舶来した品物も含まれています。万葉集のなかに、平城京のことを小野《おのの》老《おゆ》が「青丹よし奈良の都は咲く花の匂ふがごとく今盛りなり」と詠んでいますが、復元された第一次大極殿を見る時、かつての平城京のたたずまいに思いを深くするのであります。

平城京について私は父祖の地としての深いゆかりを感じています。そして、平城京に在位した光仁天皇と結ばれ、次の桓武天皇の生母となった高野新笠《たかののにいがさ》は続日本紀によれば百済の武寧王《ぶねいおう》（１）を始祖とする渡来人の子孫とされています。我が国には奈良時代以前から百済をはじめ、多くの国から渡来人が移住し、我が国の文化や技術の発展に大きく寄与してきました。仏教が最初に伝えられたのは百済からでしたし、今日も我が国の人々に読まれている論語も百済の渡来人が持ち来たったものでした。さらに遣唐使の派遣は、我が国の人々が唐の文化にじかに触れる機会を与え、多くの書籍を含む唐の文物が我が国にもたらされました。しかし遣唐使の乗った船の遭難は多く、このような危険を冒して我が国のために力を尽くした人々によって、我が国のさまざまな分野の発展がもたらされたことに思いを致す時、深い感慨を覚えます。

平城京は、都が長岡京、続いて平安京に遷都された後、市街地とならなかったことから、発掘が可能であり、長年にわたって調査が行われてきました。近年の発掘調査の大きな成果は大量の木簡の発見であると聞いています。今日、遺跡や出土遺物に対する保存や調査の技術は著しく進歩しています。ここに、この地域の保研究が進み、平城京の歴史がますます解明されていくことを期待しています。

存、調査研究に尽力された関係者、また復元のために尽力された関係者に深く敬意を表します。

終わりに、遷都千三百年をことほぐと共に、我が国の古くから伝わる文化を守り育ててきた奈良の人々の幸せを祈って、お祝いの言葉といたします。

平成二十二年十月八日　奈良県　第一次大極殿前庭　平城遷都千三百年記念祝典

宗像大社、高麗神社参拝

今年、宗像《むなかた》・沖ノ島と関連遺産群(2)がユネスコの世界遺産に登録されたことは、喜ばしいことでした。十月に福岡県で行われた「全国豊かな海づくり大会」に出席する機会に宗像大社を参拝し、四世紀から九世紀にかけて沖ノ島に奉献された宝物《ほうもつ》を見ました。沖ノ島は、我が国と朝鮮半島との間に位置し、航海の安全と交流の成就を祈る祭祀がそこで行われ、これらの宝物は、その際に奉献されたとのことでした。

また、それに先立つ九月に埼玉県日高市にある高麗《こま》神社を参拝しました。今から約千三百年前に、高句麗からの渡来人がこの地に住み、建てられた神社です。多くの人に迎えられ、我が国と東アジアとの長い交流の歴史に思いを致しました。

平成二十九年十二月二十日　宮殿　天皇誕生日にあたっての記者会見から

第二節◉教育と学術

日本人のノーベル賞受賞

質問にあるように、晴れやかなニュースとしては、日本人二名のノーベル化学賞(3)の受賞が挙げられます。授賞式において、お二人がメダルをスウェーデン国王陛下から受けられる様子をテレビのニュースで見て誠にうれしい気持ちを覚えました。年が明けてから、両夫妻にお話を聞くのを楽しみにしています。

【註】日本人二人のノーベル化学賞受賞があったことを踏まえ、社会問題に対するお考えについて問われて

平成二十二年十二月二十日　宮殿　天皇誕生日にあたっての記者会見から

山中伸弥教授(4)のノーベル医学・生理学賞受賞も誠にうれしいニュースでした。特に再生医療に結びつく大きな成果は、今後多くの人々に幸せをもたらすものとなることと期待しています。

平成二十四年十二月十九日　宮殿　天皇誕生日にあたっての記者会見から

この一年を振り返り、印象深い出来事としては、最近スウェーデンで行われたノーベル物理学賞の授賞式で赤﨑、天野、中村三博士(5)が受賞されたことです。赤﨑、天野両博士が青色発光ダイオードをつくり、さらに同じころ独自にもその研究を果たしていた中村博士によりその実用化が進められました。照明器具として消費電力が少なく、発光による熱し方も少ないことから、社会のさまざまな分野で利用されていくことと思います。成果を挙げられた三博士の業績を誇りとし、深く敬意を表します。

平成二十六年十二月十九日　宮殿　天皇誕生日にあたっての記者会見から

今年の喜ばしい出来事としては、まず二人の日本人がノーベル賞を受賞されたことが挙げられます。大村博士(6)の生理学・医学賞は、アフリカや南米で、人に感染すると盲目になる危険をもたらすオンコセルカ症を治す薬を地中の菌からつくり出されたことなどの業績によるものです。私は以前、オンコセルカ症を患って盲目になった人々が連なって歩いている痛ましい映像を見ていましたので、この病気を治す薬ができたということを本当にうれしく思いました。一方、梶田博士(7)の物理学賞は、神岡鉱山の地下にあるスーパーカミオカンデにおけるニュートリノの研究で、ニュートリノに質量があることを見出されたことに対する授賞でした。十一年前、スーパーカミオカンデを訪問したことが思い起こされました。お二人の長年にわたる地道な研究を誠に尊いものと思います。

平成二十七年十二月十八日　宮殿　天皇誕生日にあたっての記者会見から

十二月には、長年にわたるオートファジー(8)の研究で、大隅博士(9)がノーベル賞を受賞されました。冬のスウェーデンで、忙しい一週間を過ごされた博士が、今は十分な休養を取られ、再び自らが望まれているような、静かな研究生活に戻ることができることを願っています。

平成二十八年十二月二十日　宮殿　天皇誕生日にあたっての記者会見から

小惑星探査機「はやぶさ」の快挙

小惑星探査機「はやぶさ」(10)が小惑星「イトカワ」(11)に着陸し、微粒子を持ち帰ったことは誠に喜ばしい今年の快挙でした。一時は行方不明になるなど数々の故障を克服し、ついに地球に帰還しました。行方不明になっても決して諦めず、さまざまな工夫を重ね、ついに帰還を果たしたことに深い感動を覚えました。

平成二十二年十二月二十日　宮殿　天皇誕生日にあたっての記者会見から

日本製のジェット旅客機の完成

日本製のジェット旅客機(12)が完成し、試験飛行が行われたこともうれしいことでした。かつて日本で戦後初めてつくられたプロペラの旅客機ＹＳ11の試験飛行を、羽田の空港で関係者と共に見守ったことが懐かしく思い起こされました。それから五十年以上が経ったわけです。

平成二十七年十二月十八日　宮殿　天皇誕生日にあたっての記者会見から

全日本中学校長会総会に出席する中学校長へ

全日本中学校長会総会が東京で開かれるにあたり、出席者の代表の皆さんとお会いすることをうれしく思います。

今回は東日本大震災から日を経ずに行われた総会であり、このたびの災害についてさまざまな面から話し合われたことと思います。今日被災地における中学校の校長はじめ教職員、生徒の直面している苦労はいかばかりかと察しています。皆が支え助け合って、この苦難の時を乗り越えられるよう願っています。被災地、非被災地を問わず、すべての教育機関において、今回のこの災害が語り継がれ、また、日本が今後常に向き合わなければならない自然災害に対する安全の教育が十分に行われていくことを期待しています。

どうか皆さんには、今後とも、将来を担う生徒が心身共に健全に育つよう、教育に、また学校の運営に、元気に努めていかれるよう願っています。

平成二十三年五月十八日　宮殿　全日本中学校長会総会に出席する中学校長拝謁

百回を迎えた日本学士院授賞式

本日、日本学士院が第百回授賞式を迎えたことは誠にめでたく、参列者一同と喜びを共にしたいと思います。また、このたび受賞された皆さんの業績に対し深く敬意を表し、心からお祝いいたします。

日本学士院は明治十二年東京学士会院として誕生し、明治三十九年帝国学士院となり、先の大戦後、昭和二十二年に日本学士院に改称され、今日に至っています。授賞制度が始められたのは帝国学士院の時代で、恩賜賞の授与が明治四十四年、帝国学士院賞がその翌年から始められました。

第一回の恩賜賞は国際共同緯度観測事業に携わり、計算式にZ項を加えることによって、日本の観測値の正確さを世界に示した木村栄《ひさし》博士(13)に贈られました。その翌年の第二回恩賜賞は、有賀長雄博士(14)の「仏文日清戦役国際法論」及び「仏文日露陸戦国際法論」、富士川游《ゆう》博士(15)の「日本医学史」、平瀬作五郎氏のイチョウの精子発見の研究、池野成一郎博士のソテツの精子発見の研究に、それぞれ贈られました。また、第一回帝国学士院賞はアドレナリンを発見した高峰譲吉博士[18]が受賞しました。これらの受賞対象となった研究のいくつかは、日本国内における世界に先駆けた学問の成果であり、このことは、過去欧米から学んできた科学を、日本人自身が発展させ、世界に貢献できるまでになってきたことを示すものであり、その努力を思い、誇らしく感じています。また、有賀博士の研究については、日清戦争と日露戦争において、日本が国際法を守ったことを立証し、これを世界に紹介したことが受賞の理由として挙げられています。この時代、国際法を守ることがこのように称揚されたことに深い感慨を覚えます。

両賞の授賞は毎年行われ、先の大戦中も中断されることはありませんでした。昭和二十年の授賞式は、空襲が頻繁に行われるなかで挙行され、日本人がいかに学問を大切に考えてきたか、深い感動を覚えます。戦後の厳しい環境のなかで、学問の復興を成し遂げ、さらに発展させることができたのは、このような学問に対する熱意と努力に負うところが大きかったことと思います。

今日、科学技術は日進月歩の勢いで発達してきています。しかし、科学技術の歴史を振り返る時、その進歩は両刃の剣として人類の幸せに作用してきたように感じられます。科学技術の進歩が人類に不幸をもたらすことなく、真に人類社会の幸せに役立つようにするために、世界の人々が互いに協力し合っていくことが切に期待されるところです。

終わりにあたり、第百回の授賞式を迎えた日本学士院が、今後とも碩学《せきがく》の府としてあり続け、世界の学界と相携え、我が国と世界の人々のために寄与するよう願い、授賞式に寄せる言葉といたします。

平成二十二年六月二十一日　東京都　日本学士院会館　日本学士院第百回授賞式

産業財産権制度百二十五周年にあたり

産業財産権制度百二十五周年にあたり、皆さんと共に、この式典に臨むことを誠に喜ばしく思います。

我が国においては、明治十八年、初代の特許庁長官である高橋是清(19)により専売特許条例が制定され、産業財産権制度の歴史が始まりました。特許第一号はこの年に堀田瑞松《ほったずいしょう》(20)により出願された「錆《さび》止塗料とその塗法」で、当時の鉄製船舶の船底が海水によって浸食されるのを防ぐために、漆、酒、酢、生姜《しょうが》などを材料として海軍船で試行錯誤した結果生み出されたものでした。以来、百二十五年にわたり、この制度は、我が国の近代工業化と、その後の飛躍的な発展に大きく貢献してきました。ここに、先人たちの努力を思い、深い敬意を表します。それと共に、近年、世界の特許出願件数が著しく増大していることに伴う特許に携わる人々のさらなる労苦に思いを致すのであります。

今日、世界は経済発展と環境保全をいかに調和させるかという困難な問題に直面しています。この解決のためにはさまざまな先端技術の開発が必要であります。産業財産権制度が有効に活用され、人類の幸せに資する成果が生み出されていくことを期待しています。

本日、この記念すべき日に改めて産業財産権制度の使命を思い、本制度の一層の充実と発展を祈念して式典に寄せる言葉といたします。

平成二十二年十月十八日　東京都　帝国ホテル　産業財産権制度百二十五周年記念式典

東日本大震災に伴い電子媒体を通じて行われる日本医学会総会

去る三月十一日に起こった東日本大震災は、巨大な津波を伴い、死者行方不明者合わせて二万三千人を超えるという大きな被害をもたらしました。医療従事者のなかでも、患者を救おうとして共に津波にさらわれた人をはじめ、何人もの人が亡くなりました。それぞれの家族や近しい人々の気持ちはいかばかりかと心が痛みます。津波により広範囲にわたって壊滅的な被害を受けた被災地には、地域の医療関係者の昼夜を分かたぬ献身的な医療活動を支援すべく各地から医療従事者が集まり、被災者の治療にあたりました。薬や器具などのない厳しい環境のなか、医療活動には計り知れない苦労があったことと思い、その努力に深い感動を覚えます。

近年、医学や医療の進歩には誠に目覚ましいものがあります。我が国では、その成果を広く国民に行き渡らせるように制度を整えたことにより、多くの国民が長寿を享受するようになりました。このことを心から喜ぶと共に、少子高齢化が進むなか、介護問題をはじめとし、日本社会が直面している諸問題についても、医学会との連携の下、社会全体が取り組んでいくことの重要性を深く感じています。また、医療の進歩は時に薬害や合併症に悩む人々を生む可能性をもっており、進歩がもたらすさまざまな面に、常に思いを致すことも非常に大切なことと思います。医学の進歩が、これまで人類にもたらした計り知れぬ恩恵に改めて深い感謝を抱くと共に、医学に携わる人々が、進歩に伴うリスクとも常に誠実に真向かいつつ、国民皆の健康な生活のため、大きな力となっていかれることを期待しています。

今回の日本医学会総会において、大震災発生により、皆が一堂に会し、それぞれの研究に耳を傾け、討論を行うという機会をもつことができなくなったことは誠に残念なことですが、このたびはそれに代わり、講演やシンポジウムが電子媒体を通じて行われると聞いています。総会が皆さんにとり実り多いものとなるよう願っています。

平成二十三年六月三日　東日本大震災に伴い第二十八回日本医学会総会を電子媒体及びインターネットを活用して開催するにあたり

国立がん研究センター創立五十周年にあたり

国立がん研究センター創立五十周年にあたり、関係者一同と共に、記念式典に臨むことを誠に喜ばしく思います。

国立がん研究センターは、昭和三十七年、がんに関する研究部門と臨床部門を併せ有する国立の初の施設として、がんの原因解明、予防、治療法の開発を進めることを目的に設立されました。以来、先端的な研究や新たな治療法の開発に取り組むと共に、全国のがん医療の水準を向上させるための中核的な機関として大きな役割を果たしてきました。ここに長年にわたり、その活動を支えてこられた多くの関係者の尽力に対し、深く敬意を表します。

近年、我が国の社会は高齢化が進み、がんを患う人々の数も増加しています。国民全体にとって、がんは大変身近な存在となり、がんの有効な治療を願う気持ちは誠に切実なものとなっています。このような状況のなか、がんの研究者や医療関係者は、科学技術のさまざまな分野の発展に支えられつつ、たゆみなく研究や治療にいそしみ、がんの早期診断や治療の向上に著しい貢献をしてきました。がんの治癒率も一昔前と比べれば、大きく変わりました。がんの治療の進歩は、がんを患う人やその家庭ばかりでなく、社会全体に大きな光明をもたらすものと思います。がんを患う者の一人として、私自身も、今日のがんの医療の恩恵を深く感じています。しかし、いまだ治療の困難ながんに悩んでいる人々も数多く、がんの研究が今後一層進み、治癒率がさらに高まり、また、人々の生活習慣上の注意などともあいまって、がんを患う人が少なくなっていくことを期待しています。

創立五十周年を迎えた国立がん研究センターが、今後その機能を一層充実させることを願い、また一人でも多くの国民がこれまでに先人が築いてきた優れた医療の恩恵にあずかり、がんの苦しみから救われることを期待し、式典に寄せる言葉といたします。

平成二十四年一月二十四日　東京都　有楽町朝日ホール　国立がん研究センター創立五十周年記念式典

第三節◉国外に向けて

リンネ生誕三百年にあたり

リンネ生誕三百年[21]にあたり、ロンドン・リンネ協会[22]からその祝賀行事に御招待をいただいたことに対し、深く感謝いたします。一九八〇年にロンドン・リンネ協会の外国会員に選ばれた時、それは私には過分のことに思われましたが、一方それは私が公務の間をぬって研究を続けていく上で大きな励みともなりました。

今日はリンネの業績をしのび、リンネの弟子で日本のオランダ商館の医師として一年間日本に滞在し、『日本植物誌』を書いたツュンベリー[23]などに触れつつ、欧州の学問がいかに日本で発展してきたかということをお話ししたいと思います。

一七〇七年スウェーデンに生まれたカール・フォン・リンネは、一七三五年、二十八歳の時『自然の体系』第一版を著し、新しい分類体系の概要を示しました。それによると、植物界は雄しべの数などによって二十四綱《こう》に、動物界は四足動物、鳥類、両生類、魚類、昆虫、蠕虫《ぜんちゅう》の六綱に、鉱物界は岩石、鉱物、採掘物の三綱に分類され、それぞれの綱はいくつかの目《もく》に分けられ、さらに目のなかにはいくつかの属が例示されています。リンネは、自然が神によって秩序正しく整然とつくられていることを確信し、この自然の秩序を見出し、神によってつくられたものを分類し、命名し、自然の体系を完成することを目指していました。しかし、雄しべの数によって植物の綱を分けるというリンネの分類体系では、たとえば雄しべの数が違っているだけで、ほかの特徴が極めて類似した種の間でも綱を異にすることになり、また、雄しべの数が同じというだけで、ほかの特徴が非常に相違している種が同じ綱に含まれることになります。このような観点から、あらゆる特徴を総合的に判断して分類しなければならないという主張が強くなり、リンネの分類体系は系統を重視した分類体系にとって代わられました。

しかし、リンネが創始した二名法の学名は、世界共通の動植物の名称として、今日、学界はもとより多くの人々によって使われています。二名法の学名は、その種が属する属名とその種を指す種小名の結合によって成り立っています。リンネが二名法を創出する以前の学名は、その種が属する属名と、その種を同属内の他種から区別する特徴の記述が結合してできていました。したがって、一属のなかの種数が多くなれば、属内の他種と区別をするための記述が詳しくなり、語数が増え、不便なものになりました。リンネはこの不便を解消するために、学名には種の特徴を示す記述を含めず、学名は属名と種小名の結合した名称だけのものとし、種の特徴を示す記載は別項に記すという扱いにこれを変更したのです。なお、国際植物命名規約と国際動物命名規約では、同じ種に複数の学名が付けられている場合、そのなかで最も古い学名を採用することをそれぞれ規定しています。種子植物とシダ植物では一七五三年にリンネが著した『植物の種』第一版、動物ではクモのモノグラフとしてクレックの著した『Aranei Svecici』とリンネが著した『自然の体系』第十版の二つを一七五八年一月一日に出版されたものと見なし、それぞれそこに収められた種の学名を最も古い学名として認めることを規定しています。それ以前に発表された種の名称は、学名としては認められないことになっています。

リンネは、『植物の種』第一版やその後の著作のなかで、多くの日本の植物に学名を付けて記載しています。Camellia japonica（ヤブツバキ）などは、リンネが『植物の種』第一版のなかに記載したもので、今日もこの学名が使われています。これらの植物は、一六九〇年から二年間日本に駐在したオランダ商館のドイツ人医師ケンペル[24]が、一七一二年にその著『廻国奇観』のなかに図示した植物であります。当時、日本は鎖国をしており、日本人の海外渡航は禁止され、外国人の来日も厳しく制限されていました。鎖国はキリスト教の禁止を徹底させるために行われたことから、キリスト教の布教を行わず、通商のみの関係にあったオランダ人の来日は認められていました。しかし、来日したオランダ人は、長崎の海上に築かれ、橋で結ばれた人工の島、出島に隔離され、許可なく出島を出ることはできませんでした。ただ、オランダ商館長は、医師などの随員と共に、一年に一度、江戸、今の東京に将軍を訪問することになっており、ケンペルはこの間二回の江戸往復を、それぞれ八十日以上かけて行っています。ケンペルは、日本滞在中植物の写生図をつくり、一七一二年に出版された『廻国奇観』に載せたのでした。ケンペルの写生図二百五十六枚は、現在、（英国の）自然史博物館に保存されています。

ケンペルの離日から八十三年後、一七七五年にオランダ商館の医師としてスウェーデン人ツュンベリーが赴任してきました。ツュンベリーはリンネの弟子で、後にリンネと同じくウプサラ大学の植物学と医学の正教授になった人です。ケンペルもツュンベリーも鎖国下の日本に来たオランダ商館の医師でありましたが、ケンペル来日の時代と異なり、ツュンベリー来日の時代は日本の医師の間で欧州医学に対する認識が深まっている時でありました。このような変化は、将軍徳川吉宗が一七二〇年、かつてキリスト教思想の流入を阻むために設けられた禁書令を緩和し、キリスト教の教義とは無関係な漢籍の西洋科学書の輸入を認めたことから、西洋科学の研究が活発になり、オランダ語の医学書に関心が払われるようになったからです。従来の中国由来の医学を学んできた山脇東洋[25]も、オランダからの輸入医書の図がそれまで学んできたこととあまりに違うことに注目し、真疑を確かめるため、一七五四年、官許を得て人体解剖を行い、その結果を『蔵志《ぞうし》』として刊行しました。以後解剖はしばしば行われるようになりました。ツュンベリー来日の前年、一七七四年には、杉田玄白[26]をはじめとする江戸の医師が集ってオランダ語から訳した『解体新書』が刊行されました。解剖を実見して、オランダ語の解剖書の正確さを確認したことが、この訳を始めるきっかけとなったのです。集った人々のなかにはオランダ語のできる人もいましたが、訳出作業の中心になった玄白は、それまでアルファベットも習っていませんでした。訳出作業は困難を極めましたが、玄白の、一日も早く訳書を世に送り出し、医学に貢献したいという熱意により、三年間で『解体新書』は刊行の運びとなりました。

ケンペルの没後出版された『日本誌』には、二度の江戸訪問中一回だけ、一人の医師がケンペルに病気について医学上の見解を聞きに来たことが記されていますが、ツュンベリーの『江戸参府随行記』には、江戸到着後すぐに医師五人と天文学者二人が彼を訪ね、さらに官医桂川甫周《ほしゅう》(27)とその友人中川淳庵《じゅんあん》(28)は、毎日のようにツュンベリーを訪ねて、時には夜おそくまでさまざまな科学につき、ツュンベリーから教えを受けたことが記されています。両人は『解体新書』の訳に参加した人で、『解体新書』には、杉田玄白訳、中川淳庵校、桂川甫周閲と名をつらねています。二人とも、特に淳庵は、かなりオランダ語を話し、ツュンベリーは彼らが持ってきた生の植物の和名を聞き、ラテン名とオランダ名を彼らに教えたと書いています。

ツュンベリーと二人の医師との交流はツュンベリーの帰国後も続き、ツュンベリー宛ての日本人二人の医師の書簡は、ウプサラ大学に保管されています。私は皇太子であった一九八五年、皇太子妃と共にウプサラ大学を訪問し、スウェーデン国王、王妃両陛下とそれらの書簡を見、そのことは私どもの心に深く残るものでした。

リンネが創始した学名がいつ日本人に伝えられたかということはわかりません。さきにお話ししたように、ツュンベリーの『江戸参府随行記』のなかには桂川甫周と中川淳庵に植物のラテン名を教えたという記述があります。しかし、この『江戸参府随行記』の記述をもって学名が日本に伝えられたと言い切ることには、やや疑問が残ると私は思っています。

学名が日本で使用されるようになるのは、一八二三年、オランダ商館にドイツ人医師シーボルト[29]が赴任してから後のことになります。シーボルトが日本に来たころには、日本人のなかにオランダ語を解する人も多くなり、長崎の郊外にシーボルトの塾がつくられ、診療も行われていました。また、シーボルトは病人の往診や薬草の採集に出島を出ることができるようになりました。

このような状況下、一八二九年、日本で初めて学名を用いた本が伊藤圭介[30]により著されました。圭介は、シーボルトが日本にもたらしたツュンベリーの『日本植物誌』の学名をアルファベット順に記し、これに和名を付し、「附録」にはリンネの分類体系を「二十四綱解」として紹介しています。圭介はシーボルトの教えを長崎で半年間受け、出身地の名古屋に戻る時に、ツュンベリーの著書を贈られました。そして『泰西本草名疏』の草稿を長崎に送り、シーボルトの校閲を受けています。

米国艦隊の来航により、二百年以上続いた鎖国政策に終止符が打たれ、一八五四年日米和親条約が結ばれました。引き続いて、日本は各国と国交を開くようになりました。一八六七年、徳川慶喜が将軍職を辞し、明治天皇の下に新しい政府がつくられると、政府は留学生を外国に送り、外国人教師を招聘し、人々は欧米の学問を懸命に学びました。この時、日本に招聘された外国人教師の貢献は誠に大きく、また、留学生もその後の日本の発展にさまざまに寄与しました。

十九世紀における日本人の学問上の業績として挙げられるのは、一八九六年の平瀬作五郎によるイチョウの精子の発見であります。平瀬作五郎は東京大学植物学教室に画工として勤め、後に助手となった人ですが、イチョウの精子が泳ぎ出すことを観察し、論文にして植物学雑誌に発表しました。このひと月後、平瀬作五郎の研究に協力した東京大学農科大学助教授池野成一郎がソテツの精子発見を同じく植物学雑誌に報じています。シダ植物に精子があることは知られていましたが、裸子植物に精子があることが見出されたのは世界で初めてのことです。この発見は当初は信じられず、翌年の一八九七年アメリカで同じソテツ科のザミアで精子が見出されてからこの事実が信じられるようになりました。この業績により、二人は一九一二年、学士院恩賜賞を受けました。イチョウは中生代ジュラ紀に最も栄えましたが、その後中国だけに残った一目一科一属一種の、系統上独特の裸子植物です。古く中国から日本に移され、リンネによってケンペルの図をもとに学名が付けられました。平瀬作五郎の研究したイチョウは今も東京大学の小石川植物園にあり、昨年小石川植物園を皇后と訪れ、当時の研究に思いを致し、そのイチョウを見てきました。

二十世紀になると日本の分類学も進み、新種の発表もだんだん行われるようになりました。しかし、それ以前には、日本の動植物は欧州の研究者によって学名を付され、当然のこととしてそれらの命名の際使われた基準標本は欧州の博物館に保管されました。このため、日本の研究者が日本の動植物を新種として記載するにあたり、それら外国に所在する基準標本を一つひとつ調べねばならず、その苦労は決して小さいものではありませんでした。多くの人々の努力により、今日、日本産の種子植物、シダ植物、魚類を除く脊椎動物には皆学名が付けられています。しかし、魚類については学名の付いていないものがまだまだあります。特にハゼ亜目魚類には、これから学名を付けていかなければならないものが多くあります。私が研究を始めたころ、日本産の魚類を調べるのに常に用いていたのが一九五五年に出版された松原喜代松博士の『魚類の形態と検索』でありました。日本産の魚類を網羅したもので、検索で調べられるようになっていました。そのなかには亜種を含め、ハゼ亜目魚類百三十四種類が載せられていました。最近二〇〇二年に出版された『日本産魚類検索』では、亜種を含めハゼ亜目魚類は四百十二種類に増加しており、このなか、四十五種には和名が付けられてはいますが、まだ学名は付けられていません。

私がハゼ亜目魚類を研究しようとした時、私が関心をもった二つの文献があります。一つはゴスラ イン博士の一九五五年に発表された『The osteology and relationships of certain gobioid fishes, with particular reference to the genera Kraemeria and Microdesmus』であり、もう一つは未公刊の高木和徳博士の学位論文である「日本水域におけるハゼ亜目魚類の比較形態、系統、分類、分布および生態に関する研究」です。私はこれらの論文を参考にしつつ、一方で多数のハゼ亜目魚類の種類の骨をアリザリン・レッドで染色して類縁関係を調べ、また他方で頭部感覚管と孔器列の配列によって、種の違いを調べて、分類学的研究を進めました。

振り返ってみますと、一九六〇年代は日本ではまだ頭部孔器の配列によってハゼ亜目魚類を分類するということは行われていませんでした。したがって、私が一九六七年孔器の配列によって日本産のカワアナゴ属四種の分類を日本魚類学雑誌に発表した時には、その分類にかなり疑問をもった人もいたようです。しかし現在、孔器の配列はハゼ亜目魚類の分類の重要な要素になっており、この分野で何がしかの貢献ができたことをうれしく思います。

リンネが創始した二名法は世界の分類学に普遍的な基準を与え、世界の分類学者が共通の言葉をもって自然界に存在するものを語り合うことができるという、計り知れない恩恵をもたらし、その後の分類学は、この二名法を基盤として今日までその発展を続けてきました。初めにも述べましたように、その後の分類学の発展のなかで、雄しべの数により綱を分けていくという彼の分類法は、雄しべのみでなく、もっと総合的特徴により、これを判断するという説にとって代わられました。この時代、まだ系統を分類の基盤に置くという発想がなかったことは当然のことで、ここリンネ協会においてダーウィン、ウォーレスの進化論が初めて世に問われ、系統という観念が、新たに学問の世界に取り入れられるようになったのは、リンネから約百年の後のことになります。

今日、学問の世界では、進化を基盤とする分子生物学というさらに新しい分野がめざましい発展をみせ、これにより系統を重視し、分類学においてもこれを反映させていく分類学が、より確実なものとして主流を占めてきています。

若い日から形態による分類になじみ、小さな形態的特徴にも気づかせてくれる電子顕微鏡の出現を経て、さらなる微小の世界、すなわちＤＮＡ分析による分子レベルで分類をきめていく世界との遭遇は、研究生活の上でも実に大きな経験でありました。今後ミトコンドリアＤＮＡの分析により、形態的には区別されないが、分子生物学的には的確に区別されうる種類が見出される可能性は、非常に大きくなるのではないかと思われます。私自身としては、この新しく開かれた分野の理解につとめ、これを十分に視野に入れると共に、リンネの時代から引き継いできた形態への注目と関心からも離れることなく、分類学の分野で形態のもつ重要性は今後どのように位置づけられていくかを考えつつ、研究を続けていきたいと考えています。

リンネ生誕三百年を迎え、形態上の相違によって分類されてきた分類学は、新たな時期を迎えたことを感じています。

終わりにあたり、リンネ協会のこのたびの御招待に対して改めて感謝の意を表し、リンネ協会の一層の発展をお祈りします。

平成十九年五月二十九日　英国　ロンドン・リンネ協会で英語で述べられたご講演「リンネと日本の分類学―生誕三百年を記念して―」（625頁参照）の日本語訳

日本の科学を育てた人々

このたび、日本の科学のさまざまな分野の研究が「サイエンス・イン・ジャパン」として紹介されるとのことである。科学は真理を求めるものであり、科学技術は真理を人類に役立てるためのものである以上、その研究は、国境をはじめとするさまざまな境界を越え、お互いが協力しあって進められることが望ましい。うれしいことに、最近、日本で研究所を訪れる折、外国から来た研究者にしばしば接するようになった。科学の研究に国境を越えた協力が重要なことは、私自身魚類の研究を通して感じるところである。私の発表した論文の一つひとつに、外国の人々の惜しみない協力のあったことが感謝の気持ちと共に思い起こされる。「サイエンス・イン・ジャパン」により、日本の科学に対する理解が深められ、外国との交流が一層盛んになれば誠に喜ばしいことである。

日本の科学の発展を考える時、外国との交流が容易ではなかった過去の時代に日本に科学を育てた人々の苦労と努力がしのばれる。私は科学史を研究しているわけではないが、関心をもっている者として、寄稿を依頼された機会に、当時の日本に科学を育てた人々のことに触れてみたいと思う。

日本は古くから中国の文物を学んできたが、ヨーロッパの科学に接したのは十六世紀半ば以降のことである。一五四三年、中国のジャンク(31)に乗っていた三人のポルトガル人が日本の南部にある種子島に着き、鉄砲を伝えた。これにより、その翌々年には島で数十挺の鉄砲がつくられ、また、その技術は日本の各地に伝えられた。一方、帰国したポルトガル人から日本のことを聞いて、交易品を積載したポルトガル船がしばしば来航するようになった。

また、フランシスコ・ザビエルをはじめとするイエズス会士らが一五四九年以来次々と来日し、布教を行うと共に、ヨーロッパの学問を伝えた。日本人が地球の丸いことを教えられたのもこの時であるが、ポルトガル人が初めて種子島に上陸した年に発表されたコペルニクス[32]の地動説は伝えられなかった。また、この時期に、日本人のそれまで学んできた漢方医学にはほとんど存在しない外科医学も伝えられた。この医学は、後に日本人に引き継がれ、南蛮流と呼ばれるようになった。

群雄割拠の日本は、鉄砲を多く確保した織田信長、それを引き継いだ武将の豊臣秀吉により統一され、秀吉の死後、一六〇三年徳川家康が天皇により征夷大将軍に任ぜられた後は、徳川家が、代々将軍に任ぜられて一八六七年まで日本を支配した。

学問、技術の領域で日本に大きな影響を与えたポルトガルをはじめとするヨーロッパとの交流は百年とは続かず、日本は徳川将軍の下で、鎖国に向かっていった。キリスト教の禁止に始まり、その禁止を厳重にするため、徐々に厳しい措置が取られるようになった。

その結果、一六三九年までに、日本人の渡航および帰国、スペイン人とポルトガル人の来航がそれぞれ禁止され、中国とそれまで貿易のみを目標に来航してきていたオランダの船だけが長崎で貿易を許されることになった。オランダ人は長崎の出島という埋め立て地の島に商館を置き、そこから出ることは、将軍訪問のため江戸に向かう時を除き、許されなかった。以来二百年余、一八五三年米国艦隊が来航し、その強い要求により、日米和親条約が締結されるまで、この状態が続いた。

この鎖国の時期に、ヨーロッパではニュートン[33]、ラヴォアジエ[34]、リンネなど多くの著名な学者が輩出し、科学は大きく発展したが、日本では、ヨーロッパとの交流に対する厳しい制約により、ヨーロッパの学問は年と共に衰えていった。一六九〇年から一六九二年にかけて、オランダ商館の医師として日本に滞在したエンゲルベルト・ケンペルは、日本の事情を詳しく調べて『日本誌』を著したが、『日本誌』には商館長の江戸参府に随行した時、将軍の侍医が若干の病気についてケンペルの見解を質したこと以外、日本の学者との交流については記されていない。

しかし、徳川吉宗が一七一六年第八代の将軍に任ぜられると、国内の状況は変わってきた。吉宗は江戸参府のオランダ商館長からヨーロッパの知識を吸収すると共に、ヨーロッパの書籍や物品等を注文し、オランダ語の学習も奨励した。また、改暦に着手しようとした時、改暦には誤りの多い中国の暦学ではなく、ヨーロッパの暦学を参考にしなければならないという建議を受け、キリスト教に関係のない漢文に訳された西洋科学書の輸入を認めることとした。それまでの日本は日本人と外国人との接触をできる限り避ける方針であったのが、このころからヨーロッパの進んだ科学に学ぶという姿勢が現れてきた。

医者のなかにも、それまで学んできた中国の医学に疑問をもち、親試実験の精神を重視し、オランダの医書の正確な図に関心をもつ人が現れるようになった。京都の朝廷医官であった山脇東洋はその一人で、官許を得て人体解剖を見学し、日本で初めて、その結果を数枚の図と共に『蔵志』という本に記録し、刊行した。一七五九年のことである。当時は、長崎の通詞で医学を学んだ人は別として、医者でオランダ語を読める人はまずなく、オランダの本の図を見るだけであった。

大名の侍医であった杉田玄白をはじめとする幾人かの医者によって、一七三四年に出版されたオランダ語訳のヨハン・アダム・クルムス著『解剖学表』(ターヘル・アナトミア)が『解体新書』として翻訳されたのは、このような時期のことである。

玄白がこの本を翻訳するきっかけとなったのは、二人の仲間の医者、前野良沢(35)、中川淳庵と共にクルムス著『解剖学表』を手にして刑死した人の解剖を見に行ったところ、オランダの解剖書の図があまりに正確に描かれており、中国古来の説と異なっていることが明確に示されていたことである。『解剖学表』の翻訳を志した人々は、その翌日から良沢の家に集まって翻訳を始めたが、当時は蘭和辞典もなく、大変な苦労の連続であった。良沢は長崎に行って、オランダ語を勉強しており、最もオランダ語ができたが、四十歳に近い玄白はアルファベットさえ習ったことがなかった。当時を回想して、後年、玄白は、「眉というものは目の上に生えた毛である」というような一句でも、長い春の一日かかっても明らかにすることができなかったと『蘭学事始』のなかに記している。一七七四年『解体新書』は、翻訳を始めてから三年の歳月を経て刊行された。

『解体新書』の刊行はその後の日本の科学の発展に大きな意義を有するものであった。

その第一は、それまで日本の医者が学んできた中国の医書の誤りを、実地の解剖とオランダの医書を通して、明確に示したことである。本でなく実物から学ぶことの重要性が強調されたのである。『解体新書』には、過去に人体を解剖して調べた人も、頭がすっかり旧来の観念に染まっていたため、実際の内臓や骨格の構造と、それまでの説とが相違しているのを眼で見ながらも、その事実を信じきれずにいたこと、それゆえ、自分のなかの古いものを捨てて面目を一新した者でなければ、新しい医学の世界に踏みこむことはできないということが書かれている。

第二は、オランダ語の医書を江戸の医者が集まって翻訳したことである。『蘭学事始』によれば、良沢はそれまでオランダ語の本を読みたいとの志はもっていたが、同志がなくてまだ踏み切れなかった。したがって、江戸において志を同じくする人々が集まって行われた『解体新書』の翻訳事業は、多くの蘭学者がそこから育つ機会をつくり、その後の蘭学、ヨーロッパ医学の発展に大きく寄与することとなった。

第三は、玄白が『解体新書』の翻訳の目的を、古来の説との相違を明らかにし、治療を助け、また、世の医者が種々の医術を発明する際に役立てたいという社会への寄与に置いていたことである。したがって、翻訳を急いで早く一般に見られるものにしたいというのが玄白の願いであった。この点で、翻訳の正確さを重視した良沢とは異なっていたが、『解体新書』は両者がうまく助け合った結果として刊行されたのである。玄白のこのような考え方は、当時の医術が何々流と称し、それぞれのもつ医術を秘伝としてごく限られた人々にのみ伝えていく、という考え方とも異なったものであった。

さらに、玄白には、日本人ばかりでなく中国の人にも役立ちたいという気持ちがあった。『解体新書』は、当時の教育のある日本人が読んでいた漢文で書かれており、実際に中国で読まれたかどうかはわからないが、この翻訳でオランダ語から新たにつくられた「神経」などの漢語は、現在日本でも中国でも使われている。真理の下での世界共通の医術の向上を考えていたことが感じられる。

八十歳を超えた玄白が過去を振り返りつつ記した『蘭学事始』の終わりに、『解体新書』の翻訳を一滴の油を広い池に垂らした様にたとえ、蘭学が四方に行き渡り、年々翻訳書も出るようになったことに深い喜びを表し、それを国内の太平のおかげと記している。

玄白はこのように日本の医学、さらに蘭学の発展に大きな貢献をした。しかし、その貢献は啓蒙的役割であって、玄白自身の医学的業績が日本の医学に貢献したわけではない。

自分自身の研究を通して日本の医学を向上させ、治療によって人々を助けた人としては産科医の賀《か》川玄悦《がわげんえつ》(36)があげられる。

玄悦は一七〇〇年の生まれで、玄白より三十三歳年長であった。玄悦は京都で、古銅鉄器を商い、按摩《あんま》鍼術《しんじゅつ》を施して生活を助けながら医学を学んだが、特別の師はなかったといわれている。オランダ語は読めなかったが、オランダの医書を参照し、中国の医書も読んでいる。しかし、玄悦が重視したのは、自ら試みてその目で確かめ手指で確認したものである。玄悦の業績として挙げられるのは、鉄鈎《てつかぎ》を用いて胎児を娩出する方法を考案したことである。難産で胎児が死亡している場合、母体を救うために行われた手術で、それまでは死を待つのみであった母体を救うことができるようになった。

玄悦は『産論』を一七六六年に出版している。そのなかに、胎児は母体のなかでは頭を下にしているということが記されているが、このことは玄悦自身が見出したことである。

『解体新書』は、『産論』の出版から十年近く経って出版されたのであるが、そのなかで玄白は、この玄悦の説について次のようなことを記している。自分はこの説が古来の説と異なっているので疑いをもち、オランダの解剖の諸本を見たところ、胎児の頭の位置についての説明はなく、胎児の頭は上を向いたり横を向いたり下を向いたりしていて一定していない。ところが、近ごろ英国の産科の本を見ると、言葉はわからないが、図に示されている胎児は頭を下にしており、その状態でないものは皆難産の状態であった。この英国の本に示された正常な胎児の頭の位置は玄悦の説と一致しているので、自分が初め玄悦の説を疑ったことは誤りであったことがわかった。玄白はこのように玄悦の業績の正しさを評価し、玄悦の説についての言及の終わりに、自分が見ていないところのものを簡単に疑ったことへの反省を述べている。玄白の真実をひたすら求める謙虚さに深く感銘する。

玄白と玄悦の二人に共通しているのは、人々への愛である。玄白が『解体新書』を翻訳した動機が、医学の向上により人を救うことにあったように、玄悦も隣家の主婦の難産を救うために、死んだ胎児を挽《ひ》きだす方法を考案してその主婦を救ったことから、産科の道に入った。「天地のめぐみにかなふ我が道につとめて人を救ひ給へや」という玄悦の遺訓の歌にもその心が示されている。また、七十歳に近い玄白は『形影夜話《けいえいやわ》』のなかで、次のような意味のことを記している。

「自分に託された患者があれば、自分の妻子が患っているように思い、深く考えて親切に治療しなければならない。たとえどんな貧賤《ひんせん》な者でも、高官富豪の人でも、治療は同じように心得、決して区別してはいけない」

これまで記したように、十八世紀の半ば以降、ヨーロッパの科学を学んで日本の科学の向上を目指す動きは盛んになってきた。動植物の学名を創設したリンネに師事し、後にスウェーデンのウプサラ大学の教授となったカール・ペーター・ツュンベリーが長崎のオランダ商館の医師として来日したのはこの時期であった。

ツュンベリーの日本滞在は一七七五年から一七七六年にかけての短いものであったが、その日本紀行には当時の日本のことが著者の得た知識と経験をもとに詳しく書かれている。その本のなかには、日本の科学がまだ揺籃《ようらん》時代であること、産業は非常に活気があり、そのうちの二、三のものは、完全な点でヨーロッパの産業をしのぐものもあること、鉄製品と銅製品の仕事が非常に良いこと、などが記されている。

ツュンベリーの来日の目的は植物調査にあり、鎖国の厳しい制限のなかで、動植物の標本を手に入れ、帰国後に出版した『日本植物誌』には八百十二種、『日本動物誌』には三百三十四種がそれぞれ記載されている。

オランダ商館長の江戸参府に随行したことは、ツュンベリーに植物入手の機会を与えたが、これは一方、日本の科学者がツュンベリーに接する良い機会となった。江戸では医者や天文学者が会いにきて、ツュンベリーにいろいろの質問をした。そのなかには『解体新書』の翻訳に携わった二人の医者、すなわち、将軍の侍医であった桂川甫周と、玄白と同じ大名の侍医の中川淳庵も加わっていた。この二人についてツュンベリーは、彼の江戸滞在中、二人がほとんど一日も欠かさず会いにきたこと、自分の教えたことを熱心に聞き、ほかの日本の医者がもたぬ知識をたくさんもつに至ったこと、淳庵はオランダ語をかなり話したことなどを記している。一方、甫周はツュンベリーのことを、いまだかつて彼のようにひろくいろいろの学問を詳しく究めた人はいないと評している。

ツュンベリーと甫周、淳庵との交流はツュンベリーの帰国後も続き、二人のツュンベリー宛ての手紙がウプサラ大学に残されている。数年前、私はウプサラ大学を訪問し、鎖国中にこのような日本人とスウェーデン人との交流があったことに思いを致し、感慨深くこれらの手紙を見たのであった。『蘭学事始』のなかで、玄白が深い喜びをもって記しているように、十九世紀初期、蘭学は大きく発展し、ヨーロッパのさまざまな科学の分野の翻訳書も出版されるようになった。しかしヨーロッパの進んだ科学を直接に教えるヨーロッパ人もなく、ほとんど本だけからヨーロッパの科学を学んでいくことは大変なことであった。

そのような状況を大きく変えたのが、一八二三年から一八二九年にかけてオランダ商館の医師として日本に滞在したドイツ人のフィリップ・フランツ・フォン・シーボルトであった。

日本側の了解の下に、シーボルトがオランダ商館長から与えられていた任務は、日本人で医術その他の科学を学習しようとする人々にこれを教授し、また、日本人で治療を受けようとする人々には、医療を奉仕することであった。当時は鎖国による制限も大分緩和され、シーボルトは長崎の出島から出て、長崎の郊外で、医学をはじめ一般自然科学を教えた。滞在中の門人は五十名を超え、また、交流をもった人も多く、日本の科学の進展に大きく寄与した。

それから二十年余、日本は、米国艦隊の来航により、まず米国と、引き続きヨーロッパの国々と条約を結び、二百年以上にわたる鎖国の幕を閉じたのであった。

その後、一八六七年、日本の政治は、最後の将軍徳川慶喜の手から、践祚《せんそ》後間もない、十五歳の明治天皇の下につくられた新しい政府の手に移り、それまで藩校や寺子屋などによって個々に行われていた教育を、大学を含む統一的学校制度に改め、欧米の科学を熱心に学ぶこととなる。一八七一年、英国の大学と造船所で学んできた後の工部卿《こうぶきょう》山尾庸三(37)は、日本に「仮令当時為スノ工業無クモ人ヲ作レバ其人工業ヲ見出スベシ」と工学校の開設を上申しているが、当時の人々の気迫を感じさせる言葉である。

日本の近くの国々が次々と植民地化していくなかで、国の安泰と発展を願う当時の人々の気持ちには切実なるものがあった。蘭学ならびにヨーロッパの科学を学んだ人々は、日本の科学の向上に尽くしたばかりでなく、世界の情勢に通じ、開国や開国後の日本の在り方に影響を与え、日本が開国とそれに伴う大きな変革の時期を乗り越えて発展するのに寄与した。

数多い著作などにより、開国後、国家の新たな体制づくりを始めた日本に大きな影響を与えた福沢諭吉(38)もその一人で、若き日を蘭学塾に過ごし、やがて慶應義塾を創立した。

日本で初めて議会が開かれた年である一八九〇年、諭吉は、玄白の『蘭学事始』の再版の序に「我々は之を読む毎に、先人の苦心を察し、其《その》剛勇に驚き、其誠意誠心に感じ、感極まりて泣かざるはなし」と同著に接した時の思い出を語り、さらに、序の終わりの部分に、この再版が世に出ることは「啻《ただ》に先人の功労を日本国中に発揚するのみならず、東洋の一国たる大日本の百数十年前、学者社会には既に西洋文明の胚胎するものあり、今日の進歩偶然に非ずとの事実を、世界万国の人に示すに足る可し」と記している。

それからさらに百年、日本の科学は多くの科学者の努力によって着実に進歩を重ね、今日、世界の科学界に貢献するまでになってきたことは誠に喜ばしいことである。それと共に、私は、かつて鎖国という厳しい状況のなかで、ヨーロッパの本を頼りに、教わる人もほとんどなく、揺籃時代の日本の科学をひたすら育てることに努力した当時の人々のことを、感謝と敬意の気持ちをもって思い起こすのである。

平成四年　米国の科学雑誌「サイエンス」の日本特集号に英語でご寄稿された「日本の科学を育てた人々」（616頁参照）のもとになった日本語原稿

【註】「リンネ生誕三百年にあたり」と「日本の科学を育てた人々」は『天皇陛下 科学を語る』（朝日新聞出版、平成二十一年十月発行）に収載されている。

【注記】

（1）**武寧王**（四六二～五二三）　百済の第二十五代の王。在位五〇一～五二三年。

（2）**宗像・沖ノ島と関連遺産群**　平成二十九年（二〇一七）、「『神宿る島』宗像・沖ノ島と関連遺産群」としてユネスコの世界文化遺産に登録。構成資産は、福岡県宗像市の沖ノ島（宗像大社沖津宮）、宗像大社中津宮（御嶽山祭祀遺跡を含む）、沖津宮遙拝所、宗像大社辺津宮と福津市の新原・奴山古墳群。

---

(3)**日本人二名のノーベル化学賞**　鈴木章博士と根岸英一博士（共に413頁【註記】参照）。

(4)**山中伸弥教授**（一九六二〜　）医学博士。専門は幹細胞生物学。京都大学iPS細胞研究所所長。平成十八年（二〇〇六）、世界で初めてマウスの皮膚細胞からiPS細胞をつくり出すことに成功。翌年には人間の皮膚細胞からiPS細胞を作製する技術を開発。平成二十四年（二〇一二）、ノーベル生理学・医学賞を受賞。

(5)**赤﨑、天野、中村三博士**　赤﨑勇（一九二九〜　）工学博士。名城大学終身教授、名古屋大学特別教授・名誉教授など。天野浩（一九六〇〜　）工学博士。名古屋大学特別教授など。中村修二（一九五四〜　）工学博士。カリフォルニア大学教授など。三氏は共に平成二十六年（二〇一四）、青色発光ダイオードの発明と実用化の研究で、ノーベル物理学賞を受賞した。

(6)**大村博士**　大村智（一九三五〜　）化学者。北里大学特別栄誉教授。平成二十七年（二〇一五）、「線虫の寄生によって引き起こされる感染症に対する新たな治療法に関する発見」で、アイルランドのウィリアム・セシル・キャンベル博士と共にノーベル生理学・医学賞を受賞した。

(7)**梶田博士**　梶田隆章（一九五九〜　）物理学者。東京大学宇宙線研究所所長。「ニュートリノが質量を持つことを示す、ニュートリノ振動現象の発見」で平成二十七年（二〇一五）、ノーベル物理学賞を受賞。

(8)**オートファジー**　細胞自身が持っている細胞内の不要なタンパク質を分解する仕組み。細胞に核のあるすべての生物がもっている。

(9)**大隅博士**　大隅良典（一九四五〜　）生物学者。東京工業大学栄誉教授。一貫してオートファジーの研究に取り組み、「オートファジーの仕組みの解明」で、平成二十八年（二〇一六）、ノーベル生理学・医学賞を受賞。

(10)**小惑星探査機「はやぶさ」**　小惑星探査を目的に開発された探査機。平成十五年（二〇〇三）五月に打ち上げられた。イオンエンジンを使った飛行の実証試験を行いながら、平成十七年（二〇〇五）、小惑星イトカワに到達。イトカワの表面の観察、サンプルの採集後、燃料漏れやエンジンの不具合、通信不通などトラブルが相次ぎ、帰還が危ぶまれたが、当初の予定より三年遅れた平成二十二年（二〇一〇）六月、地球に大気圏再突入した。月以外の天体に着陸した探査機が帰還した世界初の例となった。

（11）**小惑星「イトカワ」** 太陽系の小惑星。最長部は約五百四十メートル。日本のロケット開発の父である糸川英夫氏にちなみ命名された。イトカワに着陸した小惑星探査機はやぶさが持ち帰った微粒子は分析が続けられ、約四十六億年前に形成されていたことがわかった。

（12）**日本製のジェット旅客機** ＭＲＪ（ミツビシ・リージョナル・ジェット）。昭和四十九年（一九七四）に製造中止となった国産のプロペラ機「ＹＳ-11」（天皇陛下がご覧になった試験飛行は昭和三十七年［一九六二］）以来約五十年ぶりに製造された国産の旅客機であり、国産初のジェット機。平成二十七年（二〇一五）十一月十一日に試験飛行を成功させた。

（13）**木村栄博士**（一八七〇〜一九四三） 天文学者。水沢緯度観測所所長。明治三十五年（一九〇二）、緯度変化の実験式に一つの項を挿入すると、世界各地の緯度変化の観測地がほぼ接近することを発見。この項を、Ｚ項または発見者の名を取って木村項（Kimura-term）という。

（14）**有賀長雄博士**（一八六〇〜一九二一） 社会学者、法学者。元老院書記官、枢密院書記官や総理大臣秘書官などを歴任。大正二年（一九一三）、袁世凱の法律顧問となる。著書に『社会学』『国家学』など。

（15）**富士川游博士**（一八六五〜一九四〇） 医学者、医史学者。有史以前から明治初期に至る、日本医学の変遷を著した『日本医学史』において、明治四十五年（一九一二）、帝国学士院恩賜賞を受賞。

（16）**平瀬作五郎氏**（一八五六〜一九二五） 植物学者。帝国大学植物学教室の時代、イチョウの精子を発見。

明治四十五年（一九一二）、この業績により池野成一郎博士と共に帝国学士院恩賜賞を受賞。

（17）**池野成一郎博士**（一八六六～一九四三）　植物学者。東京帝国大学教授。ソテツの精子を発見、シダ植物と裸子植物の類縁関係を解明した。植物分類学、遺伝学の先駆者として知られる。

（18）**高峰譲吉**（一八五四～一九二二）　応用化学者。世界で初めてタカジアスターゼの創製、アドレナリンの結晶抽出に成功した。

（19）**高橋是清**（一八五四～一九三六）　政治家。米国への留学後、農商務省の官吏となって特許局長を務めた。その後、日本銀行総裁、大蔵大臣、商工大臣、農林大臣、内閣総理大臣などを歴任。岡田啓介内閣の大蔵大臣であった昭和十一年（一九三六）、二・二六事件で暗殺される。

（20）**堀田瑞松**（一八三七～一九一六）　彫刻家、漆工芸家。明治十八年（一八八五）に特許第一号となった錆止塗料は明治二十二年（一八八九）、軍艦高千穂の船底に塗られた。

（21）**リンネ**（Carl von Linné　一七〇七～七八）　スウェーデンの博物学者、植物学者。ウプサラ大学教授。博物、特に植物の分類を整理し、二名法を確立。「分類学の父」といわれる。

（22）**ロンドン・リンネ協会**　生物分類法の基礎を築いたスウェーデンの植物学者リンネの名を冠し、生物学のあらゆる分野にわたる研究の育成を目的として一七八八年にロンドンで設立された。リンネ協会の外国会員は、学者としての業績によって選ばれる。天皇陛下は、昭和五十五年（一九八〇）に外国会員に選ばれ、昭和六十一年（一九八六）に、その席を他の学者に譲られて名誉会員となられた。

（23）**（カール・ペーター・）ツュンベリー**（Carl Peter Thunberg　一七四三～一八二八）　スウェーデンの植物学者、医学者。安永四年（一七七五）にオランダ商館の医師として来日し、桂川甫周、中川淳庵らの蘭学者を指導。日本の植物学・医学の発展にも大きく貢献した。帰国後、ウプサラ大学でリンネの後を継ぐ。主な著書に『日本植物誌』『ヨーロッパ、アフリカ、アジア紀行』などがある。

(24) **(エンゲルベルト・)ケンペル**(Engelbert Kaempfer 一六五一~一七一六) ドイツの医師、博物学者。元禄三年(一六九〇)、長崎のオランダ商館医として赴任。滞日中に二度江戸に参府。『廻国奇観』、死後刊行された『日本誌』は、日本社会や動植物を自身の写生図と共に総合的に記した著作として、ヨーロッパ人の日本に対する関心を高めた。

(25) **山脇東洋**(一七〇五~六二) 江戸時代中期の医学者。宝暦四年(一七五四)、日本で初めて官許の下に死刑囚の解剖を行い、その成果を解剖図録『蔵志』として刊行した。

(26) **杉田玄白**(一七三三~一八一七) 江戸時代中期の医師、蘭学者。安永三年(一七七四)、前野良沢、中川淳庵と共にオランダ語の医学書『ターヘル・アナトミア』を翻訳し、『解体新書』として刊行した。晩年には回想録『蘭学事始』を著している。

(27) **桂川甫周**(一七五一~一八〇九) 江戸時代中期の医師、蘭学者。『解体新書』翻訳に最年少で参加した。著書に大黒屋光太夫の陳述をまとめた「北槎聞略」がある。

(28) **中川淳庵**(一七三九~八六) 江戸時代中期の医師、蘭学者。杉田玄白らと共に『解体新書』を翻訳した。

(29) **(フィリップ・フランツ・フォン・)シーボルト**(Philipp Franz Balthasar von Siebold 一七九六~一八六六) ドイツの医師、博物学者。文政六年(一八二三)に長崎オランダ商館医として来日。医師として診察を行ったほか、多くの蘭学者を育てた。国禁の地図持ち出しが発覚、国外追放となる。帰国後、『日本』『日本植物誌』など日本関連の書物を著した。

(30) **伊藤圭介**(一八〇三~一九〇一) 植物学者。長崎のシーボルトに師事。『泰西本草名疏』を訳述刊行し、リンネの植物分類法を紹介。主な著書に『日本産物志』『小石川植物園草木図録』などがある。

(31) **ジャンク** 中国の帆船。数本のマストに角型の船首と蛇腹式の帆が特徴の木造船。

(32) **コペルニクス**(Nicolaus Copernicus 一四七三~一五四三) 地動説を唱えたポーランドの天文学者、

聖職者。天文学界、思想界に大きな革新をもたらした。

(33) **ニュートン**（Isaac Newton　一六四三〜一七二七）　万有引力の法則を唱えたイギリスの数学者、物理学者、天文学者。そのほか、微分積分法の発見や光の分析などの業績も残し、後進の科学者たちに多大なる影響を与えた。

(34) **ラヴォアジエ**（Antoine-Laurent de Lavoisier　一七四三〜九四）　フランスの化学者。物質の燃焼の理論の確立や質量保存の法則など、近代化学の体系化に貢献した。

(35) **前野良沢**（一七二三〜一八〇三）　江戸時代中期の医師、蘭学医。蘭学を志して長崎へ留学。そこで手に入れた医学書『ターヘル・アナトミア』を杉田玄白、中川淳庵らと三年五か月かけて翻訳、『解体新書』を刊行した。

(36) **賀川玄悦**（一七〇〇〜七七）　江戸時代中期の産科医。鍼灸を生業としながら独学で産科医術を習得。通常、胎児は頭を下に向けているという正常胎位の発見などを『産論』に著した。

(37) **山尾庸三**（一八三七〜一九一七）　幕末から明治の武士、官僚であり、明治から大正時代の技術者。文久三年（一八六三）、伊藤博文ら長州藩士五人で英国に留学、造船技術を学ぶ。明治維新後に帰国、明治政府の工部省に入省し、外国人技術者の招聘や技術者の養成に尽力した。明治十三年（一八八〇）、工部卿。また、明治四年（一八七一）からは盲学校、ろう学校の設立にも取り組んだ。

(38) **福沢諭吉**（一八三四〜一九〇一）　明治時代の教育家、思想家。大坂の適塾で学び、安政五年（一八五八）、江戸で蘭学塾（後の慶應義塾）を開く。幕府の遣米使節に随行して渡米、以後欧米を視察。維新後、国民の啓蒙に尽くした。主な著書に『西洋事情』『学問のすゝめ』『文明論之概略』などがある。

第六章

御所のうちそと

昭和天皇との思い出

『昭和天皇実録』は宮内庁書陵部が中心となって多くの資料に基づき編纂《へんさん》したもので、完成までの苦労には計り知れないものがあったと察しています。携わった関係者の努力に深く感謝しています。これから折にふれ、手にとり、御事蹟《じせき》に触れていくことになると思います。このことは大変に困難な時代を歩まれた昭和天皇を、改めておしのびするよすがになろうと思っています。

昭和天皇との思い出についてはさまざまなことがありますが、夏の那須の附属邸に滞在していて、御用邸に滞在していらっしゃる昭和天皇、香淳皇后をお訪ねしたり、植物を御覧になるため、その植物の自生地にいらっしゃるのにお供をしたりしたことが懐かしく思い起こされます。実録にも私の結婚の翌年の夏の記述に「皇后及び皇太子妃と御同車にて御用邸敷地外の広谷地《ひろやじ》(1)に向かわれ、同所にてお揃いで湿地のサギソウ等を御覧になる」と記されています。

この時私は那須を離れ、地方で行われる行事に出ていたのですが、昭和天皇は生まれたばかりの浩宮を守って留守をしている美智子が寂しくないよう、香淳皇后と共に散策にお誘いくださったのではないかと思います。少し後になりますが、皇后と私とで、廻谷《めぐりや》(2)であったかと思いますが、お供した時には、皇后に水辺の白い花で、野生のスイレンであるヒツジグサの花をお教えくださいました。この二度の大切な思い出のため、皇后にとりサギソウとヒツジグサはそれ以後ずっと特別な花となっていたようで、それから大分後になって私どもが女の子に恵まれ、清子《さやこ》と名付けたその同じ日に、私どもは清子のお印にヒツジグサを選びました。昭和天皇が「大変良い」とお喜びくださったことが、うれしく思い出されます。

昭和天皇から学んだことは多いと思います。結婚前には葉山の御用邸に昭和天皇、香淳皇后と一緒に泊めていただくこともありましたから、そのような時に昭和天皇から学んだことが多くありました。人のことを常に考えることと、人に言われたからするのではなく、自分で責任をもって事にあたるということは、昭和天皇の御言動から学んだ大きなことであったのではないかと思っています。

平成二十六年十二月十九日　宮殿　天皇誕生日にあたっての記者会見から

私の立場を尊重しつつ寄り添ってくれた皇后

天皇という立場にあることは、孤独とも思えるものですが、私は結婚により、私が大切にしたいと思うものを共に大切に思ってくれる伴侶を得ました。皇后が常に私の立場を尊重しつつ寄り添ってくれたことに安らぎを覚え、これまで天皇の役割を果たそうと努力できたことを幸せだったと思っています。

これからも日々国民の幸せを祈りつつ、努めていきたいと思います。

平成二十五年十二月十八日　宮殿　天皇誕生日にあたっての記者会見から

共に旅を続けてくれた皇后へのねぎらい

明年四月に結婚六十年を迎えます。結婚以来皇后は、常に私と歩みを共にし【註】、私の考えを理解し、私の立場と務めを支えてきてくれました。また、昭和天皇をはじめ私とつながる人々を大切にし、愛情深く三人の子どもを育てました。振り返れば、私は成年皇族として人生の旅を歩み始めてほどなく、現在の皇后と出会い、深い信頼の下、同伴を求め、爾来《じらい》この伴侶と共に、これまでの旅を続けてきました。天皇としての旅を終えようとしている今、私はこれまで、象徴としての私の立場を受け入れ、私を支え続けてくれた多くの国民に衷心より感謝すると共に、自らも国民の一人であった皇后が、私の人生の旅に加わり、六十年という長い年月、皇室と国民の双方への献身を、真心をもって果たしてきたことを、心からねぎらいたく思います。

【註】お誕生日に際し宮内記者会質問に対する文書回答（平成三十年）から「二十四歳の時、想像すらできなかったこの道に招かれ、大きな不安のなかで、ただ陛下の御自身のお立場に対するゆるぎない御覚悟に深く心を打たれ、おそばに上がりました。そして振り返りますとあの御成婚の

日以来今日まで、どのような時にもお立場としての義務は最優先であり、私事はそれに次ぐもの、というその時にうかがったお言葉のままに、陛下はこの六十年に近い年月を過ごしていらっしゃいました」

平成三十年十二月二十日　宮殿　天皇誕生日にあたっての記者会見から

健康を心配してくれていることに感謝

皆が私どもの健康を心配してくれていることに、まず感謝したいと思います。この負担の軽減ということは、今年一年その方向で行われまして、やはり負担の軽減という意味はあったのではないかと思っています。しかし、この状況は、今の状況ならば、そのまま続けていきたいと思っております。また、皇后の方も足の方が昔のように、だんだんと良くなってきているようですので、非常にうれしく思っています。ただ、まだ座るということができないので、まだしばらくは座ること、たとえば賢所(3)など座らなければならないところのお参りは、これはまだしばらく無理ではないかと思っています。

【註】両陛下のご負担軽減が進められているなかで、ご自身の健康と公務の在り方に対するお考えについて問われて

平成二十一年十一月六日　宮殿　天皇陛下御即位二十年にあたっての記者会見から

一昨年《おととし》の秋から不整脈などによる体の変調があり、いくつかの日程を取り消したり、延期したりしました。これを機に公務などの負担軽減を図ることになりました。今のところこれ以上大きな負担軽減をするつもりはありません。今年に入ってからも、質問にもあったように、時に体調を崩し、日程の変更をすることがあり、心配を掛けました。自動車で道を通っている時に、よくお大事にと声を掛けられます。多くの人々が私の健康を気遣ってくれていることに深く感謝しています。

加齢のことですが、耳がやや遠くなり、周囲の人には私に話をする時には少し大きな声で話してくれるように頼んでいます。テレビのニュースなどで、アナウンサーの話していることはわかるのですが、ほかの人の会話はかなり字幕に頼ります。アナウンサーがこんなにわかりやすく話してくれているのかということを、以前は考えたこともありませんでした。

この夏軽井沢滞在中、秋篠宮一家と石尊山に登りました。登りはまあまあでしたが、下りは滑りやすく、時々後からついてきた秋篠宮や眞子に助けられました。以前登った時には考えられなかったことです。私も高齢者の一人として、私の経験した加齢現象の一端に触れましたが、加齢による症状には、年齢の若い人にはなかなか想像のしにくいことがたくさんあるのではないかと思います。高齢化が進む今日の社会において、高齢者への理解がますます進み、高齢者へ十分配慮した建物や町が整備されていくことを切に願っています。

【註】一時体調を崩されたことを踏まえ、ご自身の加齢や今後お年を重ね

られるなかでのご公務の在り方について問われて
平成二十二年十二月二十日　宮殿　天皇誕生日にあたっての記者会見から

先月マイコプラズマによる感染症を患い、入院を余儀なくされたことから、多くの人々に心配を掛けました。私の健康を気遣ってくれた人々の気持ちに対し、謝意を表します。退院から日も経ち、皇太子に委任していた国事行為も再開することができるようになり、体調も今では発病前の状態と変わらないように感じています。今後とも健康に十分気をつけながら新年にかけての行事を務めていきたいと思っています。

平成二十三年十二月二十一日　天皇誕生日にあたってのご感想

心臓の手術

今年は二月に心臓の手術を受け、多くの人々に心配を掛けました。誕生日にあたり、当時記帳に訪れてくれた人々をはじめ、今も私の健康を気遣ってくれている多くの人々に対し、感謝の気持ちを伝えたく思います。

手術の後はその影響があり、テニスをしても走って球を打つという何でもない動作がうまくいきませんでしたが、最近は以前のように球を打てるようになったような気がしています。リハビリテーションというものが実に重要なものだと感じています。農業や漁業で体を動かして仕事をしている高齢者が被災生活で体を動かさなくなった時に体を壊すという話が実感されました。心臓の病気は検査で知りました。手術を受けることを決めたのは、心筋梗塞の危険を指摘されたからでした。時期については、東日本大震災一周年追悼式に出席したいという希望をお話しし、それに間に合うように手術を行っていただきました。手術が成功したことを聞いた時は本当にうれしく感じました。執刀をされた天野順天堂大学教授をはじめ、この手術に携わった関係者に深く感謝しています。体調管理としては筋力を衰えないようにすることが大事だと考え、これまでどおり早朝の散歩を続けるほか、できるだけ体を使う運動に努めています。入院中、皇后は毎日病院に見舞いに来てくれ、本当に心強く、慰めになりました。手術後のリハビリテーションの一環として病室の近くの廊下を一緒に歩く時にはいろいろな音楽をかけてくれ、自分も楽しそうに歩いていました。家族の皆がそれぞれに心を遣ってくれていることを、うれしく思っています。

平成二十四年十二月十九日　宮殿　天皇誕生日にあたっての記者会見から

年齢を感じることも多くなり

私はこの誕生日で八十二になります。年齢というものを感じることも多くなり、行事の時に間違えることもありました。したがって、一つひとつの行事に注意深く臨むことによって、少しでもそのようなことのないようにしていくつもりです。

平成二十七年十二月十八日　宮殿　天皇誕生日にあたっての記者会見から

お孫さまとの交流

今年は、学習院初等科三年になる愛子に、登校が難しくなるという思い掛けない問題が起こり、心配しています。皇太子、皇太子妃の心配も大きいことと案じています。そのようなことから愛子と会う機会も限られ、残念ですが、交流としてお話しできるようなことはまだありません。皇后はほかの孫たち同様、愛子をとてもかわいがっており、愛子もこちらに来る時には必ず庭の花を摘んできて皇后に手渡しています。先日来た時には、飼っている猫の動画を熱心に皇后に見せていました。運動会の映像で見る愛子は、昨年と変わらず、元気に楽しんでいるようで、安堵しています。

眞子は、国際基督教大学に入学し、学生生活を楽しく過ごしているようでうれしく思っています。夏には海外英語研修プログラムに参加し、アイルランドで、ほぼ四十日間、国の異なる人々と生活を共にしています。帰国後、写真を見せて丁寧に説明してくれました。将来、大学生活を振り返り、有意義な時だったと思えるような日々を送ってほしいと願っています。

佳子は、学習院女子高等科に進学しました。眞子が高等科在学中毎年出席していた全国高等学校総合文化祭に、今年から佳子が秋篠宮、同妃に付いて出席することになりました。このような高校生の行事で、ほかの高校の生徒と話し合う機会があることは、非常に良いことと思っています。御所で、皇太子一家、秋篠宮一家が集まり、大人同士が話し合っているような時、佳子は、よく愛子や悠仁の面倒を見、一緒に遊んでくれます。佳子のこのような気遣いをうれしく思っています。

悠仁は、お茶の水女子大学附属幼稚園に入園し、楽しく幼稚園生活を送っているようです。虫が好きで、秋には生物学研究所(4)や御所の庭に来て、バッタやカマキリを捕まえたりしています。果実にも関心があり、生物学研究所のブドウの実が大きくなっていく様子を見たり、カキの実を採ったりしています。秋篠宮の誕生日に、皇后がその日庭で採った良い香りのするカリンの実を持っていって悠仁に見せたところ、悠仁はその重い実を大事に抱えて、行く先々へ持っていく姿がとてもかわいらしく見えました。

平成二十二年十二月二十日　宮殿　天皇誕生日にあたっての記者会見から

佳子内親王の国際基督教大学への進学

家族のことについては秋篠宮家の佳子が国際基督教大学で勉強することになりました。先輩の眞子から大学のことを十分に聞いた上で決めたことですから、きっと良い大学生活を送ることになると期待しています。

平成二十六年十二月十九日　宮殿　天皇誕生日にあたっての記者会見から

皇太子ご一家の現状

皇太子一家の現状については、皇太子妃が病気ですので、お答えすることは差し控えたく思います。皇太子妃の公務のことがよく言われますが、何よりも健康の回復に心掛けるよう願っています。

平成二十二年十二月二十日　宮殿　天皇誕生日にあたっての記者会見から

桂宮の薨去

私には叔父にあたる三笠宮が元気に白寿を迎えられたことは私どもの大きな喜びでした。それと共に六月の桂宮薨去《こうきょ》という悲しい出来事もあり、三笠宮、三笠宮妃のお寂しさを深くお察ししています。

平成二十六年十二月十九日　宮殿　天皇誕生日にあたっての記者会見から

三笠宮崇仁親王の薨去

十月下旬には、三笠宮崇仁親王が薨去になりました。今年の一般参賀の時には、手を振って人々に応えていらしたことが思い起こされます。戦争を経験された皇族であり、そのお話をうかがえたことは意義深いことでした。

平成二十八年十二月二十日　宮殿　天皇誕生日にあたっての記者会見から

眞子内親王の婚約

私たちの初孫である、秋篠宮家の長女眞子と小室圭さんとの婚約が九月に内定し、来年十一月に結婚いたします。大変喜ばしく、二人の幸せを願っています。

平成二十九年十二月二十日　宮殿　天皇誕生日にあたっての記者会見から

典子女王結婚式　朝見の儀

典子女王殿下

今日まで長い間深いご慈愛をもってお導きくださりましたことを謹んで御礼申し上げます。

天皇陛下

このたびはおめでとう。

今後とも二人で愛を育み、良い家庭を築いていくよう願っています。

二人の末長い幸せを祈ります。

典子女王殿下
今日まで長い間深いご慈愛をもってお導きいただきましたことを心より御礼申し上げます。

皇后陛下
このたびはおめでとう。
どうかお二人が互いに敬い合って睦まじい家庭を築き、共に良き社会人として過ごしていかれますように。
お二人の健康と幾久しいお幸せを祈ります。

平成二十六年十月二日　宮殿

絢子女王結婚式　朝見の儀

絢子女王殿下
今日まで長い間深いご慈愛をもってお導きいただきましたことを謹んで御礼申し上げます。

天皇陛下
　このたびはおめでとう。
今後とも二人で愛を育み、良い家庭を築いていくよう願っています。
二人の末長い幸福を祈ります。

絢子女王殿下
今日まで長い間深いご慈愛をもってお導きいただきましたことを謹んで御礼申し上げます。

皇后陛下
　このたびはおめでとう。
どうかお二人して良い家庭を築き、共に良い社会人として過ごしていかれますように。
お二人のご健康と幾久しいお幸せを祈ります。

平成三十年十月二十六日　宮殿

【注記】

（1）**広谷地**　栃木県那須郡那須町内の区域。那須御用邸のほど近く。

（2）**廻谷**　栃木県那須郡那須町内の区域。

（3）**賢所**　皇霊殿、神殿と共に宮中三殿の一つであり、皇祖天照大御神が祀られている。

（4）**生物学研究所**　昭和三年（一九二八）、昭和天皇が生物学の研究を行うために皇居内につくられた施設。施設内の田圃ではその年の新嘗祭で用いられる米を栽培するために天皇自ら、種まき、田植え、稲刈りを行われている。

第七章

御製（ぎょせい）

平成二十一年

歌会始御題　生

生きものの織りなして生くる様《さま》見つつ皇居に住みて十五年経《へ》ぬ

【註】平成五年十二月に現在の御所に移居されて以来、皇居内で多様な生物が互いに影響し合って生きている様子をご覧になりながら過ごされた十五年の感慨を詠まれた御製。

結婚五十年にあたり皇宮警察音楽隊の演奏を聞く

我が妹《いも》と過ごせし日々を顧みてうれしくも聞く祝典の曲

【註】両陛下の御成婚五十年にあたる平成二十一年四月十日、両陛下は奉祝行事の続くなか、宮内庁庁舎前の記帳所にお出ましになり、團伊玖磨氏（1）がご結婚の際に作曲した「祝典行進曲」などを、記帳者と共にお聞きになった。この御製は、その折のことを詠まれたもの。

カナダ訪問

若き日に旅せしカナダ此度《こたび》来て新しき国の姿感じぬ

【註】陛下には、昭和二十八年、エリザベス女王陛下の戴冠式にご出席の途次、カナダ国を訪問された。この御製は、この年七月、五十六年ぶりに再訪されたカナダでのご印象を詠まれたもの。

即位二十年の国民祭典にて

日の暮れし広場に集ふ人と聞く心に染《し》むる「太陽の国」

【註】この年十一月十二日、陛下の御即位二十年を祝う「国民祭典」が皇居前広場で催された。両陛下は午後六時半過ぎに二重橋にお出ましになり、多くの人の奉迎に提灯でお応えになり、男性音楽ユニットのエグザイルが歌う奉祝曲「太陽の国」をお聞きになった。この御製は、その時のことを詠まれたもの。

御所の庭にて

取り木して土に植ゑたるやまざくら生くる冬芽の姿うれしき

【註】陛下は、平成二十年、庭園課の職員に教えられながら、初めてヤマザクラの取り木をなさったが、成功しなかった。この年は

十本の取り木を試みられ、そのうち二本は土に植えられ、しっかりした冬芽を宿し、生きていることを示している。この御製は、このことを詠まれたもの。

即位のころをしのびて

父在《ま》さば如何《いか》におぼさむベルリンの壁崩されし後の世界を

【註】昭和天皇が崩御された年の十一月、ベルリンの壁が崩壊し世界は大きく変わってきた。この御製は、昭和天皇が御在世ならばこのことについてどう思われただろうかと、即位の年に起きた大きな出来事を振り返って詠まれたもの。

第六十回全国植樹祭　福井県

生徒らの心を込めて作りたる鍬《くは》を手に持ち苗植ゑにけり

第六十四回国民体育大会　新潟県

地震《なゐ》による禍《まが》重なりしこれの地に人ら集ひて国体開けり

平成二十二年

歌会始御題　光

木漏れ日の光を受けて落ち葉敷く小道の真中《まなか》草青みたり

【註】吹上御苑内の小道を御散策の折、光が木々の間から差し込んでいる所には、草が青く生えている情景をご覧になって詠まれた御製。

石尊山登山

長き年の後に来たりし山の上《へ》にはくさんふうろ再び見たり

【註】陛下は、皇太子時代に御家族でしばしば訪れた石尊山に、この年八月、秋篠宮御一家と共に約三十年ぶりにお登りになった。この御製は、石尊山山頂に当時と変わらずハクサンフウロが咲いているのをご覧になって詠まれたもの。

大山千枚田

刈り終へし棚田に稲葉青く茂りあぜのなだりに彼岸花咲く

【註】この年九月、両陛下は、千葉県で開催された国民体育大会御臨席の機会に大山千枚田を御視察になった。この御製は、刈り終えた後に稲の葉が茂る棚田とあぜの斜面に咲くヒガンバナをご覧になって詠まれたもの。

虫捕りに来し悠仁に会ひて

遠くより我妹《わぎも》の姿目にしたるうまごの声の高く聞え来《く》

【註】悠仁親王殿下は、秋篠宮妃殿下と共に、虫を捕りながら皇居内生物学研究所から御所のお庭を通って、両陛下を御訪問になった。この御製は、両陛下が御所からお庭に出られた時に、悠仁親王殿下がお庭の向こうから皇后さまのお姿を見つけ、声を上げられた様子を詠まれたもの。

遷都千三百年にあたり

研究を重ねかさねて復原せし大極殿《だいごくでん》いま目の前に立つ

【註】両陛下は、この年十月、平城遷都千三百年記念祝典御臨席のため、奈良県を御訪問になった。この御製は、長年にわたる発掘調査とその研究成果をもとに復原された第一次大極殿を訪れた時のことを詠まれたもの。

奄美大島豪雨災害

被災せる人々を案じテレビにて豪雨に広がる濁流を見る

【註】この年十月、鹿児島県奄美大島を激しい豪雨が襲い、死者を伴う大きな被害をもたらした。この御製は、被災した人々のことをお案じになり、テレビのニュースに映し出された災害の様子をご覧になった時のことを詠まれたもの。

第六十一回全国植樹祭　神奈川県

雨の中あまたの人と集ひ合ひ苗植ゑにけり足柄の森に

第三十回全国豊かな海づくり大会　岐阜県

手渡せるやまめは白く輝きて日本海へと川下りゆく

第六十五回国民体育大会　千葉県

花や小旗振りて歩める選手らに声援の声高まりて聞こゆ

明治神宮鎮座九十年

新たなる知識世界に求めつつ国を築きし御代をしのびぬ

平成二十三年

歌会始御題　葉

五十年《いそとせ》の祝ひの年に共に蒔きし白樺の葉に暑き日の射す

【註】御成婚五十年にあたる平成二十一年の立春、陛下は皇后さまと御一緒に御所の近くに植えられた白樺から種を採り、お蒔きになった。この御製は、その種から育った若木の葉に夏の暑い日の光があたっている情景をご覧になって詠まれたもの。

東日本大震災の津波の映像を見て

黒き水うねり広がり進み行く仙台平野をいたみつつ見る

【註】この御製は、この年三月十一日の東日本大震災発生にあたり、被害の状況を御心配になり、テレビをご覧になった時のことを詠まれたもの。

東日本大震災の被災者を見舞ひて

大いなるまがのいたみに耐へて生くる人の言葉に心打たるる

【註】両陛下は、東日本大震災の被災者お見舞いのため、被災地や各地に設けられた避難所を御訪問になった。この御製は、その時のことをお詠みになったもの。

東日本大震災後相馬市を訪れて

津波寄すと雄々しくも沖に出でし船もどりきてもやふ姿うれしき

【註】東日本大震災の時、福島県相馬市においては、地震後直ちに船を沖合へと避難させることにより、多くの船が無事に港へと帰ってくることができた。この御製は、この年五月十一日に御訪問になった相馬市において、この説明をお聞きになり、戻ってきた船をご覧になった時のお気持ちを詠まれたもの。

共に喜寿を迎へて

五十《いそ》余《よ》年《とせ》吾《あ》を支へ来し我が妹《いも》も七《なな》十《とせ》七《なな》の歳迎へたり

【註】この年十月二十日、皇后さまは七十七歳のお誕生日をお迎えになり、両陛下共に七十七歳におなりになった。この御製は、御成婚後皇后さまと共にお過ごしになった日々を振り返ってお詠みになったもの。

仮設住宅の人々を思ひて

被災地に寒き日のまた巡り来ぬ心にかかる仮住まひの人

【註】この御製は、再び厳しい寒さが訪れる被災地において、仮設住宅など住環境が十分でないところに暮らす人々にお心をお寄せになり、お詠みになったもの。

第六十二回全国植樹祭　和歌山県

県木のうばめがしの苗植ゑにけり田辺の会場雨は上がりて

第六十六回国民体育大会　山口県

山口と被災地の火を合はせたる炬火持ちて走者段登り行く

第三十一回全国豊かな海づくり大会　鳥取県

鳥取の海静かにて集ふ人と平目きじはたの稚魚放しけり

平成二十四年

歌会始御題　岸

津波来《こ》し時の岸辺は如何なりしと見下ろす海は青く静まる

【註】この御製は、平成二十三年五月六日、東日本大震災被災地お見舞いのため岩手県に行幸啓になった際、釜石市と宮古市の間をヘリコプターにお乗りになり、津波により大きな被害を受けた被災地を上空からご覧になった時の印象を詠まれたもの。

心臓手術のため入院

手術せし我が身を案じ記帳せるあまたの人の心うれしき

【註】この年二月十八日、陛下は冠動脈バイパス手術をお受けになり、三月四日に御退院になった。この間皇居等にお見舞い記帳に訪れた多くの人々に対する感謝のお気持ちをお詠みになった御製。

仙台市仮設住宅を見舞ふ

禍《まが》受けて仮設住居に住む人の冬の厳しさいかにとぞ思ふ

【註】両陛下は、この年五月、東日本大震災の被災者を、仙台市の仮設住宅にお見舞いになった。この御製は、仮設住宅において寒さの厳しい冬を過ごす人々にお心をお寄せになり、お詠みになったもの。

即位六十年にあたり英国の君に招かれて

若き日に外国《とつくに》の人らと交はりし戴冠式をなつかしみ思ふ

【註】陛下は英国エリザベス二世女王陛下の戴冠式が行われた昭和二十八年、昭和天皇の名代として十九歳で式に御参列になり、女王陛下をはじめ各国からの代表とお会いになった。この御製は、この年五月の女王陛下即位六十周年に伴う英国御訪問にあたり、戴冠式での御経験を思い起こされ、お詠みになったもの。

沖縄県訪問

弾を避けあだんの陰にかくれしとふ戦《いくさ》の日々思ひ島の道行く

【註】両陛下は、この年十一月、全国豊かな海づくり大会御臨席のため沖縄県を御訪問になった。この御製は、道からあだんの木を御覧になった際、弾を避けてあだんの木の陰に隠れたという沖縄戦のことを思い起こされ、お詠みになったもの。

明治天皇崩御百年にあたり

様々の新しきこと始まりし明治の世しのび陵《みささぎ》に詣づ

【註】両陛下は、明治天皇崩御百年にあたり、この年十二月、京都府の明治天皇陵と昭憲皇太后陵を御参拝になった。この御製は、その時のことをお詠みになったもの。

第六十三回全国植樹祭　山口県

海近き開拓地なるきらら浜に県木あかまつを人らと植うる

第六十七回国民体育大会　岐阜県

小旗振りて通りて行ける選手らの笑顔うれしく手を振り返す

第三十二回全国豊かな海づくり大会　沖縄県

ち《チ》ゆ《ュ》ら《ラ》海《ウミ》よ《ユ》願て《ニガティ》糸満《イチュマン》の《ヌ》海《ウミ》に《ニ》み《ミ》ー《ー》ば《バ》い《イ》と《トゥ》た《タ》ま《マ》ん《ン》小魚《クイユ》放ち《ハナチ》

※琉歌

平成二十五年

歌会始御題　立

万座毛《まんざもう》に昔をしのび巡り行けば彼方《あがた》恩納《おんな》岳さやに立ちたり

【註】平成二十四年十一月、両陛下が、沖縄県で開催された全国豊かな海づくり大会の機会に恩納村の万座毛にお出でになった際、この地と恩納岳が琉歌に詠まれた十八世紀の琉球王朝の時代に思いを致され、お詠みになった御製。

あんずの里

赤き萼《がく》の反りつつ咲ける白き花のあんず愛でつつ妹と歩みぬ

【註】両陛下は、この年四月、長野県を御訪問になり、千曲市のあんずの里スケッチパークにおいて、あんずの花を御覧になった。この御製は、その時の情景をお詠みになったもの。

大山《だいせん》ロイヤルホテルにて

大山を果たてに望む窓近く体かはしつついはつばめ飛ぶ

【註】両陛下は、この年五月、全国植樹祭御臨場のため鳥取県を御訪問になり、伯耆町の大山ロイヤルホテルにお泊まりになった。この御製は、大山を望むホテルのお部屋の窓近くを、イワツバメが体をかわしながら飛ぶ光景を御覧になり、お詠みになったもの。

水俣を訪れて

患ひの元知れずして病みをりし人らの苦しみいかばかりなりし

【註】両陛下は、この年十月の全国豊かな海づくり大会御臨席のための熊本県行幸啓の際、海上歓迎行事御臨席及び御放流のため水俣市を御訪問になり、その折、水俣病患者とお会いになった。この御製は、原因がわからないまま長年病気に苦しんできた水俣病患者にお心をお寄せになり、お詠みになったもの。

皇居にて　二首

年毎に東京の空暖かく紅葉《もみぢば》赤く暮れに残れり

【註】この御製は、東京の気候が年毎に暖かくなり、年末になっても皇居の紅葉がまだ赤く残っている様子をお詠みになったもの。

被災地の冬の暮らしはいかならむ陽《ひ》の暖かき東京にゐて

【註】両陛下は、前々年及び前年に引き続きこの年も東日本大震災の被災地を御訪問になり、被災者をお見舞いになった。この御製は、被災地において厳しい冬を過ごす人々に思いを寄せられ、お詠みになったもの。

第六十四回全国植樹祭　鳥取県

大山の遠くそびゆる会場に人らと集ひて苗植ゑにけり

第六十八回国民体育大会　東京都

車椅子の人とならびて炬火を持つ人走り行く日暮れの会場

第三十三回全国豊かな海づくり大会　熊本県

あまたなる人の患ひのもととなりし海にむかひて魚放ちけり

平成二十六年

歌会始御題　静

慰霊碑の先に広がる水俣の海青くして静かなりけり

【註】両陛下は、平成二十五年十月の全国豊かな海づくり大会御臨席のための熊本県行幸啓の際、海上歓迎行事御臨席及び御放流等のため水俣市を初めて御訪問になった。水俣市では、御到着後すぐに、水俣病慰霊の碑に御供花されたが、その折、慰霊碑の先にひろがる水俣の海を御覧になり、お詠みになった御製。

神宮参拝

あまたなる人らの支へ思ひつつ白木の冴ゆる新宮《にひみや》に詣づ

【註】両陛下は、この年三月、前年式年遷宮を終えた神宮を御参拝になった。この御製は、御参拝に際しお感じになった式年遷宮（2）に尽力した多くの人々への感謝のお気持ちをお詠みになったもの。

来たる年が原子爆弾による被災より七十年経つを思ひて

爆心地の碑に白菊を供へたり忘れざらめや往《い》にし彼《か》の日を

【註】両陛下は、この年十月、第六十九回国民体育大会御臨場等のための長崎県行幸啓の折、原子爆弾の爆心地に建立された碑に御供花になった。この御製は、翌年が原爆による被災から七十年を迎える節目の年であることに思いを致され、原爆の惨禍を忘れてはならないとのお気持ちを込めて御供花になったことをお詠みになったもの。

広島市の被災地を訪れて

いかばかり水流は強くありしならむ木々なぎ倒されし一すぢの道

【註】両陛下は、この年十二月、同年八月に発生した豪雨災害による被災地お見舞い等のため広島県を御訪問になった。この御製は、広島市安佐南区の被災現場を御視察になり、甚大な被害をもたらした水の流れの凄まじさをお感じになってお詠みになったもの。

第六十五回全国植樹祭　新潟県

十《と》年《とせ》前地《な》震《ゐ》襲ひたる地を訪ねぶなの苗植う人らと共に

第六十九回国民体育大会　長崎県

台風の近づきて来る競技場入り来たる選手の姿たのもし

第三十四回全国豊かな海づくり大会　奈良県

若きあまごと卵もつあゆを放ちけり山《やま》間《あひ》深き青き湖《うみ》辺に

平成二十七年

歌会始御題　本

夕やみのせまる田に入り稔りたる稲の根本に鎌をあてがふ

【註】陛下は、毎年、春には種籾をお播きになり、初夏には二百株を何日かに分けてお田植えになり、秋には同様にして稲を刈り取られる。この御製は、秋の夕闇が迫るなか、稲刈りをなさっている時のことをお詠みになったもの。
※一部は根付きの稲として、神宮の神嘗祭（3）にお供えになる。

第六十六回全国植樹祭

父君の蒔《ま》かれし木より作られし鍬を用ひてくろまつを植う

【註】昭和五十八年に石川県で開催された第三十四回全国植樹祭の際、昭和天皇はスギの種子をお手蒔きになった。この年五月の同県での全国植樹祭においてこのスギの間伐材でつくられた鍬をお使いになって、クロマツの苗木をお手植えになったことをお詠みになっている。

第七十回国民体育大会開会式

作られし鯨もいでて汐を吹く集団演技もて国体開く

【註】この年九月に和歌山県で開催された国民体育大会開会式に御臨席になった際、式典前演技において大型の鯨の模型が競技場の中央に引き出され、汐を吹く様を表した様子を御覧になっての御製。

第三十五回全国豊かな海づくり大会

深海の水もて育てしひらめの稚魚人らと放つ富山の海に

【註】この年十月、富山県での全国豊かな海づくり大会において、富山湾の深層水で育てられたヒラメの稚魚を御放流になったことをお詠みになったもの。

戦後七十年にあたり、北原尾《きたはらお》、千振《ちふり》、大日向《おおひなた》の開拓地を訪《と》ふ

開拓の日々いかばかり難《かた》かりしを面《おも》穏やかに人らの語る

【註】戦後七十年にあたるこの年、両陛下は、六月から八月にかけて、戦後の引き揚げ者により開拓された宮城県蔵王町北原尾《きたはらお》地区、栃木県那須町千振《ちふり》地区、長野県軽井沢町大日向《おおひなた》地区を御訪問にな

った。この御製は、各地区で入植者らと懇談され、その話をお聞きになられた時のことを詠まれたもの。

新嘗祭近く

この年もあがたあがたの田の実りもたらさるるをうれしく受くる

【註】新嘗祭（4）においては、毎年、各都道府県の農家から献上された新穀が供えられており、両陛下は、各都道府県の関係者と献上農家にお会いになって感謝の気持ちをお伝えになる。この年も新嘗祭が近づき、新穀の献上を受けられての御製。

平成二十八年

歌会始御題　人

戦ひにあまたの人の失せしとふ島緑にて海に横たふ

【註】両陛下は、平成二十七年四月、慰霊のためパラオ共和国を訪問された。この御製は、さきの戦争の激戦地ペリリュー島で西太平洋戦没者の碑にご供花になり、引き続いて、そのそばから見えるアンガウル島に向かって拝礼された時のことをお詠みになったもの。

第六十七回全国植樹祭

山々の囲む長野に集《つど》ひ来て人らと共に苗木植ゑけり

【註】両陛下は、この年六月、全国植樹祭御臨場のため、長野県においでになった。この御製は、その折にヒノキ、ウラジロモミ及びコウヤマキの苗木をお手植えになった時のことをお詠みになったもの。

第三十六回全国豊かな海づくり大会

鼠《ねず》ヶ《が》関《せき》の港に集《つど》ふ漁船《いさりぶね》海人《あま》びと手を振り船は過ぎ行く

【註】この年の全国豊かな海づくり大会は、九月に山形県で開催された。海上歓迎行事及びご放流行事の会場となった鶴岡市鼠ヶ関港において、山形県内のさまざまな漁法を行う漁船が両陛下や列席者の前を通って沖へ向かった時のことをお詠みになった御製。

第七十一回国民体育大会開会式

大いなる災害受けし岩手県に人ら集《つど》ひて国体開く

【註】この年九月末から十月にかけて、両陛下は、東日本大震災からの復興状況御視察と国民体育大会御臨場のため、岩手県を訪問された。被災三県では大震災後初めて開催される国体で、犠牲者に対する黙とうに始まる開会式のことを詠まれた御製。

平成二十八年熊本地震被災者を見舞ひて

幼子の静かに持ち来《こ》し折り紙のゆりの花手に避難所を出づ

【註】両陛下は、この年五月、前月の地震で大きな被害を受けた熊本県をお見舞いになった。この御製は、益城町にて、避難所となっている益城中央小学校の体育館をお見舞いになった折、小学生の女児から色紙でつくった百合の花束を受け取られた時のことを詠まれたもの。

満蒙開拓平和記念館にて

戦の終りし後《のち》の難《かた》き日々を面《おも》おだやかに開拓者語る

【註】両陛下は、この年十一月、長野県阿智村にある満蒙開拓平和記念館をご訪問になり、満蒙開拓に従事し戦後現地で、また、引き揚げの途次で過酷な苦労を味わい、現在は同館で語り部を務める人らと懇談された。この御製は、今は穏やかな面差しで当時のことを語る人々に思いを寄せられ、お詠みになったもの。

平成二十九年

歌会始御題　野

邯鄲《かんたん》の鳴く音《ね》聞かむと那須の野に集《つど》ひし夜《よる》をなつかしみ思ふ

【註】両陛下は、夏の時期、那須御用邸で数日間をお過ごしになる。那須御用邸では、陛下のご意向を受け、平成九年以降、計十年間にわたって、栃木県立博物館が中心となり敷地内の動植物相調査が行われ、報告書にとりまとめられた。この御製は、嚶鳴亭《おうめい》（5）近くで、夜間、研究者から説明をお聞きになり、邯鄲の声をお聞きになった時のことを思い起こされてお詠みになったもの。

第六十八回全国植樹祭

無花粉のたてやますぎを植ゑにけり患ふ人のなきを願ひて

【註】この年の全国植樹祭は、五月に富山県で開催された。この御製は、その折に、改良によってつくられた花粉をまったく飛ばさない品種のタテヤマスギの苗木をお手植えになった時のことをお詠みになったもの。

第七十二回国民体育大会開会式

会場の緑の芝生色映えてえひめ国体の選手入り来る

【註】両陛下は、この年九月、国民体育大会御臨場のため、愛媛県においでになった。色鮮やかな芝生の愛媛県総合運動公園陸上競技場に選手団が入場してくる時の様子をお詠みになった御製。

第三十七回全国豊かな海づくり大会

くろあはびあさりの稚貝《ちがひ》手渡しぬ漁《すなど》る人の上思ひつつ

【註】この年十月、両陛下は、全国豊かな海づくり大会御臨席のため、福岡県を訪問された。式典行事において、関係する漁に携わる漁業者のことをお思いになりながら、沖で放流されるクロアワビとアサリの稚貝を漁業者にお手渡しになったことを詠まれた御製。

ベトナム国訪問

戦《いくさ》の日々人らはいかに過ごせしか思ひつつ訪《と》ふベトナムの国

【註】両陛下は、この年二月から三月にかけて、ベトナム国を初めてご訪問になった。この御製は、第二次世界大戦後もさまざまな

戦争や紛争を経験し、その後に発展を遂げてきたベトナム国の来し方に思いを馳せられてお詠みになったもの。

タイ国前国王弔問

亡き君のみたまの前に座りつつ睦《むつ》びし日々を思ひ出でけり

【註】この年三月、ベトナム国ご訪問の途次、両陛下は、プミポン前国王のご弔問のため、タイ国にお立ち寄りになった。前国王及びシリキット王妃陛下が国賓として我が国をご訪問になった翌年の昭和三十九年に昭和天皇の御名代としてタイ国ご訪問以来、半世紀を超える親しいご交流を思い出されながら、王宮内に安置された前国王の棺の前でお別れの時をお過ごしになった折のことをお詠みになった御製。

平成三十年

歌会始御題　語

語りつつあしたの苑《その》を歩み行けば林の中にきんらんの咲く

【註】両陛下は、毎日早朝に吹上御苑をご散策になることを日課とされているが、特に毎日曜日は、東御苑を訪ねられ、二の丸、本丸の庭園をご覧になる。この御製は、春、ご散策の途中二の丸庭園の雑木林のなかで珍しいキンランをお見つけになった時のことをお詠みになったもの。
※キンランは、陛下が戦後間もない時期に小金井にお住みになった時に初めてご覧になった、お懐かしい思い出のある花。

第六十九回全国植樹祭

生ひ立ちて防災林に育てよとくろまつを植う福島の地に

【註】両陛下は、この年六月、全国植樹祭御臨席のため、福島県においでになった。東日本大震災で大きな被害を受けた地域に海岸防災林を育てるため、クロマツの苗木をお手植えになった時のことを詠まれた御製。

第七十三回国民体育大会開会式

あらし迫る開会前《まへ》の競技場福井の人ら広がりをどる

【註】この年九月、両陛下は、国民体育大会御臨場のため、福井県をご訪問になった。この御製は、近づく台風の影響を受け、雨が降りしきる福井県営陸上競技場において、開会式前に地元の人々が吹奏楽を奏し、雨のなかで健気《けなげ》に踊る様をご覧になった時のことをお詠みになったもの。

第三十八回全国豊かな海づくり大会

土佐の海にいしだひを放つこの魚《うを》を飼ひし幼き遠き日しのぶ

【註】陛下は、学校の夏休みの時期沼津御用邸にご滞在の折、地びき網にかかったイシダイなどの稚魚を水槽でお飼いになっておられた。この年十月に高知県で開催された全国豊かな海づくり大会において、当時のことを懐かしく思い出されながらイシダイを御放流になったことをお詠みになった御製。

沖縄県訪問

あまたなる人ら集ひてちやうちんを共にふりあふ沖縄の夜

【註】両陛下は、この年三月、沖縄県をご訪問になった。この御製は、一日の行事を終えられた後、那覇市のお泊まり所で地元有志による提灯奉迎の時に、遠距離であっても、お互いに語り合うように灯を振り合われた思い出をお詠みになったもの。

西日本豪雨

濁流の流るる様を写し出だすテレビを見つつ失せしをいたむ

【註】「平成三十年七月豪雨」(いわゆる「西日本豪雨」)(6)は、西日本の広い地域に河川の氾濫や土砂崩れなど大きな被害をもたらしたが、その様子を伝えるテレビニュースをご覧になった時のことをお詠みになった御製。九月には、特に被害の大きかった広島県、岡山県及び愛媛県をご訪問になり、被災者をお見舞いになった。

平成三十一年

歌会始御題　光

贈られしひまはりの種は生え揃ひ葉を広げゆく初夏の光に

【註】平成十七年（二〇〇五）に阪神・淡路大震災十周年追悼式典のため兵庫県に行幸啓になった折、御懇談になった遺族代表の少女から両陛下に「はるかのひまわり」の種子が贈られた。両陛下はこの種を御所のお庭にお播きになり、翌年以降も毎年、花の咲いた後の種を採り育て続けてこられた。この御製は、このヒマワリが成長していく様をお詠みになったもの。
※「はるかのひまわり」は、阪神・淡路大震災で犠牲になった当時小学校六年生の加藤はるかさんの自宅跡地にその夏に咲いたヒマワリで、地元の人々が鎮魂と復興の象徴にと、種子を採って各地にひろげたもの。

【注記】

（1）**團伊玖磨**（一九二四〜二〇〇一）　作曲家、随筆家。オペラや交響曲などのクラシック音楽のほか、童謡や映画音楽など幅広いジャンルの楽曲で数多くの作曲をした。

（2）**式年遷宮**　伊勢神宮で二十年ごとに社殿を新造し、旧殿から御神体を移す行事。

（3）**神嘗祭**　宮中祭祀の一つ。毎年十月十七日に宮中および伊勢神宮で行われる。その年に収穫された新穀を天照大御神に奉る儀式。

（4）**新嘗祭**　天皇陛下が、神嘉殿において新穀を皇祖はじめ神々にお供えになって、神恩を感謝された後、陛下自らもお召し上がりになる祭典。宮中恒例祭典のなかの最も重要なもの。天皇陛下自らご栽培になった新穀もお供えになる。

（5）**嚶鳴亭**　那須御用邸の敷地内の山林のなかにある休憩所。昭和五年（一九三〇）建築。

（6）**平成三十年七月豪雨（西日本豪雨）**　平成三十年（二〇一八）六月二十八日から七月八日にかけて、西日本を中心に全国的に広い範囲で発生した集中豪雨。前線の停滞と台風七号の影響により、記録的な大雨が降り続いた。六月二十八日から七月八日までの総降水量が四国地方で千八百ミリ、東海地方で千二百ミリを超えるところもあり、これに伴い、河川の氾濫、浸水害、土砂災害等が発生した。死者二百三十七人、行方不明者八人となる甚大な災害となった。

第八章

陛下のお側にあって

――皇后陛下――

第一節◉御即位二十年にあたっての記者会見より

〔宮内記者会代表質問〕

――この二十年間、天皇陛下は「象徴」としてどうあるべきかを考え、模索しながら実践してこられた日々だったと思います。日本国憲法では「天皇は、日本国の象徴であり日本国民統合の象徴」と明記していますが、その在り方を具体的には示していません。陛下はご結婚五十年の記者会見で「象徴とはどうあるべきかということはいつも私の念頭を離れず、その望ましい在り方を求めて今日に至っています」と述べられました。平成の時代につくり上げてこられた「象徴」とは、どのようなものでしょうか。戦後六十四年が経ち、四人に三人が戦後生まれとなって戦争の記憶が遠ざかる一方で、天皇陛下が即位されてからも国内外の環境は激変しています。天皇陛下をお支えするという立場から、これまでの平成の時代を振り返っての気持ち、お考えをお聞かせください。

戦後新憲法により、天皇のご存在が「象徴」という、私にとっては不思議な言葉で示された昭和二十二年、私はまだ中学に入ったばかりで、これを理解することは難しく、何となく意味の深そうなその言葉を、ただそのままに受け止めておりました。

御所に上がって五十年が経ちますが、「象徴」の意味は、今も言葉には表し難く、ただ、陛下が「国の象徴」また「国民統合の象徴」としての在り方を絶えず模索され、そのことをお考えになりつつ、それにふさわしくあろうと努めておられたお姿のなかに、常にそれを感じてきたとのみ、答えさせていただきます。

二十年の回想ですが、平成の時代は、先に陛下もご指摘のように、ベルリンの壁の崩壊とほぼ時を同じゅうして始まりました。ソ連邦が解体し、ユーゴスラビア(1)もそれぞれの共和国に分かれ、たくさんの新しい国が誕生しました。新しい国から大使をお迎えする時、よく地図でその国の場所を確かめました。冷戦の終結に続く平和の到来を予想していましたが、その後少なからぬ地域で紛争が起こり、テロ行為も増し、昨今も各地で人命が失われています。地球温暖化、世界的金融危機、さまざまな新しい感染症の脅威など、世界的な規模で取り組まねばならぬ問題も多く、さまざまな意味で世界をより身近に感じるようになった二十年間でした。

国内においては、阪神・淡路大震災をはじめとし、大規模な自然災害が多く、被災した人々の悲しみは想像を絶するものであったと思います。災害の予知能力が高められ、予防の対策が進み、災害への備えが常にあることを切に願っています。高齢化・少子化・医師不足も近年大きな問題として取り上げられており、いずれも深く案じられますが、高齢化が常に「問題」としてのみ取り扱われることは少し残念に思います。本来日本では還暦、古希など、その年ごとにこれを祝い、また、近年では減塩運動や検診が奨励され、長寿社会の実現を目指していたはずでした。高齢化社会への対応はさまざまに検討され、きめ細かになされていくことを願いますが、同時に九十歳、百歳と生きていらした方々を皆して寿《ことほ》ぐ気持ちも失いたくないと思います。

身内での一番大きな出来事は、平成十二年の皇太后さまの崩御でした。お隠れの夜は月が明るく、今はご両親陛下をお二方共にお亡くしになった陛下のお後《あと》を、吹上から御所へと歩いて帰った時のことが悲しみと共に思い出されます。

平成二十年の区切りの年にあたり、陛下と共に国の安寧と人々の幸せを心から祈念いたします。

［宮内記者会代表質問］

――両陛下はこの二十年、常に国民と皇室の将来を案じてこられたと思いますが、皇室についてはこの先、皇族方の数が非常に少なくなり、皇位の安定的継承が難しくなる可能性があるのが現状です。昨年末の天皇陛下のご不例の際、羽毛田信吾宮内庁長官はご心痛の原因の一つとして「私的な所見」と断った上で「皇統をはじめとする諸々の問題」と発言し、皇室の将来を憂慮される天皇陛下の一面を明らかにしました。両陛下は皇室の現状、将来をどのようにお考えでしょうか。皇太子ご夫妻、秋篠宮ご夫妻をはじめとする次世代の方々に期待することも交えながらお聞かせください。

皇位の安定継承という点に関しては、私も現状は質問のとおりだと思います。それについて陛下のお答えに私として付け加えるものは、何もありません。【註】

幸せなことに、東宮も秋篠宮も孫として昭和天皇のおそばで過ごす機会をたびたびにいただき、また成人となってからは、陛下をお助けするなかでそのお考えに触れ、日々のお過ごしようをつぶさに拝見し、それぞれの立場への自覚を深めてきたことと思います。これからも二人がお互いを尊重しつつ、補い合って道を歩み、家族も心を合わせてそれを支えていってくれることを信じ、皇室の将来を、これからの世代の人々の手にゆだねたいと思います。

【註】「皇位の継承という点で、皇室の現状については、質問のとおりだと思います。皇位継承の制度に関わることについては、国会の論議にゆだねるべきであると思いますが、将来の皇室の在り方については、皇太子とそれを支える秋篠宮の考えが尊重されることが重要と思います。二人は長年私と共に過ごしてきており、私を支えてくれました。天皇の在り方についても十分考えを深めてきていることと期待しています」

［在日外国報道協会代表質問］

——陛下が即位なさったのは、いわゆるバブル経済のただなかでありましたが、この二十年は日本にとって大変厳しい時となりました。ご存じのように高齢化が進み、人口が減少し始め、経済は不安定です。両陛下は、日本の将来に何かご心配をお持ちでしょうか。お考えをお聞かせください。

今、質問のなかで指摘されているような問題で、日本の将来をまったく心配していないということではありませんが、私はむしろ今すでに世界的に蔓延する徴候を見せており、特に若年層に重い症状の出る新型インフルエンザのこと、また、今後日本に起こり得る大規模な自然災害のことが心配で、どうか大事《だいじ》なく、人々の暮らしの平穏が保たれていくよう願っています。

国の進む道で、避け得る災難は、人々の想像の力と英知ででき得る限りこれを防がねばなりませんが、不測のことも起こり得ないことではなく、これからの日本の前途にも、さまざまな大小の起伏があることと思います。

振り返ると、私がこれまで生きてきた年月の間にも、さきの大戦があり、長い戦後と、人々の並々ならぬ努力によって成し遂げられた戦後の復興がありました。多くの苦しみ喜びを、人々は共に味わい、戦後六十年の歴史をたどってきたと思います。

近年日本の社会にもさまざまな変化が起こり、家族が崩壊したり、人々が孤立していく傾向が見られますが、一方、社会が個人を支えていこうとする努力や、地域が高齢者や子どもたちを守っていこうとする努力も其処《そこ》ここで見られ、また、民間の各種の支援運動も増えて、人と人、家族、社会と個人など、人間関係の在り方が、今一度真剣に考え出されているように思われます。

この十数年の経験で、陛下もお触れになりましたが、これまでに訪れた被災地の各所で、かつて自身も被災者だったという人々によく出会いました。苦しかった時に人々から受けたご恩を、今度は自分が、新たに被災した地域でお返ししたかった、と誰もが話していました。

被災地で目にした、こうした連帯意識に溢れた行動は、同じく私どもがどの被災地でも必ず感じる、逆境における人々の立派さ――自制、忍耐、他への思いやり、健気《けなげ》さ――などとともに、自らも状況に心を痛めておられる陛下に、どれだけの希望と勇気をお与えしたか計り知れません。心配をもちつつも、陛下と共にこの国の人々の資質を信じ、これからも人々と共に歩んでいきたいと思います。

［関連質問］

――天皇陛下におかれましては、昨年ご体調を崩されて一時公務を休まれました。皇后陛下におかれましても、ひざを怪我《けが》をされて万全な状態ではないとおうかがいしております。両陛下のご負担軽減が進められているなかで、ご自身の健康と公務の在り方についてどのようにお考えになっていますでしょうか。お聞かせください。

健康を案じていただいてありがとうございます。自分の不注意で転んでしまい心配をお掛けいたしました。陛下が仰せくださったように【註】だんだんと快方に向かっておりますし、もう少し早く治ってほしいと思うこともありますが、野球の松井さん(2)に見習って私も忍耐強く治したいと思います。御公務については、陛下が仰せくださいましたので、【註】それで私の申し上げることも特にはございません。

【註】「この負担の軽減ということは、今年一年その方向で行われまして、やはり負担の軽減という意味はあったのではないかと思っています。しかし、この状況は、今の状況ならば、そのまま続けていきたいと思っております。また、皇后の方も足の方が昔のように、だんだんと良くなってきているようですので、非常にうれしく思ってい

ます。ただ、まだ座るということができないので、まだしばらくは座ること、たとえば賢所など座らなければならないところのお参りは、これはまだしばらく無理ではないかと思っています」

平成二十一年十一月六日　宮殿

第二節◉お誕生日に際し宮内記者会質問に対する文書回答

平成二十一年

従来、皇后陛下は、お誕生日に際して、宮内記者から出された質問に対してご書面によってご回答なさっておられました。しかしながら、平成二十一年は四月にご結婚満五十年に際しての記者会見を両陛下でなさり、さらに十一月早々には、天皇陛下ご即位二十年に際しての記者会見を両陛下がなさる予定でしたので、ご負担の軽減をお願いするという観点から、これら二つの記者会見に加えて、さらにお誕生日に際しても、記者会の質問に対するご書面でのご回答を皇后陛下にお願いすることは、差し控えることにいたし、その代わりに、皇后陛下に、この一年を顧みたご感想をお記しいただきました。

ちょうど昨年の今ごろ、世界的な金融危機が生じ、日本においても経済の悪化に伴い、大勢の人々が困難な状況に置かれました。職や居住の場所を失ったり、進学の道を閉ざされ、あるいは就職の内定を取り消された人々も多く、この一年、最も案じられたことでした。また、今年前半に発生した新型インフルエンザが、世界規模でひろがる可能性を見せており、寒い季節に入るこれから、少しでもこのことによる被害が小さく抑えられるよう願っています。

今年は裁判員制度の導入で、司法界に注目が集まると共に、政権交代という、政治上の大きな変化のあった年でもありました。米国においても政権が変わり、着任からほどなく、オバマ大統領のプラハでの演説があり、そのなかで核兵器廃絶に向ける大統領の強い決意が表明されました。そして今月、ノーベル財団は他の要因も含め、この大統領の取った率先的役割に対し、今年度のノーベル平和賞を贈り、この行動に対する共感と同意を表しました。核兵器の恐ろしさは、その破壊力の大きさと共に、後々までも被爆者を苦しめる放射能の影響の大きさ、悲惨さにあり、被爆国である日本は、このことに対し、国際社会により広く、より深く理解を求めていくことが必要ではないかと考えています。

アフガニスタンで農業用水路を建設中、若い専門家がテロリストにより命を奪われてから一年が過ぎ、去る八月には故人が早くより携わっていたその工事がついに終わり、アフガン東部に二十四キロに及ぶ用水路が開通したとの報に接しました。水路の周辺には緑がひろがっているといい、一九七一年、陛下と御一緒にこの国を旅した時のことも思い合わせ、やがてここで農業を営む現地の人々の喜びを思いつつ、深い感慨を覚えました。

今年は陛下の御成婚五十年と御即位二十年の、それぞれ節目の年にあたり、四月には国内の大勢の方々に、また、七月に訪れたカナダやハワイでも、お会いした多くの方々に金婚を祝っていただき、うれしゅうございました。秋の御即位二十年を、陛下がお元気にお迎えになり、御即位に関連するさまざまなお行事が、滞りなく行われますことを、家族の皆と共に願っています。

平成二十二年

――今年に入り、天皇陛下は二月に急性腸炎、六月には風邪を召され、皇后さまは九月に「咳喘息の可能性が高い」との診断結果が発表されました。両陛下は今夏のご静養から戻られて以来、連日の外国赴任大使の拝謁と大使夫妻とのご接見、千葉県、奈良県への行幸啓など、公務でお忙しい日々が続いています。ご高齢になられる両陛下の健康管理と、公務のあり方についてどのようにお考えでしょうか。お聞かせください。

陛下や私の健康については、医務主管をはじめとし、侍医たちが常に注意をし、また、専門性の高い分野のことについては、外部の専門家ともよく連絡を取り合ってくれていますので、このごろは、ささいなことも侍医に報告し、指示を受けるようにしています。

公務については、陛下が今は特に変更の必要はないと思うと仰せですので、私もその御方針のようにしてまいりたいと思います。同じ量の御公務でも、日程や時間の組み立て方などの工夫で、少しでもお体に無理なくお仕事がおできになるよう願っています。

私自身は、これまで比較的健康に恵まれてきましたが、この数年仕事をするのがとてものろくなり、また、探し物がなかなか見つからなかったりなど、加齢によるものらしい現象もよくあり、自分でもおかしがったり、少し心細がったりしています。

心身の衰えを自覚し、これを受け入れていくことと、これに過度に反応し過ぎないこととのバランスを取っていくことは容易ではなく、自分が若かったころ、お年を召した方々が「この年になってみないとわからないことがいろいろあるのよ」とよく言っておられたことを、今にして本当にそのとおりだと思います。

――皇后さまは昨年、天皇陛下のご即位二十年に際しての記者会見で、皇室の将来について「これからの世代の人々の手にゆだねたいと思います」とお答えになりました。次世代を担う皇太子ご夫妻、秋篠宮ご夫妻、その次の世代の四人のお孫さまとの交流を通じてのご感想や、それぞれの世代に期待されることをお聞かせください。皇太子家の愛子さまは、雅子さまに付き添われての通学が続き、両陛下もご心配されているとうかがっています。皇后さまは愛子さまの通学の現状をどのように受け止められていますか。

三人の子どもが育つ過程で、ある日急に子どもが自分を超えていることに気づき、新鮮な喜びを味わった折々のことを今もよく思い出します。テニスコートで私にはとてもできない上手なヴォレーやスマッシュをしていたり、一つの学問を急に深めていたり、私もこのような歌が詠めたらと思う良い和歌をつくっていたりなど――その一つひとつは、ごく小さなことであったかもしれませんが、親にとっては感慨深いものであり、未来への希望を与えてくれるものでした。悩むことも、難しいと思うことも多かった子育ての日々にも、こうした喜びを時々に授かりながら、私どももはやがて、それぞれの子どもの成年を祝い、結婚し独立していくのを見送りました。末の清子は民間に嫁いで皇室を離れ、上の二人も、もう私どもの手許にはおりませんが、東宮、秋篠宮二人共が、あの幼い日や少年の日に見せてくれた可能性の芽を、今も大切に育て続けていることを信じています。

陛下はお若いころから、「在り方」ということを大切にお考えになり、いつもご自分が「いかにあるべきだろうか」、とお考えになりつつ、そこから「何をするか」を紡ぎ出していらしたように思います。将来、二人の兄弟やその家族が、それぞれの立場で与えられた役割を果たしていく時、長い年月にわたり、皇室の在り方、ご自身の在り方を求めて歩まれた陛下のお姿が、きっと一つの指針となり、支えとなるのではないかと思っています。

このたび東宮、秋篠宮それぞれの家族につき質問がありましたが、今、東宮一家が健康や通学の問題で苦しんでおり、身内の者は皆案じつつ、見守っています。東宮家、秋篠宮家の家族を私はこの上なく大切なものに思っており、その家族一人一人の平穏を心から祈っています。

——この一年、サッカーのワールドカップでの日本代表の活躍など明るい話題の一方で、相次ぐ子どもの虐待事件、高齢者の所在不明問題など、家族のきずなが失われてしまったことが背景にあるような出来事もありました。一年を振り返り、印象に残ったことについて、お聞かせください。

今年もたくさんの印象に残る出来事がありましたが、そのうちのいくつかを記します。

一、宮崎県の口蹄疫

終息が宣言されるまでに二十九万頭に近い牛や豚が処分され、それまで家族のように大切にしてきた動物たちを、あのような形で葬らなければならなかった宮崎県の人々の強い悲しみに思いを致しています。また、このたびの事件を通し、口蹄疫を発見、確認し、それを報告する任務を負う人々の辛さや、ワクチン接種にはじまり、動物たちの殺処分に携わる人々の心身の労苦についても深く考えさせられました。

二、小惑星探査機「はやぶさ」の無事の帰還

三、高齢者の所在不明問題

四、酷暑の夏

五、鈴木章(3)、根岸英一(4)両博士のノーベル化学賞受賞

国外の出来事としては、ハイチ、中国、パキスタン等で起きた大きな自然災害、チリ鉱山における落盤事故等。チリの事件では、日本でもかつてあった炭坑での悲しい事故を思い出し、地下作業の怖さと安全対策の重要性を思いました。このたび、過酷な状況の下、規律をもって長期の地下生活に耐え、何よりもその間、希望を捨てずに救出を待った作業員たちの精神力は素晴らしく、チリの人々はそのことをどんなに誇らしく思いつつ救出の成功を祝ったことでしょう。

井上ひさし(5)さん、梅棹忠夫(6)さん、河野裕子(7)さん、森澄雄(8)さん、日本で盲導犬第一号を育てられた塩屋賢一(9)さん等今年も多くの方々が去っていかれ、改めてその方々の残していってくださったものに思いを致しています。

梅棹さんには若いころからたびたびにお会いし、いつもお話を楽しくうかがっておりました。河野さんの和歌は、歌壇の枠を超え、広く人々に読まれ、愛されていたと思います。すでに闘病中であったにもかかわらず、今年の歌会始で、ご自分の歌が披講されているあいだ凜として立っておられた姿を今も思い出します。

平成二十三年

——今年は三月に東日本大震災、福島第一原発事故が起き、九月には台風災害として平成に入り最悪となった台風十二号による豪雨被害にも見舞われました。一方、女子サッカーの「なでしこジャパン」がワールドカップ優勝の快挙を成し遂げるなど、震災後の日本を勇気づける明るい出来事もありました。この一年を振り返ってのご感想をお聞かせください。特に、甚大な被害をもたらした今回の大震災をどう受け止め、天皇陛下と共に慰問された被災地ではどんなことをお感じになりましたか。震災当日の天皇、皇后両陛下のご様子もお聞かせください。

今年は日本の各地が大きな災害に襲われた、悲しみの多い年でした。三月十一日には、東日本で津波を伴う大地震があり、東北、とりわけ岩手、宮城、福島の三県が甚大な被害を蒙りました。就中《なかんずく》福島県においては、この震災に福島第一原発の事故が加わり、放射性物質の流出は周辺の海や地域を汚染し、影響下に暮らす人々の生活を大きく揺るがせました。大震災の翌日である三月十二日には、長野県栄村でもほぼ東北と同規模の地震があり、これに先立つ二月二十二日には、ニュージーランドにおいても、地震により、多くの若い同胞の生命が失われました。

豪雨による災害も大きく、七月には新潟、福島の両県が、九月の台風十二号では、和歌山、奈良の両県が被災しました。災害に関する用語、津波てんでんこ、(10)炉心溶融、(11)シーベルト、(12)冷温停止、(13)深層崩壊等、今年ほど耳慣れぬ語彙が、私どもの日常に入ってきた年も少なかったのではないでしょうか。二万人近い無辜の人々が悲しい犠牲となった東北の各地では、今も四千人近い人々の行方がわかりません。家を失い、或いは放射能の害を避けて、大勢の人々が慣れぬ土地で避難生活を送っています。犠牲者の遺族、被災者の一人一人が、どんなに深い悲しみを負い、多くを忍んで日々を過ごしているかを思い、犠牲者の冥福を祈り、また、厳しい日々を生き抜いている人々、わけても生活の激変に耐え、一生懸命に生きている子どもたちが、一日も早く日常を取り戻せるよう、平穏な日々の再来を祈っています。

このたびの大震災をどのように受けとめたか、との質問ですが、こうした不条理は決してたやすく受けとめられるものではなく、当初は、ともすれば希望を失い、無力感にとらわれがちになる自分と戦うところから始めねばなりませんでした。東北三県のお見舞いに陛下とご一緒にまいりました時にも、このような自分に、果たして人々を見舞うことができるのか、不安でなりませんでした。しかし陛下があの場合、苦しむ人々の傍に行き、その人々と共にあることを御自身の役割とお考えでいらっしゃることがわかっておりましたので、お伴をすることに躊躇はありませんでした。

災害発生直後、一時味わった深い絶望感から、少しずつでも私を立ち直らせたものがあったとすれば、それはあの日以来、次第に誰の目にも見えてきた、人々の健気で沈着な振る舞いでした。非常時にあたり、あのように多くの日本人が、皆静かに現実を受けとめ、助け合い、譲り合いつつ、事態に対処したと知ったことは、私にとり何にも勝る慰めとなり、気持ちの支えとなりました。被災地の人々の気丈な姿も、私を勇気づけてくれました。三月の二十日ごろでしたか、朝六時のニュースに郵便屋さんが映っており、まばらに人が出ている道で、一人一人宛名の人を確かめては、言葉をかけ、手紙を配っていました。「自分が動き始めたことで、少しでも人々が安心してくれている。良い仕事に就いた」と笑顔で話しており、この時ふと、復興が始まっている、と感じました。

この時期、自分の持ち場で精一杯自分を役立てようとしている人、仮に被災現場と離れた所にいても、その場その場で自分の務めを心を込めて果たすことで、被災者との連帯を感じていたと思われる人々が実に多くあり、こうした目に見えぬ絆が人々を結び、社会を支えている私たちの国の実相を、誇らしく感じました。災害時における救援をはじめ、あらゆる支援にあたられた内外の人々、厳しい環境下、原発の現場で働かれる作業員をはじめとし、今もさまざまな形で被災地の復旧、復興に力を尽くしておられる人々に深く感謝いたします。

このたびの災害は、東北という地方につき、私どもにさまざまなことを教え、また、考えさせました。東北の抱える困難と共に、この地域がこれまで果たしてきた役割の大きさにも目を向けさせられました。この地で長く子どもたちに防災教育をほどこしてこられた教育者、指導者のあったことも、しっかりと記憶にとどめたいと思います。今後この地域が真に良い復興をとげる日まで、陛下のお言葉のように、この地に長く心を寄せ、その道のりを見守っていきたいと願っています。

(震災の日の陛下と私の様子をとのことですが、事後の報道にあったことに、特に加えることはありません。)

この一年の世界の出来事で、特に印象に残るものとして、チュニジアのデモに端を発し、エジプト、リビアはじめアラブ世界の各国に波及した「アラブの春」[14]の動きがありました。なお、案じられることとして、タイをはじめ近隣の国々で今も続いている豪雨災害[15]があります。

九月、日本とのつながりの深いケニアのマータイさんが亡くなりました。ちょうど日本訪問の思い出をつづったお便りと共に、長く関わってこられた植樹活動のＤＶＤが手許に届けられた直後の訃報でした。そして、十月には、「アラブの春」よりも早く、非暴力をもって独裁に対し、人権や平和のための活動を続けてきたアフリカ、中近東の三人の女性[16]に、ノーベル平和賞の授与が発表されました。

恵まれぬ環境下で、長く努力を重ねてきた女子サッカーチーム「なでしこ」のワールドカップ優勝、美しい演技で知られる日本体操チームの世界選手権での活躍、魁皇関の立派な記録達成(17)等、今年のスポーツ界には、うれしいニュースが続きました。園遊会に出席の佐々木監督と澤選手は、あの日どんなに大勢の人から喜びの言葉をかけられたことでしょう。大きな魁皇関は、芝生の斜面に笑顔でゆったりと立っておられました。

この一年間にも各界は何人もの大切な方たちを失いました。このうち五月に亡くなった坊城俊周(18)さんは、戦後間もなくより、兄上の俊民氏と共に、宮中の歌会始の諸役となられ、以来、長くこの務めに献身してくださいました。平和な今日と異なり、戦後の混乱期に、若い人々の手で伝統の行事を守り続けることには、想像を超えるご苦労があったと思われます。七月に亡くなられた冷泉布美子(19)さんもまた、戦中戦後を通し、長い歴史をもつ時雨亭文庫を守られ、冷泉家に伝わるさまざまな年中行事も、これをつぶさに今日に伝えられました。京都のお宅で、美しい七夕のお飾りを見せていただいた日のことを懐かしく思い出します。

——四人のお孫さまは健やかに成長され、秋篠宮ご一家の長女眞子さまはまもなく二十歳となり、成年皇族になられます。皇太子ご一家、秋篠宮ご一家とは最近ではどのような交流をされ、どんな思いで接しておられますか。初めてのお孫さまが成年を迎えられることで、何か感慨はございますか。

四人の孫たちは、秋篠宮家の上の二人、眞子と佳子が十九歳と十六歳、東宮の愛子が九つ、秋篠宮家の末の悠仁が五つになり、それぞれに個性は違いますが、私にとり皆可愛く大切な孫たちです。会いに来てくれるのが楽しみで、一緒に過ごせる時間を、これからも大切にしていくつもりです。

質問にもありましたように、今年は秋篠宮家の長女眞子が成人式を迎えます。思慮深く、両親が選んだ名前のようにまっすぐに育ってくれたことを、うれしく思っています。

――七月初旬に左の肩から腕に強い痛みを訴えられ、九月に痛みが再燃し、北海道訪問を取りやめられました。天皇陛下は二月、心臓の冠動脈に硬化や狭窄《きょうさく》が見つかり、治療を始められました。喜寿を迎えられたわけですが、両陛下の現在のご体調はいかがですか。両陛下の健康管理、公務の在り方についてはどのようにお考えですか。

五、六年ほど前から、医師の警告を受けていた頸椎《けいつい》症より来る痛みが、七月初旬と九月初旬の二度にわたり発症し、いくつかの務めを欠いてしまいました。これまで比較的健康に恵まれてきましたが、このごろは加齢のためか、体に愉快でない症状が時折現れるようになり、その多くは耐えられないといったものではないのですが、日程変更の可能性を伴う時は症状を発表せねばならず、その都度人々に心配をかけることを心苦しく思っています。

八年前、前立腺の手術をお受けになった陛下は、今もホルモン療法をお受けになっており、そのことが骨や筋肉に及ぼす悪い影響は避けられません。薬をお摂りになるほか、医師からは適度の運動も奨められており、私も毎朝の散策に加え、体調が許すようになりましたら、また以前のようにテニスコートにもお伴をしたいと願っています。この二月に冠動脈の狭窄《きょうさく》が見つかった結果、これに対応するための投薬も受けていらっしゃり、運動もあまり長時間はなさいません。陛下も私も、時に体に起こる不具合に対処する一方で、今もっている体力があまり急速に衰えぬよう体に負荷をかけることも必要な、少ししんどい年齢に来ているかと感じています。

陛下のお務めの御多忙がお体に障らぬよう、深くお案じ申し上げておりますが、他方、病気をお持ちの陛下が、少しも健康感を失うことなく、日々の務めに励んでいらっしゃるご様子を見上げますと、陛下の御日常が、ごく自然に公務と共にあるとの感も深くいたします。

人々のために尽くすという陛下のお気持ちを大切にすると共に、過度のお疲れのないよう、医師や周囲の人たちの意見も聞きつつ、常に注意深くお側にありたいと願っています。

平成二十四年

――東日本大震災から約一年七か月が経ちます。ふるさとに帰れない被災者は多く、復興への道筋は簡単なものではありませんが、今年はロンドン五輪で日本選手団が大活躍し、日本を元気づけた年でもありました。皇室に関連しては、「女性宮家」の創設が政府で検討されるなか、皇太子ご夫妻の長女・愛子さまは、お一人で元気に通学されるようになり、秋篠宮家では長女・眞子さまが英国留学され、来年には次女・佳子さまが大学進学をされる節目の年となります。長男・悠仁さまも小学校進学を控え、健やかに成長されています。この一年を振り返ってのご感想をお聞かせください。

東日本大震災からすでに一年七か月が経ちましたが、質問にもありましたように、復興への道のりは険しく、被災した多くの人々が、今も各地で苦しい生活を余儀なくされています。痛ましいことに、災害以来これだけの月日が経っておりますのに、行方不明者の数は今も二千七百名を超え、家族の人々の長引く心労を思わずにはいられません。また、目に見えぬ放射能の影響下にある福島や周辺地域の人々の不安には、そこを離れて住む者には計り知れぬものがあると思われます。どうかこれらの人々が、最も的確に与えられる情報の下、安全で、少しでも安定した生活ができるよう願うと共に、今も原発の現場で日々激しく働く人々の健康にも、十分な配慮が払われることを願っています。

今年は四年に一度の五輪と障害者五輪がロンドンで開かれ、多くの日本選手が立派に活躍し、私どもに心楽しい興奮と、少し眠い数週間を贈ってくださいました。被災地の人たちへの大きな贈り物でもあったでしょう。

この五輪の時期を含め、今年の七、八、九月は例年にも増して暑く、とりわけこのような高温に慣れぬ北海道や東北の人たちにとり、辛い夏であったと思います。集中豪雨も多く、昨年に引き続き西日本の各地が大きな被害に遭い、被災者のなかには今なお避難生活を続けている人のあることを案じています。八月には南海トラフ巨大地震の被害想定が発表され、大災害の可能性の高いこの列島に住む私どもが、どんなに真剣に災害につき学び、かつ備えねばならないかを、深く考えさせられています。

皇室では、六月に三笠宮寛仁親王が薨去され、三笠宮同妃両殿下お始め、ご家族の皆様の深いお悲しみをおしのびいたしました。お若い女王殿下方が、どうか健やかにこれからの人生を歩まれますよう祈っております。この一年の記憶に残る出来事の一つとして、先述の五輪、障害者五輪における日本選手の活躍と並び、スカイツリーの完成がありました。日曜日の朝、よく陛下と散策中に東御苑の本丸跡に登り、近くのビルの上に少しずつ姿を現し、やがて完成に向かう姿を見ておりました。関係者の細やかな注意により、高所で働く人の多いこの大工事が、大きな事故もなく終了したことに安堵と誇りを覚えます。

新しい横綱の誕生[20]も、今年の良い報《しら》せでした。これまで一人横綱を懸命に務めてきた白鵬関の長い間の苦労を思っています。

世界の出来事としては、世界の人口がついに七十億に達したこと、打ち続く世界経済の不況と失業率の上昇、長引くシリアの内戦や各地のテロ、とりわけシリア内戦における日本の女性ジャーナリストの惜しまれる死などを記憶しますが、喜ばしく、また驚くべきニュースの一つとして、日本の学会もそのことに関わった、ヒッグス粒子[21]の発見がありました。今から三年前の夏、何名かの日本のノーベル賞受賞者の方々のお招きにより、陛下のお供で筑波で開かれたアジア・サイエンス・キャンプに参加した折、ポスターセッションでこのヒッグスという珍しい言葉に何度か出会っており、十分にわからぬながらも「知ってる、知ってる」という感じで、一入《ひとしお》うれしく思ったことでした。

この回答を書いております今、山中伸弥教授のノーベル生理学・医学賞受賞のうれしいニュースが入ってまいりました。山中さんの下で、また、山中さんのこれからのご研究の上に、これからさらにいくつもの業績が一つひとつ重ねられ、難病の患者方をはじめ、苦しむ多くの人々の幸せにつながっていくことを願っています。

――天皇陛下は昨年十一月に気管支肺炎で入院され、今年二月には心臓の冠動脈バイパス手術を受けられました。皇后さまは献身的に付き添われ、大変ご心配になったと思います。当時のご心境や、具体的にどのようにお支えになられたかをお教えください。陛下は無事に回復され、英国ご訪問や被災地ご訪問など以前と変わらないペースで公務を続けていらっしゃる印象ですが、来年には八十歳を迎えられ、健康面では今後一層の配慮が必要になります。お元気に公務を続けるために、両陛下はどのような健康管理をされていらっしゃいますか。

二回にわたる御入院生活、とりわけ心臓の冠動脈バイパスの御手術の時は、不安でならず、ただただお案じしつつお側での日々を過ごしておりましたが、全期間を通じ、東大、順天堂、二つの病院の医師方が、緊密な協力の下、すべてを運んでくださいましたことは、ありがたく、本当に心強いことでした。力を尽くして治療にあたってくださった医師や医療関係者に深く感謝すると共に、皇居や各地で陛下の御回復を祈って記帳してくださった方々をはじめ、心を寄せてくださった国内外の多くの方々に、心から御礼を申し上げます。

良い御手術をお受けになりましたのに、陛下には術後お食欲を失われ、結果的に胸水がいつまでも残り、御退院後二度にわたり、胸水穿刺《せんし》をお受けにならなければなりませんでした。一時は、これで本当に良くおなりになるのだろうかと心配いたしましたが、少しずつ快方に向かわれました。そして執刀してくださった天野先生が御退院時に言われたとおり、春の日差しが感じられるようになったころから、御回復のきざしがはっきりと見えてまいりました。歩行が日増しにしっかりとおなりになり、三月にはご一緒に御所の門を出て、ノビルやフキノトウを摘みにいくこともできました。

何よりも安堵いたしましたのは、陛下が御入院の前から絶えずお口にされ、出席を望んでいらした東日本大震災一周年追悼式にお出ましになれたことでした。五月の御訪英も間ぎわまで検討が続けられたようでしたが、実現いたしました。ウィンザー城で御対面の女王陛下も日本の陛下もおうれしそうで、お側でお見上げしながら、私もしみじみとうれしゅうございました。

陛下や私の、これからの健康管理については、これからも医師や周囲の人々の助けを得、陛下の御健康を尚一層、注意深くお見守りしつつ、しかし全般的にはこれまでとさほど変わりなく過ごしていくことになると思います。

季節と共に美しく変化する自然に囲まれて日々を送ることができる幸せに感謝しつつ、時に痛かったり、不自由の感じられる体とも何とか折り合って、心静かにこれからの日々をお側で送ることができればと願っています。

――宮内庁は四月、両陛下のご意向を受けて、土葬から火葬への変更を含めた喪儀方法の見直しを検討すると発表しました。生前にお決めになったことで時代の変化を感じ、自身や家族の人生の終え方について考えるきっかけになった国民も少なくありません。宮内庁幹部の会見では、両陛下が喪儀の簡素化を望むお気持ちがあることから検討が始められたとうかがっております。また、皇后さまが陛下とご一緒の合葬の方式はご遠慮すべきだとお考えであることも伝えられています。ご喪儀の見直しについて、陛下とどのようなお話をしていらっしゃるのかお聞かせください。

本問については、宮内庁としては、事柄が両陛下のご喪儀に関することであり、この問題に対するお気持ちを皇后陛下のお誕生をご慶祝する日にお示しいただくことは適切ではないと判断し、別の機会にご回答いただき、お伝えすることとしました。

平成二十五年

――東日本大震災は発生から二年半が過ぎましたが、なお課題は山積です。一方で、皇族が出席されたIOC総会で二〇二〇年夏季五輪・パラリンピックの東京開催が決まるなど明るい出来事がありました。皇后さまにとってのこの一年、印象に残った出来事やご感想をお聞かせください。

この十月で、東日本大震災からすでに二年七か月以上になりますが、避難者は今も二十八万人を超えており、被災された方々のその後の日々を案じています。

七月には、福島第一原発原子炉建屋の爆発の折、現場で指揮にあたった吉田元所長(22)が亡くなりました。その死を悼むと共に、今も作業現場で働く人々の安全を祈っています。大震災とその後の日々が、次第に過去として遠ざかっていくなか、どこまでも被災した地域の人々に寄り添う気持ちを持ち続けなければと思っています。

今年は十月に入り、ようやく朝夕に涼しさを感じるようになりました。夏が異常に長く、暑く、また、かつてなかったほどの激しい豪雨や突風、日本ではこれまで稀な現象であった竜巻等が各地で発生し、時に人命を奪い、人々の生活に予想もしなかった不便や損害をもたらすという悲しい出来事が相次いで起こりました。この回答を準備している今も、台風二十六号が北上し、伊豆大島に死者、行方不明者多数が出ており、深く案じています。世界の各地でも異常気象による災害が多く、このもとにあるといわれている地球温暖化の問題を、今までにも増して強く認識させられた一年でした。

五月の憲法記念日をはさみ、今年は憲法をめぐり、例年に増して盛んな論議が取り交わされていたように感じます。主に新聞紙上でこうした論議に触れながら、かつて、あきる野市の五日市を訪れた時、郷土館で見せていただいた「五日市憲法草案」のことをしきりに思い出しておりました。明治憲法の公布(明治二十二年)に先立ち、地域の小学校の教員、地主や農民が、寄り合い、討議を重ねて書き上げた民間の憲法草案で、基本的人権の尊重や教育の自由の保障及び教育を受ける義務、法の下の平等、さらに言論の自由、信教の自由など、二百四条が書かれており、地方自治権等についても記されています。当時これに類する民間の憲法草案が、日本各地の少なくとも四十数か所でつくられていたと聞きましたが、近代日本の黎明期に生きた人々の、政治参加への強い意欲や、自国の未来にかけた熱い願いに触れ、深い感銘を覚えたことでした。長い鎖国を経た十九世紀末の日本で、市井の人々の間にすでに育っていた民権意識を記録するものとして、世界でも珍しい文化遺産ではないかと思います。

オリンピック、パラリンピックの東京開催の決定は、当日早朝の中継放送で知りました。関係者の大きな努力が報われ、東京が七年後の開催地と決まった今、その成功を心から願っています。

世界のあちこちで今年も内戦やテロにより、多くの人が生命を失い、また、傷つけられました。取り分けアルジェリアで、武装勢力により「日揮」の関係者が殺害された事件は、大きな衝撃でした。[23]国内では戦後の復興期、成長期につくられた建造物の多くに老朽化が進んでいるということで、事故につながる可能性のあることを非常に心配しています。

この一年も多くの親しい方たちが亡くなりました。阪神・淡路大震災の時の日本看護協会会長・見藤隆子[24]さん、「暮しの手帖」を創刊された大橋鎭子[25]さん、日本における女性の人権の尊重を新憲法に反映させたベアテ・ゴードン[26]さん、映像の世界で大きな貢献をされた高野悦子[27]さん等、私の少し前を歩いておられた方々を失い、改めてその御生涯と、生き抜かれた時代を思っています。

さきの大戦中、イタリア戦線で片腕を失い、後、連邦議会上院議員として多くの米国人に敬愛された日系人ダニエル・イノウエ(28)さんや、陛下とご一緒に沖縄につきたくさんのお教えをいただいた外間守善(29)さん、芸術の世界に大きな業績を残された河竹登志夫(30)さんや三善晃(31)さんともお別れせねばなりませんでした。

この十月には、伊勢神宮で二十年ぶりの御遷宮が行われました。何年にもわたる関係者の計り知れぬ努力により、滞りなく遷御《せんぎょ》になり、悦ばしく有り難いことでございました。御高齢にかかわらず、陛下の姉宮でいらっしゃる池田厚子様が、神宮祭主として前回に次ぐ二度目の御奉仕を遊ばし、その下で長女の清子も、臨時祭主としてご一緒に務めさせていただきました。清子が祭主様をお支えするという、尊く大切なお役を果たすことができ、今、深く安堵しております。

――今年、皇后さまはご体調が優れず、いくつかのご公務などをお取りやめになりました。天皇陛下も今年八十歳を迎えられます。両陛下の現在のご体調や健康管理、ご公務や宮中祭祀に関してご負担軽減が必要との意見について、どのようにお考えでしょうか。

加齢と共に、四肢に痛みや痺れが出るようになり、今年、数回にわたり公務への出席を欠きました。体調の不良を公にすることは、決して本意ではありませんが、欠席の理由を説明せねばならず、そのため大勢の方に心配をかけることとなり心苦しく思っています。健康管理については、医師の意見に従い、その時々に必要な検査を受けていますが、まだ投薬などの治療を継続して受ける段階のものはなく、これからもしばらくは、今までとあまり変わりなく過ごしていけるのではないでしょうか。

質問にあった宮中祭祀のことですが、最近は身体的な困難から、以前のように年間すべてのお祀りに出席することはできなくなりました。せめて年始の元始祭、(32)昭和天皇、香淳皇后の例祭をはじめ、年間少なくとも五、六回のお参りは務めたいと願っています。明治天皇が「昔の手ぶり」を忘れないようにと、御製で仰せになっているように、昔ながらの所作に心を込めることが、祭祀には大切ではないかと思い、だんだんと年をとっても、繰り返し大前に参らせていただく緊張感のなかで、そうした所作を体が覚えていてほしい、という気持ちがあります。前《さき》の御代からお受けしたものを、精一杯次の時代まで運ぶ者でありたいと願っています。

――皇太子妃雅子さまは十一年ぶりに公式に外国をご訪問になりました。また、悠仁さまの小学校入学をはじめ、お孫さまたちに節目となる出来事が相次ぎました。ご家族とさまざまなご交流があると思いますが、皇室の一員として若い世代に期待されていることをお聞かせください。

皇太子妃がオランダ訪問を果たし、元気に帰国したことは、本当に喜ばしいことでした。その後も皇太子と共に被災地を訪問したり式典に出席するなど、良い状態が続いていることをうれしく思っています。

孫の世代も、それぞれ成長し、眞子は大学の最高学年に進み、今では、成年皇族としての務めも行っています。こうした二つの立場を、緊張しながらも誠実に果たしている姿を、うれしく見守っています。次女の佳子は大学生になり、今年は初めての一人での海外滞在も経験しました。来年は二十歳《はたち》になり、皇室はまた一人、若々しい成年皇族を迎えます。東宮では愛子が六年生になりました。背も随分伸び、もうじき私の背を超すでしょう。チェロ奏者の一員として、皇太子と共にオーケストラに参加したり、今年の沼津の遠泳ではやや苦手であった水泳でも努力を重ね、自分の目標を達成したことをうれしく、また、いとおしく思いました。悠仁は小学生になりました。草原を走り回る姿はまだとても幼く見えますが、年齢に応じた経験を重ね、そのなかで少しずつ、自分の立場を自覚していくようにという両親の願いの下で、今はのびのびと育てられています。

こうした若い世代の成長に期待すると共に、私にはご高齢の三笠宮同妃両殿下が、幾たびかの御不例の折にも、その都度それを克服なさり、今もお健やかにお過ごしのことが本当に心強く、有り難いことに思われます。これからも両殿下のご健康が長く保たれ、私どもや後に続く世代の生き方を見守っていただきたいと願っています。

平成二十六年

――このたび傘寿を迎えられたご感想と共に、これまでの八十年の歳月を振り返られてのお気持ちをお聞かせください。

ものごころ付いてから、戦況が悪化する十歳ごろまでは、毎日をただただ日向で遊んでいたような記憶のみ強く、とりわけ兄や年上のいとこたちの後についていった夏の海辺のことや、その人たちが雑木林で夢中になっていた昆虫採集を倦きることなく眺めていたことなど、よく思い出します。また一人でいた時も、ぼんやりと見ていた庭の棕櫚《しゅろ》の木から急にとび立った玉虫の鮮やかな色に驚いたり、ある日洗濯場に迷い込んできたオオミズアオ(33)の美しさに息をのんだことなど、そのころ私に強い印象を残したものは、何かしら自然界の生き物につながるものが多かったように思います。

その後に来た疎開先での日々は、それまでの閑《のど》かな暮らしからは想像もできなかったものでしたが、この時期、都会から急に移ってきた子どもたちを受け入れ、保護してくださった地方の先生方のご苦労もどんなに大きなものであったかと思います。

戦後の日本は、小学生の子どもにもさまざまな姿を見せ、少なからぬ感情の試練を受けました。終戦後もしばらく田舎にとどまり、六年生の三学期に東京に戻りましたが、疎開中と戦後の三年近くの間に五度の転校を経験し、その都度進度の違う教科についていくことがなかなか難しく、そうしたことから、私は何か自分が基礎になる学力を欠いているような不安をその後も長く持ち続けてきました。ずっと後になり、もう結婚後のことでしたが、やはり戦時下に育たれたのでしょうか、一女性の「知らぬこと多し母となりても」という下の句のある歌を新聞で見、ああ私だけではなかったのだと少しほっとし、作者を親しい人に感じました。

皇室に上がってからは、昭和天皇と香淳皇后にお見守りいただくなか、今上陛下にさまざまにお導きいただき今日までまいりました。長い昭和の時代を、多くの経験と共にお過ごしになられた昭和の両陛下からは、おそばに出ますたびに多くの御教えをいただきました。那須の夕方提灯に灯を入れ、子どもたちと共に、当時まだ東宮殿下でいらした陛下にお伴して附属邸前の坂を降り、山百合の一杯咲く御用邸にうかがった時のことを、この夏も同じ道を陛下と御一緒に歩き、懐かしみました。

いつまでも一緒にいられるように思っていた子どもたちも、一人一人配偶者を得、独立していきました。それぞれ個性の違う子どもたちで、どの子どもも本当に愛《いと》しく、大切に育てましたが、私の力の足りなかったところも多く、それでもそれぞれが、自分たちの努力でそれを補い、成長してくれたことはありがたいことでした。子育てを含め、家庭を守る立場と、自分に課された務めを果たす立場を両立させていくために、これまで多くの職員の協力を得てきています。社会の人々にも見守られ、支えられてまいりました。御手術後の陛下と、朝、葉山の町を歩いておりました時、後ろから来て気づかれたのでしょう、お勤めに出る途中らしい男性が少し先で車を停めて道を横切ってこられ、「陛下よろしかったですね」と明るく言い、また車に走っていかれました。しみじみとした幸せを味わいました。

多くの人々の祈りのなかで、昨年陛下がお健やかに傘寿をお迎えになり、うれしゅうございました。

五十年以上にわたる御一緒の生活のなかで、陛下は常に謙虚な方でいらっしゃり、また子どもたちや私を、時に厳しく、しかしどのような時にも寛容に導いてくださり、私が今日まで来られたのは、このおかげであったと思います。

八十年前、私に生を与えてくれた両親はすでに世を去り、私は母の生きた齢《とし》を越えました。嫁ぐ朝の母の無言の抱擁の思い出と共に、同じ朝「陛下と殿下の御心に添って生きるように」と諭してくれた父の言葉は、私にとり常に励ましであり指針でした。これからもそうあり続けることと思います。

――皇后さまは天皇陛下と共に国内外で慰霊の旅を続けてこられました。戦争を知らない世代が増えているなかで、来年戦後七十年を迎えることについて今のお気持ちをお聞かせください。

今年八月に欧州では第一次大戦開戦から百年の式典が行われました。第一次、第二次と二度の大戦を敵味方として戦った国々の首脳が同じ場所に集い、共に未来の平和構築への思いを分かち合っている姿には胸を打たれるものがありました。

私は、今も終戦後のある日、ラジオを通し、A級戦犯に対する判決の言い渡しを聞いた時の強い恐怖を忘れることができません。まだ中学生で、戦争から敗戦に至る事情や経緯につき知るところは少なく、したがってその時の感情は、戦犯個人個人への憎しみ等であろうはずはなく、おそらくは国と国民という、個人を超えたところのものに責任を負う立場があるということに対する、身の震うような怖れであったのだと思います。

戦後の日々、私が常に戦争や平和につき考えていたとは申せませんが、戦中戦後の記憶は、消し去るには強く、確か以前にもお話ししておりますが、私はその後、自分がある区切りの年齢に達する都度、戦時下をその同じ年齢で過ごした人々がどんなであったろうか、と思いをめぐらすことがよくありました。

まだ若い東宮妃であったころ、当時の東宮大夫から、著者が私にも目を通して欲しいと送ってこられたという一冊の本を見せられました。長くシベリアに抑留されていた人の歌集で、なかでも、帰国への期待を募らせるなか、今年も早蕨《さわらび》が羊歯《しだ》になって春が過ぎていくという一首が特に悲しく、この時以来、抑留者や外地で終戦を迎えた開拓民のこと、その人たちの引き揚げ後も続いた苦労等に、心を向けるようになりました。

最近新聞で、自らもハバロフスク(34)で抑留生活を送った人が、十余年を費やしてシベリア抑留中の死者の名前、死亡場所等、できる限り正確な名簿をつくり終えて亡くなった記事を読み、心を打たれました。戦争を経験した人や遺族それぞれの上に、長い戦後の日々があったことを改めて思います。

第二次大戦では、島々を含む日本本土でも百万に近い人が亡くなりました。また、信じられない数の民間の船が徴用され、六万に及ぶ民間人の船員が、軍人や軍属、物資を運ぶ途上で船を沈められ亡くなっていることを、昭和四十六年に観音崎(35)で行われた慰霊祭で知り、その後陛下とご一緒に何度かその場所を訪ねました。戦後七十年の来年は、大勢の人たちの戦中戦後に思いを致す年になろうと思います。

世界のいさかいの多くが、何らかの報復という形をとって繰り返し行われてきたなかで、我が国の遺族会が、一貫して平和で戦争のない世界を願って活動を続けてきたことを尊く思っています。遺族の人たちの、自らの辛い体験を通して生まれた悲願を成就させるためにも、今、平和の恩恵に与っている私たち皆が、絶えず平和を志向し、国内外を問わず、争いや苦しみの芽となるものを摘み続ける努力を積み重ねていくことが大切ではないかと考えています。

――皇后さまは音楽、絵画、詩などさまざまな芸術・文化に親しんでこられました。皇后さまにとって芸術・文化はどのような意味をもち、これまでどのようなお気持ちで触れてこられたのでしょうか。

芸術――質問にある音楽や絵画、詩等――が自分にとりどのような意味をもつか、これまであまり考えたことがありませんでした。「それに接したことにより、喜びや、驚きを与えられ、その後の自分のものの感じ方や考え方に、何らかの影響を与えられてきたもの」と申せるでしょうか。子どものころ、両親が自分たちの暮らしの許す範囲で芸術に親しみ、それを楽しんでいる姿を見、私も少しずつ文学や芸術に触れたいという気持ちになったように記憶いたします。戦後、どちらかの親に連れられ、限られた回数でも行くことのできた日比谷公会堂での音楽会、丸善の売り場で、手に取っては見入っていた美しい画集類、父の日あたりの良い書斎にあった本などが、私の芸術に対する関心のささやかな出発点になっていたかと思います。

戦後長いこと、私の家では家族旅行の機会がなく、大学在学中か卒業後かに初めて、両親と妹、弟と共に京都に旅をする機会に恵まれました。しかし残念なことに、私は結婚まで奈良を知る機会をもちません。結婚後、長いことあこがれていた飛鳥、奈良の文化の跡を訪ねることができ、古代歌謡や万葉の歌のふるさとに出会い、歌に「山」と詠まれている、むしろ丘のような三山に驚いたり、背後のお山そのものが御神体である大神《おおみわ》神社の深い静けさや、御神社に所縁《ゆかり》のある花鎮《はなしず》めの祭りに心引かれたりいたしました。学生時代に、思いがけず奈良国立文化財研究所長の小林剛氏(36)から、創元選書の『日本彫刻』を贈っていただき、「弥勒菩薩」や「阿修羅」、「日光菩薩」等の像や、東大寺燈籠の装飾「楽天」等の写真を感動をもって見たことも、私がこの時代の文化に漠然とした親しみとあこがれをもった一因であったかもしれません。

建造物や絵画、彫刻のように目に見える文化がある一方、ふとした折にこれは文化だ、と思わされる現象のようなものにも興味をひかれます。昭和四十二年の初めての訪伯の折、それより約六十年前、ブラジルのサントス港に着いた日本移民の秩序ある行動と、その後に見えてきた勤勉、正直といった資質が、かの地の人々に、日本人のもつ文化の表れとし、驚きをもって受けとめられていたことをたびたび耳にしました。当時、遠く海を渡ったこれらの人々への敬意と感謝を覚えると共に、異国からの移住者を受け入れ、直ちにその資質に着目し、これを評価する文化をすでに有していた大らかなブラジル国民に対しても、深い敬愛の念を抱いたことでした。

それぞれの国がもつ文化の特徴は、自ずとその国を旅する者に感じられるものではないでしょうか。これまで訪れた国々で、いずれも心はずむ文化との遭遇がありましたが、私は特に、ニエレレ大統領時代のタンザニアで、大統領はもとより、ザンジバルやアルーシャで出会った何人かの人から「私たちはまだ貧しいが、国民の間に格差が生じるより、皆して少しずつ豊かになっていきたい」という言葉を聞いた時の、胸が熱くなるような感動を忘れません。少なからぬ数の国民が信念としてもつ思いも、文化の一つの形ではないかと感じます。

東日本大震災の発生する何年も前から、釜石の中学校で津波に対する教育が継続して行われており、三年前、現実に津波がこの市を襲った時、校庭にいた中学生が即座に山に向かって走り、全校の生徒がこれに従い、自らの生命を守りました。将来一人でも多くの人を災害から守るために、胸の痛むことですが、日本はこれまでの災害の経験一つひとつに学び、しっかりとした防災の文化を築いていかなくてはならないと思います。

歓び事も多くありましたが、今年もまた、集中豪雨や火山の噴火等、多くの痛ましい出来事がありました。犠牲者の冥福を祈り、遺族の方々の深い悲しみと、いまだ、行方のわからぬ犠牲者の身内の方々の心労をお察しいたします。またこの同じ山で、限りない困難に立ち向かい、救援や捜索にあたられた各県の関係者はじめ自衛隊、消防、警察、医療関係者、捜索の結果を待つ遺族に終始寄り添われた保健師の方々に、感謝を込め敬意を表します。

平成二十七年

――この一年、自然災害などさまざまな出来事がありました。戦後七十年にあたり、皇后さまは天皇陛下と共にパラオをはじめ国内外で慰霊の旅を重ねられました。また、玉音放送の原盤なども公開されたほか、若い皇族方も戦争の歴史に触れられました。一年を振り返って感じられたことをお聞かせください。八月には心臓の精密検査を受けられましたが、その後のご体調はいかがですか。

この一年も、火山の噴火や大雨による洪水、土地の崩落、竜巻など、日本各地を襲う災害の報に接することが多く、悲しいことでした。ごく最近も、豪雨のため関東や東北の各所で川が溢れ、とりわけ茨城県常総市では堤防が決壊して二人が亡くなり、家を流された大勢の人々が今も避難生活を続けています。先日、陛下の御訪問に同伴して同市を訪問いたしましたが、水流により大きく土地をえぐられた川沿いの地区の状況に驚くと共に、道々目にした土砂で埋まった田畑、とりわけ実りの後に水《み》漬《づ》いた稲の姿は痛ましく、農家の人々の落胆はいかばかりかと察しています。

東日本でも、大震災以来すでに四年余の歳月が経ちますが、いまだに避難生活を続ける人が十九万人を超え、避難指示が解かれ、徐々に地区に戻った人々にも、さまざまな生活上の不安があろうかと案じられます。また、海沿いの被災地では、今も二千名を超える行方不明者の捜索が続けられており、長期にわたりこの仕事に従事される警察や海上保安庁の人たち、また原発の事故現場で、今も日々激しく働く人々の健康の守られることを祈らずにはいられません。

さきの戦争終結から七十年を経、この一年は改めて当時を振り返る節目の年でもありました。終戦を迎えたのが国民学校の五年の時であり、私の戦争に関する知識はあくまで子どもの折の途切れ途切れの不十分なものでした。こうした節目の年は、改めて過去を学び、当時の日本や世界への理解を深める大切な機会と考えられ、そうした思いのなかで、この一年を過ごしてまいりました。

平和な今の時代を生きる人々が、戦時に思いを致すことは決して容易なことではないと思いますが、今年は私の周辺でも、次世代、またその次の世代の人々が、各種の催しや展示場を訪れ、真剣に戦争や平和につき考えようと努めていることを心強く思っています。先ごろ、孫の愛子と二人で話しておりました折、夏の宿題で戦争に関する新聞記事を集めた時、原爆の被害を受けた広島で、戦争末期に人手不足のため市電の運転をまかされていた女子学生たちが、爆弾投下四日目にして、自分たちの手で電車を動かしていたという記事のことが話題になり、ああ愛子もあの記事を記憶していたのだと、胸を打たれました。若い人たちが過去の戦争の悲惨さを知ることは大切ですが、私は愛子が、悲しみの現場に、小さくとも人々の心を希望に向ける何らかの動きがあったという記事に心を留めたことを、うれしく思いました。

今年、陛下が長らく願っていらした南太平洋のパラオ御訪問が実現し、日本の委任統治下で一万余の将兵が散華したペリリュー島で、御一緒に日米の戦死者の霊に祈りを捧げることができたことは、忘れられない思い出です。かつてサイパン島のスーサイド・クリフに立った時、三羽の白いアジサシがすぐ目の前の海上をゆっくりと渡る姿に息をのんだことでしたが、このたびも海上保安庁の船、「あきつしま」からヘリコプターでペリリュー島に向かう途中、眼下に、その時と同じ美しい鳥の姿を認め、亡くなった方々の御霊《みたま》に接するようで胸が一杯になりました。

戦争で、災害で、志半ばで去られた人々を思い、残された多くの人々の深い悲しみに触れ、この世に悲しみを負って生きている人がどれほど多く、その人たちにとり、死者は別れた後も長く共に生きる人々であることを、改めて深く考えさせられた一年でした。

世界の出来事としては、アフリカや中東など、各地で起こる内戦やテロ、それによる難民の増大と他国への移動、米国とキューバの国交回復、長期にわたったTPP交渉などが記憶に残っています。また、日本や外地で会合を重ね、学ぶことの多かったドイツのヴァイツゼッカー元大統領やシンガポールのリー・クァンユー元首相、四十年以上にわたり、姉のようにして付き合ってくださったベルギーのファビオラ元王妃とのお別れがありました。

この回答を記している最中《さなか》、日本のお二人の研究者、大村智さんと梶田隆章さんのノーベル賞受賞という明るい、うれしいニュースに接しました。受賞を心から喜ぶと共に、お二人が、それぞれの研究分野の先達であり、同賞の受賞こそなかったとはいえ、かつてそれに匹敵する研究をしておられた北里柴三郎博士[37]や、つい七年前に亡くなられた戸塚洋二[38]さんの業績を深い敬意をもって語られることで、これらの方々の上にも私どもの思いを導いてくださったことをありがたく思いました。また、大村さんや同時受賞のアイルランドのウィリアム・キャンベル[39]博士と共に、同じこの分野で、国の各地に伝わる漢方薬の文献をくまなく調べ、ついにマラリヤに効果のある薬草の調合法を見出した中国の屠《と》呦呦《ゆうゆう》[40]さんの受賞も素晴らしいことでした。

スポーツの分野でも、テニスや車いすテニスの選手が立派な成果を上げ、また、ラグビーワールドカップにおける日本代表チームの輝かしい戦いぶりは、日本のみでなく世界の注目を集めました。四年後の日本で開かれる大会に、楽しく夢を馳せています。

身内での変化は、秋篠宮家の佳子が成年を迎え、公的な活動をはじめたこと、眞子が約一年の留学を終え、元気に戻ってきたことです。佳子はこの一年、受験、成年皇族としての公務、新しい大学生活、と、さまざまな新しい経験を積み、また時に両親に代わって悠仁の面倒をみるなど、数々の役目を一生懸命に果たしてきました。眞子が帰ってきてホッとしていることと思います。また、この十二月には三笠宮様が百歳におなりで、お祝い申し上げる日を楽しみにしております。

戦後七十年となる今年は、昭和天皇の終戦の詔勅の録音盤や、終戦が決められた御前会議の場となった吹上防空壕の映像が公開されるなど、改めて当時の昭和天皇の御心《みこころ》を思い上げることの多い一年でした。どんなにかご苦労の多くいらしたであろう昭和天皇をおしのび申し上げ、その御意志を体《たい》し、人々の安寧を願い続けておられる陛下のお側で、陛下の御健康をお見守りしつつ、これからの務めを果たしていければと願っています。

体調につき尋ねてくださりありがとうございました。今のところ、これまでと変わりなく過ごしています。

平成二十八年

——この一年も自然災害や五輪・パラリンピックなどさまざまな出来事がありました。八月には、天皇陛下が「象徴としての務め」についてのお気持ちを表明されました。この一年を振り返って感じられたことをお聞かせください。

昨年の誕生日以降、この一年も熊本の地震をはじめ各地における大雨、洪水等、自然災害は後を絶たず、これを記している今朝も、早朝のニュースで阿蘇山の噴火が報じられており、被害の規模を心配しています。八月末には、台風十号がこれまでにない進路をとり、東北と北海道を襲いました。この地方をはじめ、これから降灰の続くであろう阿蘇周辺の人々——とりわけ今収穫期を迎えている農家の人々の悲しみを深く察しています。自然の歴史のなかには、ある周期で平穏期と活性期が交互に来るといわれますが、今私どもは疑いもなくその活性期に生きており、誰もが災害に遭遇する可能性をもって生活していると思われます。皆が防災の意識を共有すると共に、皆してその時々に被災した人々を支え、決して孤独のなかに取り残したり置き去りにすることのない社会をつくっていかなければならないと感じています。

今年一月にはフィリピンの公式訪問がありました。アキノ大統領の手厚いおもてなしを受け、この機会にさきの大戦におけるフィリピン、日本両国の戦没者の慰霊ができたことを、心から感謝しています。戦時小学生であった私にも、モンテンルパ(41)という言葉は強く印象に残るものでしたが、このたびの訪問を機に、戦後キリノ大統領が、筆舌に尽くし難い戦時中の自身の経験にもかかわらず、憎しみの連鎖を断ち切るためにと、当時モンテンルパに収容されていた日本人戦犯百五名を釈放し、家族のもとに帰した行為に、改めて思いを致しました。

夏にはリオで、ブラジルらしい明るさと楽しさをもってオリンピック、パラリンピックが開催され、大勢の日本選手が、強い心で戦い、スポーツのもつ好ましい面をさまざまに見せてくれました。競技中の選手を写した写真が折々に新聞の紙面を飾りましたが、健常者、障害者を問わず、優れた運動選手が会心の瞬間に見せる姿の美しさには胸を打つものがあり、そうした写真のいくつもを切り抜いて持っています。

前回の東京オリンピックに続き、小規模ながら織田フィールド[42]で開かれた世界で二回目のパラリンピックの終了後、陛下は、リハビリテーションとしてのスポーツの重要性はもちろんのことながら、パラリンピックがより深く社会との接点をもつためには、障害者スポーツが、健常者のスポーツと同様、真にスポーツとして、する人と共に観る人をも引きつけるものとして育ってほしいとの願いを関係者に述べられました。今回のリオパラリンピックは、そうした夢の実現であったように思います。

今年のうれしいニュースの一つに、日本の研究者により新しい元素が発見され、ニホニウムと名付けられたことがありました。またこの十月には、大隅良典博士がオートファジーの優れたご研究により生理学・医学部門でノーベル賞を受けられました。

五十年以上にわたり世界の発展途上国で地道な社会貢献を続けてきた日本の青年海外協力隊が、本年フィリピンでマグサイサイ賞[43]を受けたこともうれしいことでした。この運動は、今ではシニア海外ボランティア、日系社会青年ボランティア及び日系社会シニアボランティアとさらにその活動の幅をひろげています。

ごく個人的なことですが、いつか一度川の源流から河口までを歩いてみたいと思っていました。今年の七月、その夢がかない、陛下と御一緒に神奈川県小網代の森で、浦の川のほぼ源流から海までを歩くことができました。流域の植物の変化、昆虫の食草等の説明を受け、大層暑い日でしたが、良い思い出になりました。

最近心にかかることの一つに、視覚障害者の駅での転落事故が引き続き多いことがあります。目が不自由なため、過去に駅から転落した人の統計は信じられぬほど多く、今年八月にも残念な事故死が報じられました。ホーム・ドアの設置が各駅に及ぶことが理想ですが、同時に事故の原因をホーム・ドアの有無のみに帰せず、さらにさまざまな観点から考察し、これ以上悲しい事例の増えぬよう、皆して努力していくことも大切に思われます。

この一年間にも、長年皇室を支えてくれた藤森昭一元宮内庁長官や金澤一郎元皇室医務主管、「名もなく貧しく美しく」をはじめ数々の懐かしい映画を撮られた松山善三氏等、たくさんの人々との別れがありました。

国外では、この九日、文化の力でポーランドの民主化に計り知れぬ貢献をされたアンジェイ・ワイダ氏[44]が亡くなりました。長年にわたり、日本の良き友であり、この恵まれた友情の記憶を大切にしたいと思います。

日本のみならず、世界の各地でも自然災害が多く、温暖化の問題も年毎に深刻さを増しています。各地でのテロに加え、内戦の結果発生した多くの難民の集団的移動とその受け入れも、世界が真向かわねばならぬ大きな課題になっています。そのようななかで、この夏のリオ五輪では難民による一チームが編成され、注目を集めました。四年後の東京では、このなかの一人でも多くが、母国の選手として出場できることを願わずにはいられません。世界の少なからぬ地域で対立が続くなか、長年にわたり国内の和平に勇気と忍耐をもって取り組んで来られたコロンビアのサントス大統領が、今年のノーベル平和賞を授与されたことは感慨深いことでした。

八月に陛下の御放送があり、現在のお気持ちのにじむ内容のお話が伝えられました。私は以前より、皇室の重大な決断が行われる場合、これに関わられるのは皇位の継承に連なる方々であり、その配偶者や親族であってはならないとの思いをずっと持ち続けておりましたので、皇太子や秋篠宮ともよく御相談の上でなされたこのたびの陛下の御表明も、謹んでこれを承りました。ただ、新聞の一面に「生前退位」という大きな活字を見た時の衝撃は大きなものでした。それまで私は、歴史の書物のなかでもこうした表現に接したことが一度もなかったので、一瞬驚きと共に痛みを覚えたのかもしれません。私の感じ過ぎであったかもしれません。

この一年、身内の全員がつつがなく過ごせたことは幸いなことでした。一月には、秋篠宮の長女の眞子が、無事留学生活を終え、本格的に成年皇族としての働きを始めました。真面目に、謙虚に、一つひとつの仕事にあたっており、愛《いと》おしく思います。

この回答を書き終えた十三日夜、タイ国国王陛下の崩御という悲しい報せを受けました。私より六つ七つほどお上で、二十代の若いころより兄のような優しさで接してくださっており、御病気とうかがいながらも、今一度お会いできる機会をと望んでおりました。王妃陛下、王室の皆様方、タイ国民の悲しみに思いを致しております。

平成二十九年

――この一年も九州北部豪雨をはじめとする自然災害などさまざまな出来事がありました。六月には「天皇の退位等に関する皇室典範特例法」が成立し、九月には眞子さまのご婚約が内定しました。この一年を振り返って感じられたことをお聞かせください。

熊本地震から一年半が経《た》ちましたが、この一年間にも、各地で時には震度六弱にも及ぶ地震、激しい集中豪雨による川の氾濫や土砂崩れなどがあり、こうしている今も、九州では新燃岳の噴火が間断なく続いています。昨年の熊本地震に始まり、豪雨により大きな被害を受けた九州北部では、今も大勢の人たちが仮設住宅で生活を続けていること、さらに地震や津波の災害からすでに六年以上経た岩手、宮城、福島の三県でも、今なお一万八千人を超す人々が仮設住宅で暮らしていることを深く案じています。また、北九州には、地震で被災した後に、再び豪雨災害に見舞われたところもあり、そうした地区の人たちの深い悲しみを思い、どうか希望を失わず、これから来る寒い季節を、体を大切にして過ごしてくださるよう心から願っています。

本年は年明け後、陛下と御一緒にベトナムを訪問いたしました。これまでアジアの各地を訪問してまいりましたが、子どものころ「仏印《ふついん》」という呼び名でなじんでいたこの地域の国を訪《おとず》れるのは初めてで、確か国民学校の教科書に「安南《あんなん》シャムは　まだはるか」[45]という詩の一節があったことなどを思い出しつつ、まいりました。今回訪問したことにより、ベトナム独立運動の先駆者と呼ばれるファン・ボイ・チャウと日本の一医師との間にあった深い友情のことや、第二次大戦後の一時期、ベトナムで営まれていた日本の残留兵とベトナム人の家族のことなど、これまであまり触れられることのなかった、この国と日本との間の深いつながりを知ることができ、印象深く、忘れ難い旅になりました。

今年は国内各地への旅も、もしかすると、これが公的に陛下にお供してこれらの府県を訪れる最後の機会かもしれないと思うと、感慨もひとしお深く、いつにも増して日本のそれぞれの土地の美しさを深く感じつつ、旅をいたしました。こうした旅のいずれの土地においても感じられる人々の意識の高さ、真面目さ、勤勉さは、この国の古来から変わらぬ国民性と思いますが、それが各時代を生き抜いてきた人々の知恵と経験の蓄積により、時に地域の文化といえるまでに高められていると感じることがあります。昨年十二月に糸魚川で大規模な火災[46]が起こった時、過去の大火の経験から、住民間に強風への危機意識が定着しており、さらにさまざまな危機対応の準備が整っていて、あれほどの大火であったにもかかわらず一名の死者も出さなかったことなど、不幸な出来事ではありましたが、そうした一例として挙げられるのではないかと思います。

米国、フランスでの政権の交代、英国のEU脱退通告、各地でのテロの頻発など、世界にも事多いこの一年でしたが、こうしたなか、中満泉[47]さんが国連軍縮担当の上級代表になられたことは、印象深いことでした。「軍縮」という言葉が、最初随分遠いところのものに感じられたのですが、就任以来中満さんが語られていることから、軍縮とは予防のことでもあり、軍縮を狭い意味に閉じ込めず、経済、社会、環境など、もっと統合的視野のうちにとらえ、たとえば地域の持続的経済発展を助けることで、そこで起こり得る紛争を回避することも「軍縮」の業務の一部であることを教えられ、今後この分野にも関心を寄せていく上での助けになるとうれしく思いました。国連難民高等弁務官であった緒方貞子[48]さんの下で、すでに多くの現場経験を積まれている中満さんが、これからのお仕事を元気に務めていかれるよう祈っております。

この一年を振り返り、心に掛かることの第一は、やはり自然災害や原発事故による被災地の災害からの復興ですが、そのほか、奨学金制度の将来、日本で育つ海外からの移住者の子どもたちのため必要とされる配慮のことなどがあります。また環境のこととして、プラスチックごみが激増し、すでに広い範囲で微細プラスチックを体内に取り込んだ魚が見つかっていること、また、最近とみに増えている、小さいけれど害をなすセアカゴケグモ[49]をはじめとする外来生物の生息圏が徐々にひろがってきていることを心配しています。こうした虫のなかでも、特に強い毒性を持つヒアリ[50]は怖く、港湾で積荷を扱う人々が刺されることのないよう願っています。

カンボジアがまだ国際社会から孤立していたころから五十年以上、アンコール・ワットの遺跡の研究を続け、その保存修復と、それに関わる現地の人材の育成に力を尽くしてこられた石澤良昭博士[51]が、八月、「マグサイサイ賞」を受賞されたことは、最近のうれしいニュースの一つでした。博士が「カンボジア人によるカンボジア人のための遺跡修復」を常に念頭に活動され、日本のアジアへの貢献をなさったことに深い敬意を覚えます。

医学の世界、とりわけｉＰＳ細胞の発見に始まるこの分野の着実な発展にも期待をもって注目しており、これにより苦しむ多くの病者に快復の希望がもたらされる日を待ち望んでいます。

スポーツの世界でも、さまざまな良い報《しら》せがありました。特に女子スピードスケートの世界スプリント選手権で、日本女子が初めて総合優勝に輝いたこと、陸上競技百メートル走で、ついに十秒を切る記録が出、続いて十秒〇〇の好記録がこれを追うなど、素晴《すば》らしい収穫の一年でした。現役を引退するフィギュアスケートの浅田真央さん、ゴルフの宮里藍さん、テニスの伊達公子さんの、いずれも清《すが》すがしい引退会見も強く印象に残っています。

将棋も今年大勢の人を楽しませてくれました。若く初々しい棋士(52)の誕生もさることながら、その出現をしっかりと受け止め、愛情をもって育てようとするこの世界の先輩棋士の対応にも心を打たれました。

宗像・沖ノ島と関連遺産群がユネスコの世界遺産に登録されることも喜ばしく、今月、宗像大社を訪れることを楽しみにしています。

今年もノーベル賞の季節となり、日本も関わる二つの賞の発表がありました。文学賞は日系の英国人作家イシグロ・カズオさんが受賞され、私がこれまでに読んでいるのは一作のみですが、今も深く記憶に残っているその一作『日の名残り』の作者の受賞を心からお祝いいたします。

平和賞は、核兵器廃絶国際キャンペーン「ＩＣＡＮ」が受賞しました。核兵器の問題に関し、日本の立場は複雑ですが、本当に長いながい年月にわたる広島、長崎の被爆者たちの努力により、核兵器の非人道性、ひとたび使用された場合の恐るべき結果等にようやく世界の目が向けられたことには大きな意義があったと思います。そして、それと共に、日本の被爆者の心が、決して戦いの連鎖をつくる「報復」にではなく、常に将来の平和の希求へと向けられてきたことに、世界の目が注がれることを願っています。

今年も大勢の懐かしい方たちとのお別れがありました。犬養道子[53]さん、医師の日野原重明先生[54]、三浦朱門[55]さん、大岡信[56]さん、元横綱の佐田の山[57]さん、新潟県中越地震の時に山古志村の村長でいらした長島忠美[58]さん、宮内庁参与として皇室を支えてくださった原田明夫さんなど。また、この一年は「うさこちゃん」のディック・ブルーナ[59]さん、「くまのパディントン」のマイケル・ボンド[60]さん、「コロボックル物語」の佐藤さとる[61]さん、絵本作家の杉田豊[62]さんなど、長く子どもたちの友であってくださった内外の作家や画家を失った年でもありました。

今から二十五年前、アルベールビル冬季五輪のスピードスケート千メートルで三位になった宮部行範[63]さんの、四十八歳というあまりにも若い逝去も惜しまれます。入賞者をお招きした赤坂御所で、「掛けてみます?」と銅メダルを掛けてくださったことを、ついこの間のことのように思い出します。

昨年の十月には、三笠宮様が百歳の長寿をまっとうされ、薨去になりました。寂しいことですが、大妃殿下が御高齢ながら、今も次世代の皇室を優しく見守っていてくださることを本当に有り難く、心強く思っております。

身内では九月に、初孫としてその成長を大切に見守ってきた秋篠宮家の長女眞子と小室圭さんとの婚約が内定し、その発表後ほどなく、妹の佳子が留学先のリーズ大学に発《た》っていきました。

また、この六月からは、私どもの長女の清子が池田厚子様のお後を継ぎ、神宮祭主のお役に就いております。

陛下の御譲位については、多くの人々の議論を経て、この六月九日、国会で特例法が成立しました。長い年月、ひたすら象徴のあるべき姿を求めてここまで歩まれた陛下が、御高齢となられた今、しばらくの安息の日々をおもちになれるということに計り知れぬ大きな安らぎを覚え、これを可能にしてくださった多くの方々に深く感謝しております。

第三節◉国外に向けて

国際児童図書評議会（ＩＢＢＹ）ニューデリー大会（平成十年）基調講演

ジャファ夫人、デアルデン夫人、ＩＢＢＹの皆様

第二十六回国際児童図書評議会（ＩＢＢＹ）ニューデリー大会の開催にあたり、思いがけず基調講演者としてお招きを受けました。残念なことに、直接会議に参加することができず、このような形でお話をさせていただくことになりましたが、遠く日本より、このたびのニューデリー大会の開催をお祝いし、御招待に対し厚くお礼を申し上げます。

大会の行われているインドの国に、私はたくさんの懐かしい思い出を持っています。一九六〇年、当時皇太子でいらした天皇陛下と共にインドを訪れた時、私は二十六歳で、生後九か月になる一児の若い母であり、その十三年前、長い希望の年月を経て独立を果たしたインドは、プラサド大統領、ラ

ダクリシュナン副大統領、ネルー首相の時代でした。この方々のお話――自由と民主主義、平和への思い――を、心深くうかがった日々、また、人々の歓迎に包まれて、カルカッタ、ニューデリー、ボンベイ、アグラ、ブダガヤ、パトナを旅した日々のことを、今懐かしく思い出しつつ、インド国際児童図書評議会によりとり行われる今大会の御成功を、心からお祈りいたします。

大会のテーマである「子どもの本を通しての平和」につき、私にどのようなお話ができるでしょうか。今から三年前、一九九五年三月に、ＩＢＢＹのインド支部会長、ジャファ夫人のお手紙を受けとったその日から、私は何回となく、このことを自分に問いかけて来ました。

私は、多くの方々と同じく、今日まで本から多くの恩恵を受けてまいりました。子どものころは遊びの一環として子どもの本を楽しみ、成人してからは大人の本を、そして数は多くはないのですが、ひき続き子どもの本を楽しんでいます。結婚後三人の子どもに恵まれ、かつて愛読した児童文学を、再び子どもと共に読み返す喜びを与えられると共に、新しい時代の児童文学を知る喜びも与えられたことは、誠に幸運なことでした。

もし子どもを持たなかったなら、私は赤ずきんやアルプスのハイジ、モーグリ少年(64)の住んだジャングルについては知っていても、森のなかで動物たちと隠れん坊をするエッツの男の子とも、レオ・レオーニ(65)の「あおくん」や「きいろちゃん」ともめぐり会うことはできなかったかもしれないし、バートン(66)の『ちいさいおうち』の歴史を知ることもなかったかもしれません。トールキンやC・S・ルイス、ローズマリー・サトクリフ、フィリッパ・ピアス等の名も、すでに子どもたちの母となってから知りました。しかし、さきにも述べたように、私はあくまでごく限られた数の本しか目を通しておらず、研究者、専門家としての視点からお話をする力は持ちません。また、児童文学と平和という今回の主題に関しても、私は非常に間接的にしか、この二つを結びつけることができないのではないかと案じています。

児童文学と平和とは、必ずしも直線的に結びついているものではないでしょう。また、言うまでもなく一冊、または数冊の本が、平和への扉を開ける鍵であるというようなことも、あり得ません。今日、この席で、もし私にできることが何かあるとすれば、それは自分の子ども時代の読書経験を振り返り、自分のなかに、その後の自分の考え方、感じ方の「芽」になるようなものを残したと思われる何冊かの本を思い出し、それにつきお話をしてみることではないかと思います。そして、わずかであれ、それを今大会の主題である、「平和」という脈絡のなかに置いて考えてみることができればと願っています。

生まれて以来、人は自分と周囲との間に、一つひとつ橋をかけ、人とも、物ともつながりを深め、それを自分の世界として生きています。この橋がかからなかったり、かけても橋としての機能を果たさなかったり、時として橋をかける意志を失った時、人は孤立し、平和を失います。この橋は外に向かうだけでなく、内にも向かい、自分と自分自身との間にも絶えずかけ続けられ、本当の自分を発見し、自己の確立をうながしていくように思います。

私の子どもの時代は、戦争による疎開生活をはさみながらも、年長者の手に護られた、比較的平穏なものであったと思います。そのようななかでも、たび重なる生活環境の変化は、子どもには負担であり、私は時に周囲との関係に不安を覚えたり、なかなか折り合いのつかない自分自身との関係に、疲れてしまったりしていたことを覚えています。

そのような時、何冊かの本が身近にあったことが、どんなに自分を楽しませ、励まし、個々の問題を解かないまでも、自分を歩き続けさせてくれたか。私の限られた経験が、果たして何かのお役に立つものかと心配ですが、思い出すままにお話をしてみたいと思います。

まだ小さな子どもであった時に、一匹のでんでん虫の話を聞かせてもらったことがありました。不確かな記憶ですので、今、おそらくはそのお話のもとはこれではないかと思われる、新美《にいみ》南吉《なんきち》(67)の『でんでんむしのかなしみ』にそってお話いたします。そのでんでん虫は、ある日突然、自分の背中の殻に、悲しみが一杯つまっていることに気づき、友だちを訪《たず》ね、もう生きていけないのではないか、と自分の背負っている不幸を話します。友だちのでんでん虫は、それはあなただけではない、私の背中の殻にも、悲しみは一杯つまっている、と答えます。小さなでんでん虫は、別の友だち、また別の友だちと訪ねて行き、同じことを話すのですが、どの友だちからも返って来る答えは同じでした。そして、でんでん虫はやっと、悲しみは誰でも持っているのだ、ということに気づきます。自分だけではないのだ。私は、私の悲しみをこらえていかなければならない。この話は、このでんでん虫が、もうなげくのをやめたところで終わっています。

あのころ、私はいくつくらいだったのでしょう。母や、母の父である祖父、叔父や叔母たちが本を読んだりお話しをしてくれたのは、私が小学校の二年くらいまででしたから、四歳から七歳くらいまでの間であったと思います。そのころ、私はまだ大きな悲しみというものを知りませんでした。だからでしょう。最後になげくのをやめた、と知った時、簡単にああよかった、と思いました。それだけのことで、特にこのことにつき、じっと思いをめぐらせたということでもなかったのです。

しかし、この話は、その後何度となく、思いがけない時に私の記憶に甦って来ました。殻一杯になるほどの悲しみということと、ある日突然そのことに気づき、もう生きていけないと思ったでんでん虫の不安とが、私の記憶に刻みこまれていたのでしょう。少し大きくなると、初めて聞いた時のように、「ああよかった」だけでは済まされなくなりました。生きていくということは、楽なことではないのだという、何とはない不安を感じることもありました。それでも、私は、この話が決して嫌いではありませんでした。

私が小学校に入るころに戦争が始まりました。昭和十六年（一九四一）のことです。四学年に進級するころには戦況が悪くなり、生徒たちはそれぞれに縁故を求め、または学校集団として、田舎に疎開していきました。私の家では父と兄が東京に残り、私は妹と弟と共に、母に連れられて海辺に、山に、住居を移し、三度目の疎開先で終戦を迎えました。

たび重なる移居と転校は子どもには負担であり、異なる風土、習慣、方言のなかでの生活には、戸惑いを覚えることも少なくありませんでしたが、田舎での生活は、時に病気がちだった私をすっかり健康にし、私は蚕を飼ったり、草刈りをしたり、時にはゲンノショーコとカラマツ草を、それぞれ干して四キロずつ供出するという、宿題のノルマにも挑戦しました。八キロの干草は手では持ちきれず、母が背中に負わせてくれ、学校まで運びました。牛乳が手に入らなくなり、母は幼い弟のために山羊を飼い、その世話と乳しぼりを私にまかせてくれました。

教科書以外にほとんど読む本のなかったこの時代に、たまに父が東京から持ってきてくれる本は、どんなにうれしかったか。冊数が少ないので、惜しみ惜しみ読みました。そのようななかの一冊に、今、題を覚えていないのですが、子どものために書かれた日本の神話伝説の本がありました。日本の歴史の曙のようなこの時代を物語る神話や伝説は、どちらも八世紀に記された二冊の本、『古事記』と『日本書紀』に記されていますから、おそらくはそうした本から、子ども向けに再話されたものだったのでしょう。

父がどのような気持ちからその本を選んだのか、寡黙な父から、その時も、その後も聞いたことはありません。しかしこれは、今考えると、本当に良い贈り物であったと思います。なぜなら、それから間もなく戦争が終わり、米軍の占領下に置かれた日本では、教育の方針が大幅に変わり、その後は歴史教育のなかから、神話や伝説はまったく削除されてしまったからです。

私は、自分が子どもであったためか、民族の子ども時代のようなこの太古の物語を、大変面白く読みました。今思うのですが、一国の神話や伝説は、正確な史実ではないかもしれませんが、不思議とその民族を象徴します。これに民話の世界を加えると、それぞれの国や地域の人々が、どのような自然観や生死観を持っていたか、何を尊び、何を恐れたか、どのような想像力を持っていたかなどが、うっすらとですが感じられます。

父がくれた神話伝説の本は、私に、個々の家族以外にも、民族の共通の祖先があることを教えたという意味で、私に一つの根っこのようなものを与えてくれました。本というものは、時に子どもに安定の根を与え、時にどこにでも飛んでいける翼を与えてくれるもののようです。もっとも、この時の根っこは、かすかに自分の帰属を知ったというほどのもので、それ以後、これが自己確立という大きな根に少しずつ育っていく上の、ほんの第一段階に過ぎないものではあったのですが。

また、これはずっと後になって認識したことなのですが、この本は、日本の物語の原型ともいうべきものを私に示してくれました。やがてはその広大な裾野に、児童文学が生まれる力強い原型です。

そしてこの原型との子ども時代の出合いは、その後私が異国を知ろうとする時に、何よりもまず、その国の物語を知りたいと思うきっかけをつくってくれました。私にとり、フィンランドは第一にカレワラの国であり、アイルランドはオシーンやリヤの子どもたちの国、インドはラマヤナやジャータカの国、メキシコはポポル・ブフの国です。これだけがその国のすべてでないことはもちろんですが、他国に親しみをもつ上で、これは大層楽しい入口ではないかと思っています。

二、三十年ほど前から、「国際化」「地球化」という言葉をよく聞くようになりました。しかしこうしたことは、ごく初歩的な形で、もう何十年――もしかしたら百年以上も前から――子どもの世界では本を通じ、ゆるやかに始まっていたといえないでしょうか。一九九六年の「子どもの本の日」のためにＩＢＢＹがつくったポスターには、世界の家々を象徴するたくさんの屋根を見おろす上空に、ぷっかりと浮かんで、楽しげに本をよんでいる一人の少年が描かれていました。遠く離れた世界のあちこちの国で、子どもたちはもう何年も何年も前から、同じ物語を共有し、同じ物語の主人公に親しんで来たのです。

父のくれた古代の物語のなかで、一つ忘れられない話がありました。

年代の確定できない、六世紀以前の一人の皇子の物語です。倭建御子《やまとたけるのみこ》と呼ばれるこの皇子は、父天皇の命を受け、遠隔の反乱の地に赴いては、これを平定して凱旋するのですが、あたかもその皇子の力を恐れているかのように、天皇は新たな任務を命じ、皇子に平穏な休息を与えません。悲しい心を抱き、皇子は結局はこれが最後となる遠征に出かけます。途中、海が荒れ、皇子の船は航路を閉ざされます。この時、付き添っていた后、弟橘比売命《おとたちばなひめのみこと》は、自分が海に入り海神の怒りを鎮めるので、皇子はその使命を遂行し覆奏してほしい、と言い入水し、皇子の船を目的地に向かわせます。この時、弟橘は、美しい別れの歌を歌います。

さねさし相武《さがむ》の小野《をの》に燃ゆる火の火中《ほなか》に立ちて問ひし君はも

このしばらく前、建《たける》と弟橘《おとたちばな》とは、広い枯れ野を通っていた時に、敵の謀《はかりごと》に遭って草に火を放たれ、燃える火に追われて逃げまどい、九死に一生を得たのでした。弟橘の歌は、「あの時、燃えさかる火のなかで、私の安否を気遣ってくださった君よ」という、危急の折に皇子の示した、優しい庇護の気遣いに対する感謝の気持を歌ったものです。

悲しい「いけにえ」の物語は、それまでもいくつかは知っていました。しかし、この物語の犠牲は、少し違っていました。弟橘の言動には、何と表現したらよいか、建と任務を分かち合うような、どこか意志的なものが感じられ、弟橘の歌は――私は今、それが子ども向けに現代語に直されていたのか、原文のまま解説が付されていたのか思い出すことができないのですが――あまりにも美しいものに思われました。「いけにえ」という酷《むご》い運命を、進んで自らに受け入れながら、おそらくはこれまでの人生で、最も愛と感謝に満たされた瞬間の思い出を歌っていることに、感銘という以上に、強い衝撃を受けました。はっきりとした言葉にならないまでも、愛と犠牲という二つのものが、私のなかで最も近いものとして、むしろ一つのものとして感じられた、不思議な経験であったと思います。

この物語は、その美しさの故に私を深くひきつけましたが、同時に、説明のつかない不安感で威圧するものでもありました。

古代ではない現代に、海を鎮めるためや、洪水を防ぐために、一人の人間の生命が求められるとは、まず考えられないことです。ですから、人身御供《ひとみごくう》というそのことを、私が恐れるはずはありません。しかし、弟橘の物語には、何かもっと現代にも通じる象徴性があるように感じられ、そのことが私を息苦しくさせていました。今思うと、それは愛というものが、時として過酷な形をとるものなのかも知れないという、やはりさきに述べた愛と犠牲の不可分性への、恐れであり、畏怖《いふ》であったように思います。

まだ、子どもであったため、そのころは、すべてをぼんやりと感じただけなのですが、こうしたよくわからない息苦しさが、物語のなかの水に沈むというイメージと共に押し寄せて来て、しばらくの間、私はこの物語にずいぶん悩まされたのを覚えています。

疎開中に父が持ってきてくれた本のなかで、あと三冊、私の思い出に残っている本があります。これは兄の持っていた本で、いつか読みたいと思っていたものを、父に頼んで借りてきてもらったものでした。三冊共「日本少国民文庫」というシリーズに含まれていました。「少国民文庫」は全部で十五、六冊あり、「人間はどれだけの事をして来たか」「人類の進歩につくした人々」「発明物語と科学手工」「スポーツと冒険物語」などという題で一冊ごとがまとめられています。父はこの時、そのなかの「日本名作選」一冊と、「世界名作選」二冊を選んで持ってきてくれました。

この文庫が初めて刊行されたのは昭和十一年（一九三六）、兄は五つで、私はまだ二つのころです。その後戦争中の昭和十七年（一九四二）に改訂版が出されており、母が兄のために買ったのは、兄の年齢から見てもこれであったと思います。今私の手許にあるものは、今から十数年前に入手した、昭和十一年（一九三六）版のうちの数冊ですが、「名作選」の内容は記憶のものとほぼ一致しますので、戦前も戦中も、あまり変化はなかったものと思われます。

今この三冊の本のうち、「世界名作選」二巻を開いてみると、キプリングのジャングル・ブックのなかの『リッキ・ティキ・タヴィ物語』や、ワイルドの『幸福の王子』、カレル・チャペックの『郵便配達の話』、トルストイの『人は何によって生きるか』、シャルル・フィリップやチェーホフの手紙、アン・モロー・リンドバーグの『日本紀行』などが並んでいます。ケストナー(68)やマーク・トウェイン、ロマン・ロラン、ヘンリー・ヴァンダイク、ラスキンなどの名も見えます。必ずしも全部を熟読していない証拠に、内容の記憶がかすかなものもあります。

子どもにも理解できるような、いくつかの詩もありました。

カルル・ブッセ、フランシス・ジャム、ウイリアム・ブレイク[69]、ロバート・フロスト[70]……。私が、インドの詩人タゴール[71]の名を知ったのも、この本のなかででした。「花の学校」という詩が選ばれていました。後年、『新月』という詩集のなかに、この詩を再び見出した時、どんなにうれしかったことか。「花の学校」は、私をすぐに同じ詩人による「あかんぼの道」や「審《さば》く人」、「チャンパの花」へと導いていきました。

ケストナーの「絶望」は、非常に悲しい詩でした。小さな男の子が、汗ばんだ手に一マルクを握って、パンとベーコンを買いに小走りに走っています。ふと気づくと、手のなかのお金がありません。街のショー・ウィンドーの灯はだんだんと消え、方々の店の戸が締まり始めます。少年の両親は、一日の仕事の疲れのなかで、子どもの帰りを待っています。その子が家の前まで来て、壁に顔を向け、じっと立っているのを知らずに。心配になった母親が捜しに出て、子どもを見つけます。いったいどこにいたの、と尋ねられ、子どもは激しく泣き出します。「彼の苦しみは、母の愛より大きかった／二人はしょんぼりと家に入っていった」という言葉で終わっています。

この世界名作選には、この「絶望」のほかにも、ロシアのソログーブ[72]という作家の『身体検査』という悲しい物語が入っています。貧しい家の子どもが、学校で盗みの疑いをかけられ、ポケットや靴下、服のなかまで調べられている最中に、別の所から盗難品が出てきて疑いが晴れるという物語で、この日帰宅した子どもから一部始終を聞いた母親が、「何も言えないんだからね。大きくなったら、こんなことどころじゃない。この世にはいろんなことがあるからね」と歎く言葉がつけ加えられています。

思い出すと、戦争中にはとかく人々の志気を高めようと、勇ましい話が多かったように思うのですが、そうしたなかでこの文庫の編集者が、「絶望」やこの『身体検査』のような話を、何故ここに選んで載せたのか興味深いことです。

生きている限り、避けることのできない多くの悲しみに対し、ある時期から子どもに備えさせなければいけない、という思いがあったのでしょうか。そしてお話のなかのでんでん虫のように、悲しみは誰もが皆負っているのだということを、子どもたちに知ってほしいという思いがあったのでしょうか。

私は、この文庫の編集企画をした山本有三[73]につき、二、三の小説や戯曲による以外詳しくは知らないのですが、「日本名作選」及び「世界名作選」を編集するにあたっては、子どもに喜びも悲しみも、深くこれを味わってほしいという、有三と、その協力者たちの強い願いがあったのではないかと感じられてなりません。

本から得た「喜び」についても、ここで是非お話をさせていただきたいと思います。たしかに、世のなかにさまざまな悲しみのあることを知ることは、時に私の心を重くし、暗く沈ませました。しかし子どもは不思議なバランスのとり方をするもので、こうして少しずつ、本のなかで世のなかの悲しみに触れていったと同じころ、私は同じく本のなかに、大きな喜びも見出していっていたのです。この喜びは、心がいきいきと躍動し、生きていることへの感謝が湧き上がってくるような、快い感覚とでも表現したらよいでしょうか。

初めてこの意識を持ったのは、東京から来た父のカバンに入っていた小型の本のなかに、一首の歌を見つけた時でした。それは春の到来を告げる美しい歌で、日本の五七五七七の定型で書かれていました。その一首をくり返し心のなかで誦していると、古来、日本人が愛し、定型としたリズムの快さのなかで、言葉がキラキラと光って喜んでいるように思われました。詩が人の心に与える喜びと高揚を、私はこの時始めて知ったのです。先に私は、本から与えられた「根っこ」のことをお話いたしましたが、今ここで述べた「喜び」は、これから先に触れる「想像力」と共に、私には自分の心を高みに飛ばす、強い「翼」のように感じられました。

「世界名作選」の編集者は、悲しく心の沈む「絶望」の詩と共に、こうした心の踊る喜びの歌を、その選に入れるのを忘れてはいませんでした。ロバート・フロストの「牧場《まきば》」という詩は、私にそうした喜びを与えてくれた詩の一つでした。短い詩なので読んでみます。

「牧場」

牧場《まきば》の泉《いづみ》を掃除《さうぢ》しに行《い》ってくるよ
ちょっと落葉《おちば》をかきのけるだけだ
（でも水が澄《す》むまで見てるかも知れない）
すぐ帰《かへ》ってくるんだから――君も来《き》たまへ

小牛《こうし》をつかまへに行ってくるよ
母牛《おや》のそばに立ってるんだがまだ赤《あか》ん坊《ぼう》で
母牛《おや》が舌《した》でなめるとよろけるんだよ
すぐ帰《かへ》ってくるんだから――君も来《き》たまへ

この詩のどこに、喜びの源があるのか、私に十分説明することはできません。もちろんその詩の内容が、とても感じのよいものなのですが、この詩の用語のなかにも、いくつかの秘密が隠れているようです。どれも快い想像をおこさせる「牧場」「泉」「落葉」「水が澄む」などの言葉、そして「すぐ帰ってくるんだから――君も来たまへ」という、一節ごとのくり返し。

この詩を読んでから七、八年後、私はこの詩に、大学の図書館でもう一度めぐり合うことになります。米詩の詩歌集《アンソロジー》のなかにでもあったのでしょうか。このたびは原語の英語によるものでした。この詩を、どこかで読んだことがある、と思った時、二つの節の最終行のくり返《かえ》しが、記憶のなかの日本語の詩と、ぴったりと重なったのです。「すぐ帰ってくるんだから――君も来たまへ」。この時初めて名前を知ったバーモントの詩人が、頁のなかから呼びかけてきているようでした。

英語で読むと、さらに掃除《クリーン》、落葉《リーヴス》、澄《クリアー》む、なめる《リック》、小牛《リトルカーフ》など、L音の重なりが快く思われました。

しかし、こうしたことはともかくとして、この原文を読んで私が心から感服したのは、私がかつて読んだ阿部《あべ》知二《ともじ》(74)の日本語訳の見事さ、美しさでした。

この「世界名作選」を編集する時、作品を選ぶ苦心と共に、日本語の訳の苦心があった、と山本有三はその序文に記しています。既刊の翻訳にすべて目を通し、カルル・ブッセの「山のあなた」の詩をのぞく、すべての作品は、悉《ことごと》く新たな訳者に依頼して新訳を得、また、同じ訳者の場合にも、さらに良い訳を得るために加筆を求めたといいます。

私がこの本を読んだころ、日本はすでに英語を敵国語とし、その教育を禁止していました。戦場におもむく学徒の携帯する本にも、さまざまな制約があったと後に聞きました。子どもの私自身、英米は敵だとはっきりと思っておりました。フロストやブレイクの詩も、もしこうした国の詩人の詩だと意識していたら、何らかの偏見を持って読んでいたかも知れません。

世界情勢の不安定であった一九三〇年代、四〇年代に、子どもたちのために、広く世界の文学を読ませたいと願った編集者があったことは、当時これらの本を手にすることのできた日本の子どもたちにとり、幸いなことでした。この本をつくった人々は、子どもたちが、まず美しいものに触れ、また、人間の悲しみ喜びに深く触れつつ、さまざまに物を思って過ごしてほしいと願ってくれたのでしょう。ちなみにこの名作選の最初の数頁には、日本や世界の絵画、彫刻の写真が、黒白ではありますが載っていました。

当時私はまだ幼く、こうした編集者の願いを、どれだけ十分に受けとめていたかはわかりません。しかし、少なくとも、国が戦っていたあの暗い日々のさなかに、これらの本は国境による区別なく、人々の生きる姿そのものを私にかいま見させ、自分とは異なる環境下にある人々に対する想像を引き起こしてくれました。数冊の本と、本を私に手渡してくれた父の愛情のおかげで、私もまた、世界の屋根の上にぷっかりと浮き、楽しく本を読むあのＩＢＢＹのポスターの少年の分身でいられたのです。

戦争は一九四五年の八月に終わりました。私たち家族は、その後しばらく田舎にとどまり、戦災をまぬがれた東京の家にもどりました。もう小学校の最終学年になっていました。

この辺で、これまでここでとり上げてきた本のほとんどが、疎開生活という、やや特殊な環境下で、私の読んだ本であったということにつき、少し触れたいと思います。

この時期、私は本当にわずかしか本を持ちませんでした。それは、数少ない本――それも、大人の手を通ってきた、ある意味ではかなり教育的な本――を、普段よりもずっと集中して読んでいた、一つの特殊な期間でした。

疎開生活に入る以前、私の生活に読書が持った比重は、それほど大きなものではありません。自分の本はあまり持たず、三つ年上の兄のかなり充実した本棚に行っては、気楽で面白そうな本を選び出してきて読んでいました。私の読書力は、主に少年向きに書かれた剣豪ものや探偵小説、日本で当時ユーモア小説といわれていた、実に楽しく愉快な本の読書により得られたものです。漫画は今と違い、種類が少なかったのですが、新しいものが出ると、待ちかねて読みました。今回とり上げた「少国民文庫」にも、武井武雄(75)という人の描いた、赤ノッポ青ノッポという、二匹の鬼を主人公とする漫画がどの巻にも入っており、私はくり返しくり返しこれらを楽しみ、かなり乱暴な「鬼語」に熟達しました。

子どもはまず、「読みたい」という気持ちから読書を始めます。ロッテンマイアーさんの指導下で少しも字を覚えなかったハイジが、クララのおばあ様からいただいた一冊の本を読みたさに、そしてそこに、ペーターの盲目のおばあ様のために本を読んであげたい、というもう一つの動機が加わって、どんどん本が読めるようになったように。幼少時に活字に親しむことが、何より大切だと思います。ある程度の読書量に耐える力がついていなかったら、そして、急に身のまわりから消えてしまった本や活字への郷愁がなかったら、私は父が持って来てくれた数冊の本を、あれほど熱心に読むことはなかったし、一年半余に及ぶ私の疎開生活に、読書の思い出をつけ加えることはできませんでした。

今振り返って、私にとり、子ども時代の読書とは何だったのでしょう。

何よりも、それは私に楽しみを与えてくれました。そして、その後に来る、青年期の読書のための基礎をつくってくれました。

それはある時には私に根っこを与え、ある時には翼をくれました。この根っこと翼は、私が外に、内に、橋をかけ、自分の世界を少しずつ広げて育っていく時に、大きな助けとなってくれました。

読書は私に、悲しみや喜びにつき、思いめぐらす機会を与えてくれました。本のなかには、さまざまな悲しみが描かれており、私が、自分以外の人がどれほどに深くものを感じ、どれだけ多く傷ついているかを気づかされたのは、本を読むことによってでした。

自分とは比較にならぬ多くの苦しみ、悲しみを経ている子どもたちの存在を思いますと、私は、自分の恵まれ、保護されていた子ども時代に、なお悲しみはあったということを控えるべきかもしれません。しかしどのような生にも悲しみはあり、一人一人の子どもの涙には、それなりの重さがあります。私が、自分の小さな悲しみのなかで、本のなかに喜びを見出せたことは恩恵でした。本のなかで人生の悲しみを知ることは、自分の人生にいくばくかの厚みを加え、他者への思いを深めますが、本のなかで、過去現在の作家の創作の源となった喜びに触れることは、読む者に生きる喜びを与え、失意の時に生きようとする希望を取り戻させ、再び飛翔する翼を整えさせます。悲しみの多いこの世を子どもが生き続けるためには、悲しみに耐える心が養われると共に、喜びを敏感に感じとる心、また、喜びに向かって伸びようとする心が養われることが大切だと思います。

そして最後にもう一つ、本への感謝をこめてつけ加えます。読書は、人生のすべてが、決して単純でないことを教えてくれました。私たちは、複雑さに耐えて生きていかなければならないということ。人と人との関係においても。国と国との関係においても。

今回お招きをいただきながら、ニューデリー会議に直接参加できなかったことは本当に残念なことでした。この大会を組織なさったジャファ夫人はじめAWIC（Association of Writers and Illustrators for Children）の方たち、IBBY会長のカルメン・デアルデン夫人、事務総長のリーナ・マイセン夫人、そして、その方たちを支えたIBBYの各支部の方たちにとり、この大会の開催までの道は、決してなだらかなものではなかったでしょう。皆様方は、さまざまな複雑な問題のあるなかで、沈着に、忍耐強く、この日を準備してこられました。その国がたとえどのような政治状態にあろうとも、そこに子どもたちがいる限り、IBBYには果たすべき役割のあることを思い、このような形になりましたが、私はこのニューデリー大会一九九八年に参加いたしました。

どうかこれからも、これまでと同じく、本が子どもの大切な友となり、助けとなることを信じ、子どもたちと本とを結ぶＩＢＢＹの大切な仕事をお続けください。

子どもたちが、自分のなかに、しっかりとした根を持つために。

子どもたちが、喜びと想像の強い翼を持つために。

子どもたちが、痛みを伴う愛を知るために。

そして、子どもたちが人生の複雑さに耐え、それぞれに与えられた人生を受け入れて生き、やがて一人一人、私どもすべてのふるさとであるこの地球で、平和の道具となっていくために。


【註】皇后陛下のニューデリー大会特別ご講演（平成十年九月）は、ビデオによって行われたが、時間の都合から内容の一部が短縮された。その後、ご講演の内容は、『橋をかける〜子供時代の読書の思い出』と題され、詳細な註記を付した日本語・英語の完全版として出版された（すえもりブックス、平成十年十一月発行）。平成二十四年には文藝春秋から復刊されている。英文は６０７頁参照。

国際児童図書評議会（IBBY）創立五十周年記念大会（平成十四年）開会式のお言葉

ムバラク夫人、ドライフス夫人、コンティ首相、島会長、マイセン議長、IBBY《イビ》の皆様

創立五十周年という、大きな節目を祝うIBBYのバーゼル大会開催にあたり、ムバラク夫人、ドライフス夫人と共に、大会の名誉総裁に任じられましたことは、私にとり思いがけない喜びでございました。今日この式典に臨み、これまで子どもと本との出会いのため、世界の各地で誠意をもって働いてこられた皆様方とお会いいたしますことを、心からうれしく思います。IBBYの五十周年おめでとうございます。

五十七年前、第二次大戦の終わったその年、後にIBBYの創設者となるイエラ・レップマンは、戦後ドイツの疲弊した社会で生きる子どもたちに、本を見せたいという抑えがたい願いを抱きました。子どもの知性と想像力に働きかけ、子どもの心をふるい立たせるために、今、自由世界で子どもたちの読んでいる本を送ってほしい、できれば絵本や挿絵のある本を、というレップマンの要望は、やがて世界に発信され、二十か国から約八百冊の本となって彼女の手許に返ってきました。

このたび再版されたレップマンの著作『子どもの本は世界の架け橋』によると、これらの本は、ドイツの各都市をめぐり、百万人を超える子どもや大人の手にとられ、ある時は子どもたちの胸に抱きしめられ、その出発の地に戻って来ています。多くがページの端は折れ、やぶれ、これ以上に素晴らしい本はないのだ、とレップマンが言った、ボロボロになるまで読まれた本となって。

困難のなかで生き延びようとしている子どもたちが、どうかその心の支えとなる本にめぐり合ってほしい、という願いは、かつて自分自身子どもとして本から恩恵を受けた多くの大人たちの願いであり、このおそらくは世界に共通する願いが、五十数年前、レップマンの叫びに呼応し、戦後のドイツの子どもたちに本との出合いをつくったのでしょう。このレップマンの願いを継承し、IBBYは五十年にわたり、世界の各地で子どもと本をつなぐ仕事を続けてきました。

私自身がIBBYの活動と最初につながりを持ったのは、一九八〇年代の終わりころであったと思います。IBBY日本支部（JBBY）は、一九九〇年国際ハンス・クリスチャン・アンデルセン賞の候補者として、詩人まど・みちお氏(76)を選び、詩の翻訳を私に託しました。受賞することよりも、せめて各国の審査員に、日本にはこういう詩人がいることを知ってほしいから、という手紙と共に、まどさんの詩集が数冊送られて来ました。手紙の末尾に、翻訳料はなしで、と書き加えられていました。

私はそれまでに、それほど多くの詩を英訳していたわけではなく、十数年にわたり招かれていた英詩朗読会で読むために、年に三、四篇を訳していたに過ぎません。そのほとんどは、私が結婚し、三人の子どもを育てているころに読んだ日本の詩の英訳でした。

子どもが生まれ、育っていく日々、私は大きな喜びと共に、言い知れぬ不安を感じることがありました。自分の腕のなかの小さな生命《いのち》は、誰かから預けられた大切な宝のように思われ、私はそのころ、子どもの生命《いのち》に対する畏敬《おそれ》と、子どもの生命《いのち》を預かる責任に対する恐れとを、同時に抱いていたのだと思います。子どもたちが生きていく世界が、どうか平和なものであってほしいと心の底から祈りながら、世界の不穏《ふおん》な出来事のいずれもが、身近なものに感じられてなりませんでした。このような日々に、心をひかれた詩を英訳し、私は朗読会の方々と分け合っておりました。

私は、まどさんの詩を少しずつ訳し始めてみました。私の力ではなかなかはかどらず、始めてから四年目に、ようやく八十篇の翻訳※が整いました。この翻訳の仕事を通し、私はJBBYを知り、各国のIBBYの会員の方々ともお会いする機会を持つようになりました。

私はIBBYの会員が、さまざまな分野にわたることを次第に知るようになりました。作家、画家、研究者、翻訳者、出版関係者、教育関係者、そして図書館関係者。ヘルシンキでお会いしたIBBYの長年の協力者は、小さな可愛い劇場を持つ人形使いでした。会員を結んでいるものは、子どもと本とが良いめぐり合いを持ってほしいという共通の願いであり、また、本を通し、世界の子どもたちを少しでも近づけたいという、共通の理念であることを知りました。子どもと本に関わるあらゆる分野の人々が、IBBYという世界的な連絡網で結ばれ、世界に目を向けつつ、子どもと本をつなぐ仕事に携わっている姿が少しずつ見えて来ました。

一九九八年、ＩＢＢＹのニューデリー大会における基調講演を求められました。大会のテーマは「子どもの本を通しての平和」で、私は第二次大戦の末期、小学生として疎開していた時期の読書の思い出をお話しいたしました。

身近にほとんど本を持たなかったこの時期、私が手にすることのできた本はわずか四、五冊にすぎませんでしたが、そのなかの一冊である日本の神話や伝説の本は、非常にぼんやりとではありましたが、私に自分が民族の歴史の先端で過去と共に生きている感覚を与え、私に自分の帰属するところを自覚させました。このことは後に私が他国を知ろうとする時、まずその国に伝わる神話や伝説、民話などに関心を持つという、楽しい他国理解への道をつくりました。

子どものために編集された「世界文学選」二冊には、当時の対戦国の作家も含め、世界の作家の作品や、作品からの抜粋、――簡略化したものではなく――、詩、手紙などが入っていました。

二冊の本は、私に世のなかのさまざまな悲しみにつき教え、自分以外の人が、どれほどに深くものを感じ、どれほど多く傷ついているかを識《し》らせました。そして生きていくために、人は多くの複雑さに耐えていかなければならないことを、私に感じさせました。それとともに、それらは私に文字や言葉の与える心の高揚を実感させ、私のなかに喜びに向かって伸びようとする芽を植えました。戦時下の地方の町に住みながら、私は本という橋の上で、日本の古代の人々とも、また、異国の人々とも出会い、その人々の思いに触れていました。疎開先に私を訪ね、黙ってそれらの本を手渡してくれた人があったことは、私にとり、幸運なことでした。

私がこのたびバーゼルにまいりましたのは、私自身がかつて子どもとして、本から多くの恩恵を受けた者であったからです。大会の名誉総裁に推《お》され、また、大会へのお招きをいただいた時、私は自分がそれに相応《ふさわ》しい資格を欠くことを思い、ためらいを感じておりました。私がこの大会で自分にできることは何かを自分に問い、それはかつて自分が本から受けた恩恵に対し、今も私が深い感謝を抱いていることをお伝えし、世界のあちこちで、今日も子どもと本を結ぶ仕事に携わっておられる方々に、その仕事への評価と、感謝をお伝えすることではないかと気づかされました。もしかしたら、私は私のなかに今もすむ、小さな女の子に誘われてここに来たのかもしれません。

ＩＢＢＹの活動は、本の持つ価値と、子どもの持つ可能性を共に信じる人々により、これからも息長く続けられていくでしょう。今大会の標語「子どもと本　ワールドワイド　チャレンジ」は、ＩＢＢＹを支える人々の強い使命感の表明であると思います。

貧困をはじめとする経済的、社会的な要因により、本ばかりか文字からすら遠ざけられている子どもたちや、紛争の地で日々を不安のなかに過ごす子どもたちが、あまりにも多いことに胸を塞《ふさ》がれます。会員の少なからぬ方々が、このことにつきすでに思いをめぐらせ、行動されていることを知り、心強く感じております。私たちはこの子どもたちの上にただ涙をおとし、彼らを可哀想な子どもとしてのみ捉《とら》えてはならないでしょう。多くの悲しみや苦しみを知り、これを生き延びて来た子どもたちが、彼らの明日の社会を、新たな叡智をもって導くことに希望をかけたいと思います。どうか困難を乗り切っている彼ら一人一人の内にひそむ大きな可能性を信じ、この子どもたちを、皆様方の視野に置き続けてください。

子どもを育てていたころに読んだ、忘れられない詩[77]があります。未来に羽ばたこうとしている子どもの上に、ただ不安で心弱い母の影を落としてはならない、その子どもの未来は、あらゆる可能性を含んでいるのだから、と遠くから語りかけてくれた詩人の言葉は、次のように始まっていました。

生まれて何も知らぬ　吾が子の頰に
母よ　絶望の涙を落とすな
その頰は赤く小さく
今はただ一つの巴旦杏《はだんきょう》にすぎなくとも
いつ　人類のための戦いに
燃えて輝かないということがあろう……

マイセン夫人

長年にわたるあなたのＩＢＢＹへの献身に対し、深い敬意を表します。ＩＢＢＹの五十周年を祝うこの大きな会を、あなたはどんなに心をこめて準備なさったことでしょう。

この意義ある会に招いてくださり、ありがとうございました。

出席の皆様方にとり、このバーゼル大会が、楽しく実りあるものとなりますように。国際会議は、国境を越えて志を同じくする人々が集い、経験を分かち合い、意見を交わし合う素晴らしい機会であると思います。皆様方一人一人が、ここに来られた時にまさり、豊かにされ、強められ、これからの仕事に希望を持ち、ここを去ることができるよう念じております。

私は、ＩＢＢＹの仕事に大きく貢献していける立場にはありませんが、このたびの会議に出席し、皆様方の活動の一端に触れることにより、私自身少しでも深くＩＢＢＹを知ることとなり、これからも遠くよりこの活動に心を寄せていかれるのではないかと感じております。

皆様の御多幸をお祈りいたします。

【註】このお言葉の内容は、『バーゼルより――子どもと本を結ぶ人たちへ』と題し、詳細な註記を付して、英文と共に出版された（すえもりブックス、平成十五年一月発行）。平成二十四年には文藝春秋から復刊されている。

※『どうぶつたち』『ふしぎなポケット』（共にすえもりブックスより出版）などに一部収載。

平成十四年九月二十九日　スイス　バーゼル市　コングレス・センターにおいて

皇后陛下が英語で述べられたお言葉（５９１頁参照）の日本語訳

カナダ・トロントの小児病院にて

私は美智子です。日本からまいりました。国賓として、カナダをご訪問中の天皇陛下とご一緒に、今この地に来ています。

日本を発つ前から、このたびうかがうこの読書室で、私も何か皆様にお話を読んで差し上げられないだろうか、と、お勧めをいただいておりました。限られた時間内で読める短いお話を探すことができず、代わりに小さな日本の歌、「ゆりかごのうた」を歌うことにいたします。歌手のように良い声で歌うことはできませんが、三人の子どもたちによく子守歌を歌った経験だけを頼みに歌ってみます。まだ眠くなるには早過ぎますが、これは今夜おやすみになる時のための子守歌です。

〔「ゆりかごのうた」（北原白秋詩、草川信曲）の一、二、四番をお歌いになる〕

どうか今夜ぐっすりとお眠りになりますように。陛下と共に、皆様のお幸せを祈っております。

【註】両陛下で御訪問になったトロントの小児病院にて、お立ち寄りになった「読書室」において皇后陛下は子どもたち十人を前にお話をされました。これまでもこの部屋の訪問者による読み聞かせは、全館に同時放映されており、皇后陛下のお話も館内テレビを通じ各病室に届けられました。

平成二十一年七月九日　トロント　小児病院において皇后陛下が英語で述べられたお言葉（585頁参照）の日本語訳

第四節◉式典お言葉

日米婦人クラブ創立六十周年記念祝賀午餐会における乾杯のお言葉

日米婦人クラブの創立六十周年を祝う記念の午餐会にお招きをいただき、うれしく存じます。日本では、六十歳は「還暦」と呼ばれ、人は六十になりますと、生まれた年から一巡《ひとめぐ》りし、また時に還るものと考える習わしがあります。しかし、もう皆様は還暦のことをよくご存じなのですね。（出席者全員が赤いものを身に着けているのをご覧になって）今日のお部屋は何かしら赤いもので一杯です。

この特別な機会に、最初の一巡りを済ませた日米婦人クラブの会員の皆様に、心からの祝意を表したいと思います。そして未来に向かって新しい一歩を踏み出されるにあたり、今までと同様、日米両国間の友情を育てるという、意義あるお仕事を続けていかれるよう願っております。

それでは乾杯をいたしましょう。日米婦人クラブのために。（乾杯）

第四十二回フローレンス・ナイチンゲール記章授与式

平成二十一年六月二日　東京都　ホテルオークラにおいて皇后陛下が
英語で述べられたお言葉（584頁参照）の日本語訳

このたび齋田《さいた》トキ子さんが、赤十字国際委員会より、看護師として最高の栄誉であるフローレンス・ナイチンゲール記章を贈られました。

齋田さんは、さきの大戦中、外地における戦傷病者の看護に従事され、その献身的な働きにより、多くの尊い命を守られました。戦後は、新制度の下、新たに発足した宮城県石巻の赤十字高等看護学院で看護師の養成に力を尽くされましたが、やがて県の行政担当官に任命され、戦後に整えられた新しい地方自治制度の下、県の看護行政の基礎づくりと、看護の人材育成の業務を担われました。この間、常に患者主体の看護を目指し、真に新しい時代にふさわしい組織や業務の改善のため尽力されたとうかがっております。その後も日本看護協会をはじめ、看護に関わるさまざまな要職を歴任され、八十四歳になられた今も、なお大学院の一研究生として、新人看護師の離職防止など、現代社会の重要な課題の研究に取り組まれながら、看護の発展と後進の育成に貢献しておられます。

ここに、齋田さんの長年にわたる看護への献身的な活動とたゆみない努力に対し、深く敬意を表し、このたびの受章をお祝いいたします。

齋田さんがこれからもお身体を大切にされ、看護の世界を見守り続けてくださることを心より願い、お祝いの言葉といたします。

平成二十一年八月十二日　東京都　東京プリンスホテル

第五節◉御歌（みうた）

平成二十一年

歌会始御題　生

生命《いのち》あるもののかなしさ早春の光のなかに揺り蚊《ユスリカ》の舞ふ

【註】春浅い御所のお庭で、やわらかな日差しを受け、蚊柱を成して舞っているユスリカの群れをご覧になり、命あるものの愛おしさ、かなしさをお詠みになった。ユスリカは、水中で育ち、さなぎから羽化し産卵すると、一、二日でその生命を終え、その間は一切餌を取ることもない。

カナダ訪問

始まらむ旅思ひつつ地を踏めばハリントン・レイクに大き虹立つ

【註】七月、カナダ国を訪問された両陛下は、オタワに到着されると、時差調整を兼ねて、週末をケベック州にある首相の夏期別荘であるハリントン・レイクで過ごされた。この御歌は、この地に到着された日の夕方の光景を詠まれたもの。

宇宙飛行士帰還

夏草の茂れる星に還り来てまづその草の香を云ひし人

【註】四か月半に及ぶ国際宇宙ステーションでの長期滞在を終えて無事に帰還した若田光一宇宙飛行士が、帰還直後の記者会見で、ハッチが開いて草の香りがシャトルに入ってきた時、地球に迎え入れられた気がしたと語った。この御歌は、そのことを詠まれたもの。

御即位の日　回想

人びとに見守られつつ御列《おんれつ》の君は光の中にいましき

【註】平成二年十一月、陛下の即位の礼が執り行われ、正殿の儀に続き祝賀御列の儀に臨まれた両陛下は、柔らかい秋の日差しのなか、十万人を超す人々の歓迎をお受けになりながら、赤坂御所までオープンカーでお帰りになった。その時の陛下の御様子を思い出されて詠われた御歌である。

平成二十二年

歌会始御題　光

君とゆく道の果たての遠白《とほしろ》く夕暮れてなほ光あるらし

【註】御成婚五十年をお迎えになった平成二十一年四月ごろの御歌。暮れなずむ皇居内を、陛下と御散策になった折の印象を詠まれている。

明治神宮鎮座九十年

窓といふ窓を開きて四方《よも》の花見さけ給ひし大御代《おほみよ》の春

【註】この年、明治神宮鎮座九十年祭にあたり、神宮からの願い出に応え、献詠された御歌。明治天皇御製「たかどのの窓てふ窓をあけさせて四方《よも》の櫻のさかりをぞみる」をお心にもたれてお詠みになっている。

ＦＩＦＡワールドカップ南アフリカ大会

ブブゼラの音も懐しかの国に笛鳴る毎《ごと》にたたかひ果てて

【註】この年六月から七月にかけて、南アフリカ共和国においてＦＩＦＡワールドカップが開催された。ホイッスルの鳴るごとに戦いの終わるスポーツの世界の喜ばしさを詠われた御歌。

「はやぶさ」

その帰路に己れを焼きし「はやぶさ」の光輝《かがや》かに明かるかりしと

【註】小惑星探査機「はやぶさ」は、小惑星イトカワにおいて試料を収集し、この年六月十三日に地球に帰還を果たした。御歌は、長い宇宙の旅を終え、「はやぶさ」が煌々と輝きながら大気圏に突入した時のことをお詠みになったもの。

平成二十三年

歌会始御題　葉

おほかたの枯葉は枝に残りつつ今日まんさくの花ひとつ咲く

【註】春に咲く花芽を守るように、枯葉を枝に残したまま冬を越したまんさくの木に、早春、初めての黄色いひと花が咲いたのをご覧になった時の喜びをお詠みになった御歌。

手紙

「生きてるといいねママお元気ですか」文《ふみ》に項傾《うなかぶ》し幼な児眠る

【註】東日本大震災に伴う津波に両親と妹をさらわれた四歳の少女が、母に宛てて手紙を書きながら、その上にうつぶして寝入ってしまっている写真を新聞紙上でご覧になり、そのいじらしさに打たれて詠まれた御歌。なお、少女の記した原文は、「ままへ。いきてるといいね　おげんきですか」。

海

何事もあらざりしごと海のあり　かの大波は何にてありし

【註】お見舞いのために御訪問になった被災地で、今はもう何事もなかったかのように穏やかな海をご覧になり、町や田畑を壊し、多くの人命を奪ったあの津波はいったい何であったのかと訝《いぶか》るお気持ちを詠まれている。

この年の春

草むらに白き十字の花咲きて罪なく人の死にし春逝《ゆ》く

【註】御所のお庭に春から夏にかけて咲くドクダミの白い十字の花をご覧になり、災害により多くの人を失ったこの年の春を思って詠まれた。

平成二十四年

歌会始御題　岸

帰り来るを立ちて待てるに季《とき》のなく岸とふ文字を歳時記に見ず

【註】俳句の季語を集めた歳時記に「岸」という項目はなく、そのことから、春夏秋冬季節を問わず、あちこちの岸辺で誰かの帰りを待って佇む人の姿に思いを馳せてお詠みになられた御歌。このたびの津波で行方不明となった人々の家族へのお気持ちと共に、戦後の外地からの引き揚げ者、シベリアの抑留者等、さまざまな場合の待つ人待たれる人の姿を、「岸」という御題に重ねてお詠みになっているようである。

復興

今ひとたび立ちあがりゆく村むらよ失《う》せたるものの面影の上《へ》に

【註】両陛下は、平成二十三年に引き続きこの年も宮城県、長野県、福島県の被災地を御訪問になり、東日本大震災等の被災者を見舞われ、支援者をおねぎらいになった。この御歌は、地震と津波により失われた人命、家、周囲の自然等、そのすべてを面影として心に抱きつつ、今一度復興に向け立ち上がろうとしている北国の人々に思いを寄せて、お詠みになったもの。

着袴の儀

幼な児は何おもふらむ目見《まみ》澄みて盤上《ばんじやう》に立ち姿を正す

【註】平成二十三年十一月三日、赤坂東邸において、悠仁親王殿下の「着袴の儀」「深曽木の儀」が行われた。儀式のなかで碁盤の上に立ち、しっかりと姿勢を正された悠仁親王殿下のお姿をお詠みになった御歌。

旅先にて

工場の門《かど》の柱も対《つい》をなすシーサーを置きてここは沖縄《ウチナー》

【註】この年十一月の沖縄県行幸啓の際、普通伝統的沖縄家屋に付されているシーサー（魔除けのやきものの唐獅子）が、近代的な工場の二本の門柱の上にも置かれているのを微笑ましく御覧になり、御自分が今沖縄の地にあることをしみじみと思われてお詠みになった御歌。

平成二十五年

歌会始御題　立

天《あめ》地《つち》にきざし来たれるものありて君が春野に立たす日近し

【註】平成二十四年二月の冠動脈バイパス手術の後、陛下にはしばらくの間、胸水貯留の状態が続いておすぐれにならず、皇后さまは、「春になると良くおなりになります」という医師の言葉を頼りにひたすら春の到来をお待ちであった。この御歌は、そのようなある日、あたりの空気にかすかに春の気配を感じ取られ、陛下がお元気に春の野にお立ちになる日もきっと近い、というお心のはずむ思いをお詠みになったもの。

打ち水

花槐《はなゑんじゆ》花なき枝葉そよぎいで水打ちし庭に風立ち来たる

【註】御所のお庭には、春に花を咲かせるハナエンジュが植えられている。この御歌は、暑い夏の日、風が、花のなくなったハナエンジュの枝葉を揺らしながら、打ち水をしたお庭をそよぎ渡っていった涼しげな情景をお詠みになったもの。

遠野

何処《いづこ》にか流れのあらむ尋《たづ》ね来し遠野静かに水の音する

【註】この年七月、両陛下は、東日本大震災に伴う被災地御訪問のため、岩手県の大船渡市、陸前高田市等を御訪問になったが、それに先立ち、後方支援で大きな役割を果たしている内陸の遠野市をまずお訪ねになった。その折、静かな水の音を耳にされ、川の流れがどこかにあるのではとお感じになりお詠みになった御歌。

演奏会

左手《ゆんで》なるピアノの音色耳朶《ねいろじだ》にありて灯《ひ》ともしそめし町を帰りぬ

【註】この年十一月、舘野泉氏の演奏を御鑑賞になった。この御歌は、左手のみで奏でられる美しいピアノの音色の余韻を耳に残されたまま、灯りがともり始めた夕暮れの町をお帰りになった時のことをお詠みになっている。

平成二十六年

歌会始御題　静

み遷《うつ》りの近き宮居に仕ふると瞳《ひとみ》静かに娘《こ》は言ひて発《た》つ

【註】黒田清子《さやこ》様は、神宮式年遷宮にあたり、臨時神宮祭主として、平成二十四年の拝命以来たびたびに神宮の諸祭事に御奉仕になった。この御歌は、御遷宮の間近い平成二十五年九月、黒田様が、伊勢への御参向を前に、両陛下に御挨拶に訪れられた際のご様子をお詠みになったもの。

ソチ五輪

「己《おの》が日」を持ち得ざりしも数多《あまた》ありてソチ・オリンピック後半に入る

【註】この年二月、ロシア連邦のソチにおいて開催されたオリンピック冬季競技大会で、オリンピックを「自分の日」にはできず敗れ去っていった多くの選手たちの様子を目にされての御歌。

宣仁親王薨去

み歎きはいかありしならむ父宮は皇子《みこ》の御肩《おんかた》に触れまししとふ

【註】 宣仁《よしひと》親王殿下には、この年六月八日、薨去《こうきょ》された。この御歌は、御舟入（一般の納棺にあたる儀式）の際に三笠宮殿下が宣仁親王殿下のお肩にお触れになったことをお聞きになり、御子若宮をお失いになった三笠宮殿下の深いお悲しみをお思いになってお詠みになったもの。

学童疎開船対馬丸《つしままる》

我もまた近き齢《よはひ》にありしかば沁《し》みて悲しく対馬丸思ふ

【註】 この年六月、両陛下は、さきの大戦で撃沈された学童疎開船「対馬丸」の犠牲者慰霊のため、沖縄県を御訪問になった。対馬丸の犠牲者の多くが御自身と同じ年代の子どもたちであったことをとりわけ悲しくお感じになりお詠みになっている。

平成二十七年

歌会始御題　本

来《こ》し方《かた》に本とふ文《ふみ》の林ありてその下陰に幾度《いくど》いこひし

【註】ちょうど林の木陰で憩うように、過去幾度となく本によって安らぎを得てこられてきたことを思い起こされ、本に対する親しみと感謝の気持ちをお詠みになったもの。

石巻線の全線開通

春風も沿ひて走らむこの朝女川《あしたをながは》駅を始発車いでぬ

【註】東日本大震災で被災し、一部区間の不通が続いていたJR石巻線は、この年三月、女川駅–浦宿《うらしゅく》駅間の復旧により四年ぶりに全線開通し、その始発列車は女川駅からの出発となった。この御歌は、開通の報せをうれしくお聞きになりお詠みになったもの。

ペリリュー島訪問

逝《ゆ》きし人の御霊《みたま》かと見つむパラオなる海上を飛ぶ白きアジサシ

【註】両陛下は、この年四月、慰霊のためパラオ共和国を御訪問になった。お泊まりになった海上保安庁の船、「あきつしま」からヘリコプターで西太平洋戦没者の碑があるペリリュー島に向かわれる途中、眼下にサイパン島のスーサイド・クリフでご覧になったのと同じ白いアジサシが飛ぶ様子を、亡くなった人々の御霊に接するようだとお感じになりつつ見入られたことをお詠みになっている。

ＹＳ11より五十三年を経し今年
国産のジェット機がけふ飛ぶといふこの秋空の青深き中

【註】 この年十一月、国産初のジェット旅客機ＭＲＪ（ミツビシ・リージョナル・ジェット）が、戦後初の国産プロペラ旅客機ＹＳ-11以来五十三年ぶりに、初の試験飛行に成功した。この御歌はＭＲＪが秋の青く澄み渡る空に飛んでいる様に思いを馳せ、お詠みになったもの。

平成二十八年

歌会始御題　人

夕《ゆふ》茜《あかね》に入りゆく一機若き日の吾《あ》がごとく行く旅人やある

【註】夕方の茜色に染まる方角へと進んでいく飛行機をご覧になりながら、お若いころお一人で欧米を旅されていたころを思い出され、あの一機にも、自分と同じような旅する若者が乗っているのだろうかと想像され、お詠みになっている。

一月フィリピン訪問

許し得ぬを許せし人の名と共にモンテンルパを心に刻む

【註】この年一月のフィリピン国御訪問の折、両陛下は、エルピディオ・キリノ元大統領の子孫にあたる人々とお会いになり、感謝のお気持ちをお伝えになった。さきの大戦で妻子四名を失った同大統領が、それにもかかわらず、戦後、モンテンルパ刑務所に収容されていた日本人戦犯百余名を恩赦し、帰国を認めた時のことをお思いになってお詠みになっている。

被災地　熊本

ためらひつつさあれども行く傍《かたは》らに立たむと君のひたに思《おぼ》せば

【註】両陛下は、熊本地震の発生した翌五月に熊本県を御見舞いになった。被災地に向かわれるその都度、このような状況下にある人々を、果たして自分などが見舞うことができるだろうか、という恐れに近いためらいをもたれつつ、それでも「人々の傍らに」とお思いになる陛下のひたむきなお気持ちに添い、被災地をお訪ねになるお心のうちをお詠みになっている。

神武天皇二千六百年祭にあたり
橿原神宮参拝

遠つ世の風ひそかにも聴くごとく樫の葉そよぐ参道を行く

【註】この年四月、両陛下は、神武天皇二千六百年式年祭の年にあたり神武天皇陵を御参拝になると共に、神武天皇をお祀りする橿原神宮を御参拝になった。この御歌は、ふと遠い歴史の彼方から吹いてくるひそやかな風の音を聞くようなお気持ちで、樫の葉のそよぎを聞かれつつ参道をお進みになった際のことをお詠みになっている。

平成二十九年

歌会始御題　野

土筆《つくし》摘み野蒜《のびる》を引きてさながらに野にあるごとくここに住み来《こ》し

【註】両陛下のお住まいである御所のお庭にはさまざまな野草が生育しており、両陛下は、時に職員もお誘いになり、春のつくし摘み、秋のギンナン拾いなど、季節季節の自然を楽しみつつお過ごしになっていらっしゃった。この御歌は、都心の御所に住まわれながら、あたかも野に住むように過ごしてこられたこれまでの御所でのご生活を感慨深く振り返り、お詠みになっている。

旅

「父の国」と日本《につぽん》を語る人ら住む遠きベトナムを訪《おとな》ひ来たり

第二次大戦後、ベトナムに残留、彼地に家族を得、後、単身で帰国を余儀なくされし日本兵あり

【註】ベトナムには、第二次大戦後ベトナムに残り、フランスからの独立戦争に参画した日本兵が、現地で家庭をもちながらその後帰国を余儀なくされたことにより、同国内にとり残されたベトナム人家族が何組もある。この御歌は、この年春の同国ご訪問時、陛下と共にこうした家族の人々とお会いになった時のことをお詠みになったもの。

名

野《の》蒜《びる》とふ愛《いと》しき地名あるを知る被災地なるを深く覚えむ

【註】東日本大震災発生以来、皇后さまは陛下と共に被災地の状況に日々お心を寄せておられたが、発生後間もなく、数ある被災地の中に、春、御所のお庭でよく摘んでいらした野蒜と同じこの地名を見出され、お心に留めていらした。この御歌は、そのころからのお気持ちをこのような歌の形でお書き留めになったもの。

南の島々

遠く来て島人《しまびと》と共に過ごしたる三日《みっか》ありしを君と愛《かな》しむ

【註】この年十一月、両陛下は、鹿児島県をご訪問になり、新岳噴火で全島避難を余儀なくされた口永良部島住民と屋久島でご懇談になると共に、初めて沖永良部島と与論島を訪問された。それぞれの島において島民の人々と触れ合われた三日間を、両陛下が大切に思い出とされているお気持ちをお詠みになっている。

平成三十年

歌会始御題　語

語るなく重きを負《お》ひし君が肩に早春の日差し静かにそそぐ

【註】陛下は、長い年月、ひたすら象徴としてのあるべき姿を求めて歩まれ、そのご重責を、多くを語られることなく、静かに果たしていらっしゃった。この御歌は、そのような陛下のこれまでの歩みをお思いになりつつ、早春の穏やかな日差しの中にいらっしゃる陛下をお見上げになった折のことをお詠みになっている。

与那国島

与那国の旅し恋ほしも果ての地に巨《おほ》きかじきも野馬《のうま》も見たる

【註】両陛下は、この年三月、日本最西端の地である沖縄県与那国島をご訪問になった。この御歌は、島の人々の説明を受けながら同島西端の西崎《いりざき》で水揚げされた巨大なカジキ、東端の東崎《あがりざき》で島の野馬等をご覧になったこの旅のことを懐かしく思い出され、お詠みになっている。

晩夏

赤つめくさの名ごり花《ばな》咲くみ濠べを儀装馬車一台役終《やくを》へてゆく

【註】アカツメクサの花期も終わりに近づく晩夏、新任にあたり陛下に信任状を捧呈した外国の大使を送った儀装馬車が、役目を終え皇居のお濠端をゆっくりと戻っていく姿をお認めになった時のことをお詠みになったもの。

移居といふことを

去れる後《のち》もいかに思はむこの苑《その》に光満ち君の若くませし日

【註】平成三十一年四月末の陛下の御譲位の後、両陛下は平成五年十二月からお住まいになってきた御所から高輪皇族邸にお移りになることとなっている。この御歌は、御所にお移りになって間もない時期、お庭にお出ましのまだお若かった陛下のご様子を思い起こされてお詠みになったもの。

平成三十一年

歌会始御題　光

今しばし生きなむと思ふ寂光に園《その》の薔薇《さうび》のみな美しく

【註】高齢となられ時にお心の弱まれるなか、一夕《ひとゆう》、御所のバラ園の花が、寂光《じゃっこう》に照らされ、一輪一輪浮かび上がるように美しく咲いている様《さま》をご覧になり、深い平安に包まれ、今しばらく自分も残された日々を大切に生きていこうと思われた静かな喜びのひと時をお詠みになっている。

【注記】

（1）**ユーゴスラビア**　かつてヨーロッパのバルカン半島の北西部に存在していた社会主義連邦共和国。マケドニア、スロベニア、クロアチア、ボスニア・ヘルツェゴビナ、セルビア、モンテネグロ、セルビアの六国から成っていた。

（2）**野球の松井さん**　大リーグ、ニューヨーク・ヤンキースの松井秀喜選手のこと。同選手は平成十九年（二〇〇七）に右膝を、平成二十年（二〇〇八）に左膝を手術している。

（3）**鈴木章**（一九三〇〜　）化学者。北海道大学名誉教授。炭素同士を効率よく結合させる新しい化学反応とその触媒を発見し、「鈴木カップリング」を開発。基礎研究から実用まで幅広く使われる化学反応であり、この業績により平成二十二年（二〇一〇）ノーベル化学賞を受賞した。

（4）**根岸英一**（一九三五〜　）化学者。アメリカ、パデュー大学特別教授。有機合成化学におけるクロスカップリング反応の一つである「根岸カップリング」を発見し、その業績により、平成二十二年（二〇一〇）ノーベル化学賞を受賞した。

（5）**井上ひさし**（一九三四〜二〇一〇）小説家、放送作家、劇作家。代表作に人形劇『ひょっこりひょうたん島』（共作）、小説『ブンとフン』『吉里吉里人』など。平成十六年（二〇〇四）、文化功労者。

（6）**梅棹忠夫**（一九二〇〜二〇一〇）民族学者、比較文明学者、文化人類学者。代表的な著書に『文明の生態史観』。文化功労者、文化勲章の顕彰を経て、平成十一年（一九九九）、勲一等瑞宝章受章。

（7）**河野裕子**（一九四六〜二〇一〇）歌人。宮中歌会始の選者を務めていた。

（8）**森澄雄**（一九一九〜二〇一〇）俳人。加藤楸邨に師事。平成十七年（二〇〇五）、文化功労者。

(9)**塩屋賢一**（一九二一〜二〇一〇）福祉活動家。昭和二十三年（一九四八）、盲導犬公認訓練士の資格を取得。昭和三十二年（一九五七）、日本初の盲導犬を育て、世に出した。昭和四十六年（一九七一）には東京盲導犬協会を設立した（現・アイメイト協会）。

(10)**津波てんでんこ**　津波から避難する際の標語。海岸で大きな揺れを感じたら津波が来るから、家族・他人かまわずてんでばらばらに一刻も早く逃げて、自分の命は自分で守ることをいう。

(11)**炉心溶融**　原子炉のなかの核燃料の温度が上昇し、その熱で燃料が融けてしまうこと。炉心溶融が進み、燃料全体がどろどろになって棒状の形を失い、落下して圧力容器の底にたまることをメルトダウンという。

(12)**シーベルト**　放射能の人体への影響量を表す単位。人体が直接受ける放射線量を表す。

(13)**冷温停止**　原子力発電所などにおいて、原子炉内の温度を継続的に摂氏百度以下に下げて、安全に原子炉を停止させること。

(14)**アラブの春**　二〇一〇〜一二年にかけて中東・アラブ世界において発生した市民による反独裁政権運動。長期独裁政権が次々と瓦解、チュニジア、エジプト、リビアでは政権が交代した。

(15)**マータイさん**（ワンガリ・マータイ　Wangari Muta Maathai　一九四〇〜二〇一一）ケニアの環境活動家、政治家。平成十六年（二〇〇四）、「持続可能な開発、民主主義と平和に対する貢献」を理由にノーベル平和賞を受賞。平成十七年（二〇〇五）に来日した際に、「もったいない」という日本語に感銘を受け、同年より「MOTTAINAI」キャンペーンを展開させる。平成二十一年（二〇〇九）、旭日大綬章受章。

(16)**アフリカ、中近東の三人の女性**　エレン・ジョンソン・サーリーフ（Ellen Johnson Sirleaf　一九三八〜　／リベリア元大統領）、レイマ・ロバータ・ボウィ（Leymah Roberta Gbowee　一九七二〜　／リベリアの平和運動家）、タワックル・カルマン（Tawakel Karman　一九七九〜　／イエメンのジャーナリスト、政治家）の三人は、「平和構築活動に女性が安全かつ全面的に参加できるよう求めて非暴力の活動を行った」との理由で、平成二十三年（二〇一一）、ノーベル平和賞を受賞した。

（17）**魁皇関の立派な記録達成**　大関・魁皇関が平成二十三年（二〇一一）七月場所において、大相撲の最多勝利である通算千四十六勝の記録を達成した。魁皇関は千四十七勝をもって現役を引退した。

（18）**坊城俊周**（一九二七～二〇一一）　坊城家二十八代当主。宮中歌会始において披講会の会長を務めた。

（19）**冷泉布美子**（一九一六～二〇一一）　冷泉家二十二代当主の四女。昭和五十六年（一九八一）、冷泉家の建築、冷泉家伝来の典籍、古文書類、冷泉流歌道と関連諸行事の継承と保存を目的に冷泉家時雨亭文庫を設立した。

（20）**新しい横綱の誕生**　平成二十四年（二〇一二）、大関日馬富士が大相撲七月場所と九月場所において二場所連続全勝優勝を果たし、同年十一月場所で横綱に昇進した。

（21）**ヒッグス粒子**　一九六四年、イギリスの理論物理学者、ピーター・ヒッグス博士（一九二九～　）によってその存在を予言された、物質に質量をもたらす素粒子。同博士は二〇一三年、ノーベル物理学賞を受賞。

（22）**吉田元所長**（吉田昌郎　一九五五～二〇一三）　東京電力福島第一原子力発電所の元所長。平成二十三年（二〇一一）三月十一日の東日本大震災で発生した原発事故の収束作業を指揮した。

（23）**「日揮」の関係者が殺害**（アルジェリア人質事件）　平成二十五年（二〇一三）一月、アルジェリア南東部イナメナスにある天然ガス関連施設で発生したイスラム武装勢力による人質拘束事件で、少なくとも三十九人が犠牲となった。そのうち日本人は十人で、全員日本のプラント大手建設「日揮」の関係者であった。

（24）**見藤隆子**（一九三二～二〇一二）　看護師。千葉大学教授、東京大学教授、長野県看護大学学長を歴任。日本看護協会会長、日本看護連盟会長を務めた。日本看護科学学会の設立に尽力。平成十五年（二

〇〇三）、第三十九回フローレス・ナイチンゲール記章を受章。

(25) **大橋鎮子**（一九二〇～二〇一三）編集者、エッセイスト。昭和二十三年（一九四八）、編集者・花森安治と雑誌「美しい暮しの手帖」（後の「暮しの手帖」）を創刊した。前身は自ら社長を務めた「衣装研究所」から刊行していた雑誌「スタイルブック」で、昭和二十六年（一九五一）には社名も「暮しの手帖社」に改めた。

(26) **ベアテ・ゴードン**（Beate Sirota Gordon　一九二三～二〇一二）アメリカの舞台芸術監督。日本で少女時代を過ごす。アメリカ留学中に太平洋戦争が勃発。大学卒業後、オーストリア国籍からアメリカ国籍を取得。戦後、日本に帰国。連合国軍最高司令官総司令部（GHQ）民政局に所属し、日本国憲法の社会保障と女性の権利に関しての人権条項についての草案作成に従事した。

(27) **高野悦子**（一九二九～二〇一三）岩波ホール総支配人、脚本家、映画プロデューサー。世界の名作映画の発掘・上映に尽力し、映画を通して国際交流につとめた。平成十六年（二〇〇四）文化功労者。

(28) **ダニエル・イノウエ**（Daniel Ken Inouye　一九二四～二〇一二）アメリカの政治家、元アメリカ陸軍将校。日系二世。第二次世界大戦でアメリカ陸軍に従軍、イタリアでのドイツ軍との戦いで右腕を失う。戦後は政界に進出し、五十年近くにわたり上院議員に在任していた。

(29) **外間守善**（一九二四～二〇一二）国語学者、沖縄学研究者。法政大学名誉教授、同大学沖縄学研究所所長兼任。沖縄の神歌おもろの研究をすすめるなど、沖縄学の第一人者として知られる。

(30) **河竹登志夫**（一九二四～二〇一三）演劇研究者。早稲田大学名誉教授、日本演劇協会会長、文化庁芸術祭執行委員長、日本舞踊協会顧問など数多くの役職を歴任。歌舞伎界への貢献は絶大で、歌舞伎海外公演の文芸顧問や、「子供歌舞伎教室」「歌舞伎鑑賞教室」での監修を務めた。著作に、西洋演劇と歌舞伎を比較し論じる『比較演劇学』など。

(31) **三善晃**（一九三三～二〇一三）作曲家。桐朋学園大学学長、東京文化会館館長を歴任。管弦楽、歌曲、

室内楽など幅広い分野で数多くの作品をつくった。平成十三年（二〇〇一）文化功労者。

(32)**元始祭**　年始にあたって皇位の大本と由来とを祝し、国家国民の繁栄を宮中三殿で祈られる祭典。

(33)**オオミズアオ**　ヤママユガ科に属する大型の蛾。翡翠のような色の翅をもち、その美しさから人気が高い。北海道から九州にかけて広域に生息している。

(34)**ハバロフスク**　ロシア極東部に位置する都市。終戦後、ソ連軍による日本軍捕虜の強制労働が行われた場所の一つ。

(35)**観音崎**　神奈川県横須賀市。三浦半島の東端にある観音崎公園に、第二次世界大戦や海難事故の犠牲となった六万人もの戦没船員や殉職船員への慰霊碑が昭和四十六年（一九七一）に建立された。

(36)**小林剛**（一九〇三〜六九）　美術史学者、奈良国立文化財研究所所長。著書に『仏師運慶の研究』『日本彫刻研究』『日本美術史年表』などがあり、日本彫刻史の研究に従事した。

(37)**北里柴三郎**（一八五二〜一九三一）　医学者、細菌学者。破傷風菌の純粋培養に成功し、血清療法を確立した。明治二十七年（一八九四）、ペスト菌を発見。「日本細菌学の父」として知られる。

(38)**戸塚洋二**（一九四二〜二〇〇八）　物理学者。東京大学宇宙線研究所所長、高エネルギー加速器研究機構長。平成十年（一九九八）、ニュートリノに質量があることを発見するが、病に倒れ、ノーベル賞受賞はならなかった。

(39)**ウィリアム・キャンベル**（William Cecil Campbell　一九三〇〜　）　アイルランドの生物学者。平成二十七年（二〇一五）、大村智博士とノーベル生理学・医学賞を共同受賞した。

(40)**屠呦呦**（一九三〇〜　）　中国の医学者。マラリヤに対する新たな治療法の発見をした。この業績により、平成二十七年（二〇一五）、ノーベル生理学・医学賞を受賞した。

(41)**モンテンルパ**　フィリピン・ルソン島にある都市。戦犯の収容所があった。

(42)**織田フィールド**　代々木公園陸上競技場の愛称。代々木公園のなかにある。日本陸上競技の第一人者、織田幹雄氏の業績を称え、名付けられた。

(43) **マグサイサイ賞** アジア地域で、社会に貢献した個人や団体に贈られる賞。航空機事故で亡くなったフィリピンのラモン・マグサイサイ大統領（一九〇七～五七）を記念して設立、一九五八年に第一回授与式が行われた。「アジアのノーベル賞」とも。

(44) **アンジェイ・ワイダ**（一九二六～二〇一六） ポーランドの映画監督。代表作に「世代」「鉄の男」「カティンの森」など。平成八年（一九九六）、高松宮殿下記念世界文化賞受賞。

(45) **「安南シャムは　まだはるか」** 唱歌「船は帆船よ」の歌詞の一節。作詞作曲・文部省、編曲・下總皖一。国民学校初等科の国語の教科書に掲載。

(46) **糸魚川で大規模な火災** 平成二十八年（二〇一六）、十二月二十二日に新潟県糸魚川市で発生し、鎮火まで三十時間にわたり続いた大規模な火災。木造建築物が多く、おりからの強風によって延焼が続き、百四十七棟が焼損。

(47) **中満泉**（一九六三～　） 国際連合事務次長、軍縮担当上級代表。国連難民高等弁務官事務所（UNHCR）の法務官などを経て、国連職員。平成二十九年（二〇一七）、日本人女性で初めて事務次長に就任した。

(48) **緒方貞子**（一九二七～　） 国際政治学者。女性として初めて国連日本政府代表部公使となる。平成三年（一九九一）から十年間にわたり、国連難民高等弁務官として難民支援活動に取り組む。平成十五年（二〇〇三）には国際協力機構（JICA）の初代理事長に就任、十年にわたり世界の途上国の開発援助に取り組んだ。

(49) **セアカゴケグモ** ヒメグモ科に属する有毒の小型のクモ。もともとは日本に生息していない外来種。平成七年（一九九五）、大阪で初めて発見された。噛まれると激しい痛みや腫れ、発熱や発汗など全身症状が現れることがある。

(50) **ヒアリ** フタフシアリ亜科に属する南米原産のアリ。強力な毒があり、刺されるとまれにアレルギー反応によりアナフィラキシーショックが起きる場合もある。

(51) **石澤良昭博士**（一九三七〜 ）歴史学者。上智大学教授、同学長、文化庁文化審議会会長を歴任。上智大学アジア人材養成研究センター所長。カンボジア・アンコール遺跡研究の第一人者で、半世紀以上にわたり遺跡の修復に尽力し続けている。

(52) **若く初々しい棋士** 平成二十八年（二〇一六）十月に、十四歳二か月で四段に昇段し、史上最年少でプロ入りを果たした藤井聡太七段（平成三十年十月現在）のこと。

(53) **犬養道子**（一九二一〜二〇一七）評論家。犬養毅元首相の孫。世界の飢餓や難民救済に取り組み、世界各地の紛争地や難民キャンプに単身で赴き活動した。主な著書に『お嬢さん放浪記』『国境線上で考える』など。

(54) **日野原重明先生**（一九一一〜二〇一七）医師。聖路加国際病院名誉院長。予防医学の重要性を指摘、終末医療の普及や「生活習慣病」という言葉の提言など、医学・看護教育の刷新に尽力した。平成十七年（二〇〇五）、文化勲章受章。

(55) **三浦朱門**（一九二六〜二〇一七）小説家。小説『冥府山水図』『斧と馬丁』『箱庭』『武蔵野インディアン』などで知られる。文化庁長官、日本芸術院院長などを歴任。

(56) **大岡信**（一九三一〜二〇一七）詩人・評論家。読売新聞の記者を経て、明治大学教授、東京藝術大学教授を歴任。昭和五十四年（一九七九）から平成十九年（二〇〇七）まで六千七百回以上にわたり、朝日新聞でコラム「折々のうた」を連載。

(57) **佐田の山**（一九三八〜二〇一七）第五十代横綱。昭和三十一年（一九五六）初場所で初土俵を踏む。大関だった昭和四十年（一九六五）初場所で三度目の優勝を果たし、横綱に推挙される。昭和四十三年（一九六八）三月場所で現役を引退。現役在位七十一場所、通算成績五百九十一勝、二百五十一敗、六十一休。

(58) **長島忠美**（一九五一〜二〇一七） 政治家。平成十六年（二〇〇四）に発生した新潟県中越地震で被災、甚大な被害が出た同県山古志村の元村長。平成十七年（二〇〇五）、山古志村が長岡市との合併で消滅、村長を失職。同年、衆議院議員総選挙に出馬し当選した。

(59) **ディック・ブルーナ**（Dick Bruna 一九二七〜二〇一七） オランダの絵本作家、グラフィック・デザイナー。「ブラック・ベア」シリーズや世界的ベストセラーとなった「ミッフィー（うさこちゃん）」シリーズで知られる。

(60) **マイケル・ボンド**（Michael Bond 一九二六〜二〇一七） イギリスの児童文学作家、小説家。一九五八年から刊行されている代表作「くまのパディントン」は世界四十か国語以上に翻訳され、親しまれている。

(61) **佐藤さとる**（一九二八〜二〇一七） 童話作家。中学教員、出版社勤務を経て、童話作家に。昭和三十四年（一九五九）、代表作となる「コロボックル物語」シリーズの第一作『だれも知らない小さな国』を自費出版。シリーズはファンタジー小説の草分けとして知られる。

(62) **杉田豊**（一九三〇〜二〇一七） 絵本作家、グラフィック・デザイナー、筑波大学名誉教授。昭和五十四年（一九七九）、ボローニャ国際児童年記念ポスターコンクール最優秀賞受賞、絵本『ねずみのごちそう』で、ボローニャ国際児童図書展グラフィック賞などを受賞。『うれしいひ』『みんな うたってる』など著書多数。

(63) **宮部行範**（一九六八〜二〇一七） スピードスケート選手。平成四年（一九九二）にフランスで開催されたアルベールビル冬季オリンピックのスピードスケート千メートルで銅メダルを獲得。平成十二年（二〇〇〇）現役を引退した。

(64) **エッツ**（Marie Hall Ets 一八九五〜一九八四） アメリカの絵本作家。著書に『もりのなか』『わたしとあそんで』『セシのポサダの日』ほか。

(65) **レオ・レオーニ**(Leo Lioni　一九一〇～九九)　イタリアのイラストレーター、絵本作家。『あおくんときいろちゃん』『スイミー』『フレデリック』などの絵本は、デザイン性の高い作品として知られている。オランダ生まれ。

(66) **バートン**(Virginia Lee Burton　一九〇九～六八)　アメリカの絵本作家。主著に『ちいさいおうち』。

(67) **新美南吉**(一九一三～四三)　児童文学作家。著書に『ごん狐』『おぢいさんのランプ』『花のき村と盗人たち』ほか。

(68) **ケストナー**(Erich Kästner　一八九九～一九七四)　ドイツの詩人、小説家、児童文学作家。『エーミールと探偵たち』『飛ぶ教室』『ふたりのロッテ』などの作品は、児童文学の傑作として知られている。

(69) **ウイリアム・ブレイク**(William Blake　一七五七～一八二七)　イギリスの詩人、画家。主な詩集に『無垢の歌』。銅版画家としても多くの傑作を残し、彼の詩と絵画は後世の多くの思想家、芸術家に影響を与えた。

(70) **ロバート・フロスト**(Robert Lee Frost　一八七四～一九六三)　アメリカの詩人。自然詩人として田園生活などを題材にしたが、後期は社会や哲学的テーマを対象とする作品が多い。

(71) **タゴール**(Rabindranath Tagore　一八六一～一九四一)　インドの詩人、思想家。インドの近代化のために尽くす。一九一三年、詩集『ギーターンジャリ』で、アジアで初めてのノーベル文学賞を受賞。

(72) **ソログーブ**(Feodor Kuz'mich Sologub　一八六三～一九二七)　ロシアの詩人、作家。ロシア象徴主義の代表。主著に『小悪魔』。

(73) **山本有三**(一八八七～一九七四)　小説家、劇作家。小説『路傍の石』『女の一生』『波』、戯曲『生

命の冠』『同志の人々』などで知られる。戦後、国語問題にも力を注ぐ。

(74) **阿部知二**（一九〇三〜七三）　小説家。著書に『冬の宿』『風雪』など。

(75) **武井武雄**（一八九四〜一九八三）　童画家、版画家。「童画」という言葉の命名者。長編漫画に『赤ノッポ青ノッポ』がある。

(76) **まど・みちお**（一九〇九〜二〇一四）　詩人。童謡集『ぞうさん』など、子どものための詩や童謡を数多くつくる。一九九四年に国際アンデルセン賞を受賞したが、その際、皇后陛下が選択・翻訳された同氏の作品が参考資料となった。

(77) **忘れられない詩**　児童文学者で詩人の竹内てるよ（一九〇四〜二〇〇一）の詩『頬』。

(78) **フローレンス・ナイチンゲール**（Florence Nightingale　一八二〇〜一九一〇）イギリスの看護師、病院改革者。クリミア戦争中（一八五三〜五六）、自ら看護団を率いて野戦病院の設備改善に努め、傷病兵の看護にあたった。帰国後も、数々の病院の改革・創設に尽力。フローレンス・ナイチンゲール記章は、ナイチンゲールの功績を記念して、赤十字国際委員会がすぐれた世界の看護師に贈る褒章。

御結婚満五十年に際しての記者会見

平成二十一年四月八日

〔宮内記者会代表質問〕

――両陛下にお尋ねいたします。ご成婚の日から五十年の月日が流れ、高度成長期からバブル崩壊、いくつもの自然災害や景気悪化など、世相、人の価値観も大きく変わるなか、両陛下も皇室に新しい風を吹き込まれてきました。皇太子同妃両殿下として、天皇皇后両陛下として夫婦二人三脚で歩んできたこの五十年を振り返り、お二人で築きあげてきた時代にふさわしい新たな皇室のありよう、一方で守ってこられた皇室の伝統についてお聞かせいただくと共に、それを次世代にどう引き継いでいかれるのかもお聞かせください。

天皇陛下

私どもの結婚五十年を迎える日も近づき、多くの人々からお祝いの気持ちを示されていることを誠にうれしく、深く感謝しています。ただ国民生活に大きく影響を与えている厳しい経済情勢のさなかのことであり、祝っていただくことを心苦しくも感じています。

顧みますと、私どもの結婚したころは、日本が、多大な戦禍を受け、三百十万人の命が失われたさきの戦争から、日本国憲法の下、自由と平和を大切にする国として立ち上がり、国際連合に加盟し、産業を発展させて、国民生活が向上し始めた時期でありました。その後の日本は、さらなる産業の発展に伴って豊かになりましたが、一方、公害が深刻化し、人々の健康に重大な影響を与えるようになりました。また都市化や海、川の汚染により、古くから人々に親しまれてきた自然は、人々の生活から離れた存在となりました。結婚後に起こったことで、日本にとって極めて重要な出来事としては、昭和四十三年の小笠原村の復帰と昭和四十七年の沖縄県の復帰が挙げられます。両地域ともさきの厳しい戦争で日米双方で多数の人々が亡くなり、特に沖縄県では多数の島民が戦争に巻き込まれて亡くなりました。返す返すも残念なことでした。一方、国外では平成になってからですが、ソビエト連邦が崩壊し、より透明な平和な世界ができるとの期待がもたれましたが、その後、紛争が世界の各地に起こり、現在もなお多くの犠牲者が生じています。今日、日本では人々の努力によって、都市などの環境は著しく改善し、また自然環境もコウノトリやトキを放鳥することができるほど改善されてきましたが、各地で高齢化が進み、厳しい状況になっています。ますます人々が協力し合って社会を支えていくことが重要になってきています。私どもはこのように変化してきた日本の姿と共に過ごしてきました。さまざまなことが起こった五十年であったことを改めて感じます。

皇后は結婚以来、常に私の立場と務めを重んじ、また私生活においては、昭和天皇をはじめ、私の家族を大切にしつつ私に寄り添ってきてくれたことをうれしく思っています。不幸にも若くして未亡人となった私の姉の鷹司神宮祭主のことはいつも心に掛け、那須、軽井沢、浜名湖でよく夏を一緒に過ごしました。姉は自分の気持ちを外に表さない生活でしたが、ある時、昭和天皇から私どもと大変楽しく過ごしたと聞いたがどのように過ごしたのかというお話があったことがありました。皇后は兄弟のなかで姉だけをもたず、私との結婚で姉ができたことがうれしく、誘ってくれていたようなのですが、この時の昭和天皇が大変喜ばれた様子が今でも思い出されます。私ども二人は育った環境も違い、特に私は家庭生活をしてこなかったので、皇后の立場を十分に思いやることができず、加えて大勢の職員と共にする生活には戸惑うことも多かったと思います。しかし、何事も静かに受け入れ、私が皇太子として務めを果たしていく上に、大きな支えとなってくれました。

時代にふさわしい新たな皇室のありようについての質問ですが、私は即位以来、昭和天皇をはじめ、過去の天皇の歩んできた道にたびたび思いを致し、また、日本国憲法にある「天皇は、日本国の象徴であり日本国民統合の象徴」であるという規定に心を致しつつ、国民の期待にこたえられるよう願ってきました。象徴とはどうあるべきかということはいつも私の念頭を離れず、その望ましい在り方を求めて今日に至っています。なお大日本帝国憲法下の天皇の在り方と日本国憲法下の天皇の在り方を比べれば、日本国憲法下の天皇の在り方のほうが天皇の長い歴史で見た場合、伝統的な天皇の在り方に沿うものと思います。

守ってきた皇室の伝統についての質問ですが、私は昭和天皇から伝わってきたものはほとんど受け継ぎ、これを守ってきました。このなかには新嘗祭のように古くから伝えられてきた伝統的祭祀もありますが、田植えのように昭和天皇から始められた行事もあります。新嘗祭のように古い伝統のあるものはそのままの形を残していくことが大切と考えますが、田植えのように新しく始められた行事は、形よりはそれを行う意義を重視していくことが望ましいと考えます。したがって現在私は田植え、稲刈りに加え、前年に収穫した種籾を蒔くことから始めています。学士院賞や芸術院賞受賞者などを招いての茶会なども皇后と共に関係者と話し合い、招かれた全員と話ができるように形式を変えました。短時間ではありますが、受賞者、新会員皆と話をする機会がもて、私どもにとっても楽しいものになりました。

皇室の伝統をどう引き継いでいくかという質問ですが、先ほど天皇の在り方としてその望ましい在り方を常に求めていくという話をしましたが、次世代にとってもその心持ちをもつことが大切であり、個々の行事をどうするかということは次世代の考えに譲りたいと考えます。

皇后陛下

五十年前、普通の家庭から皇室という新しい環境に入りました時、不安と心細さで心が一杯でございました。今日こうして陛下のおそばで、金婚の日を迎えられることを、本当に夢のように思います。

結婚以来、今日まで、陛下はいつもご自分の立場を深く自覚なさり、東宮でいらしたころには将来の象徴として、後に天皇におなりになってからは、日本国、そして国民統合の象徴として、ご自分のあるべき姿を求めて歩んでこられました。こうしたご努力のなかで、陛下は国や人々に寄せる気持ちを時と共に深められ、国の出来事や人々の喜び悲しみにお心を添わせていらしたように思います。

五十年の道のりは、長く、時に険しくございましたが、陛下が日々真摯《しんし》にとるべき道を求め、指し示してくださいましたので、今日までご一緒に歩いてくることができました。陛下のお時代を、共に生きることができたことを、心からうれしく思うと共に、これまで私の成長を助け、見守り、励ましてくださった大勢の方たちに感謝を申し上げます。

質問のなかにある「皇室」と「伝統」、そして「次世代への引き継ぎ」ということですが、陛下はご即位にあたり、これまでの皇室の伝統的行事及び祭祀とも、昭和天皇の御代のものをほぼ全部お引き継ぎになりました。また、皇室が過去の伝統と共に、「現代」を生きることの大切さを深く思われ、日本各地に住む人々の生活に心を寄せ、人々と共に「今」という時代に丁寧に関わりつつ、一つの時代を築いてこられたように思います。

伝統と共に生きるということは、時に大変なことでもありますが、伝統があるために、国や社会や家が、どれだけ力強く、豊かになれているかということに気づかされることがあります。一方で型のみで残った伝統が、社会の進展を阻んだり、伝統という名の下で、古い慣習が人々を苦しめていることもあり、この言葉が安易に使われることは好ましく思いません。

また、伝統には表に現れる型と、内に秘められた心の部分とがあり、その二つが共に継承されていることも、片方だけで伝わってきていることもあると思います。WBC(1)で活躍した日本の選手たちは、鎧も着ず、切腹したり、ゴザルとか言ってはおられなかったけれど、どの選手も、やはりどこか「さむらい」的で、美しい強さをもって戦っておりました。

陛下のおっしゃるように、伝統の問題は引き継ぐと共に、次世代にゆだねていくものでしょう。私どもの時代の次、またその次の人たちが、それぞれの立場から皇室の伝統にとどまらず、伝統と社会との問題に対し、思いを深めていってくれるよう願っています。

――両陛下にお尋ねします。お二人が知り合われてからこれまでにさまざまなお言葉のやり取りがあったと思います。いろいろなエピソードが伝わっておりますが、陛下はどのようなお言葉でプロポーズをされ、皇后さまは陛下にどのようなお言葉を伝えてご結婚を決意されましたか。銀婚式を前にした会見では、陛下は皇后さまに「努力賞」を、皇后さまは陛下に「感謝状」をそれぞれ差し上げられたいと述べられましたが、あらためて今、お互いにお言葉を贈られるとすれば、どのようなお言葉になりますか。ご夫婦としてうれしく思われたこと、ご苦労されたこと、悲しまれたこと、印象に残った出来事、結婚されて良かったと思われた瞬間のこと、ご夫婦円満のため心掛けられたことなど、おうかがいしたいことは多々ございますが、お二人の五十年間の歩みのなかで、お心に残ったことについて、とっておきのエピソードを交えながらお聞かせください。

天皇陛下

私のプロポーズの言葉は何かということですが、当時何回も電話で話し合いをし、ようやく承諾をしてくれたことを覚えています。プロポーズの言葉として一言で言えるようなものではなかったと思います。何回も電話で話し合いをし、私が皇太子としての務めを果たしていく上で、その務めを理解し、支えてくれる人がどうしても必要であることを話しました。承諾してくれた時は本当にうれしかったことを思い出します。

結婚五十年にあたって贈るとすれば感謝状です。皇后はこのたびも「努力賞がいい」としきりに言うのですが、これは今日まで続けてきた努力を嘉《よみ》しての感謝状です。本当に五十年間よく努力を続けてくれました。その間にはたくさんの悲しいことや辛いことがあったと思いますが、よく耐えてくれたと思います。

夫婦としてうれしく思ったことについての質問ですが、やはり第一に二人が健康に結婚五十年を迎えたことだと思います。二人のそれぞれの在り方についての話し合いも含め、何でも二人で話し合えたことは幸せなことだったと思います。皇后は真面目なのですが、面白く楽しい面をもっており、私どもの生活に、いつも笑いがあったことを思い出します。また、皇后が木や花が好きなことから、早朝に一緒に皇居のなかを散歩するのも楽しいものです。私は木は好きでしたが、結婚後、花に関心をもつようになりました。

語らひを重ねゆきつつ気がつきぬわれのこころに開きたる窓

婚約内定後に詠んだ歌ですが、結婚によって開かれた窓から私は多くのものを吸収し、今日の自分をつくっていったことを感じます。結婚五十年を本当に感謝の気持ちで迎えます。

終わりに私ども二人を五十年間にわたって支えてくれた人々に深く感謝の意を表します。

皇后陛下

たくさんの質問があって、全部はお答えできないかもしれません。とりわけ婚約のころのことは、五十年を越す「昔むかし」のお話でプロポーズがどのようなお言葉であったか正確に思い出すことができません。また銀婚式を前にしてお尋ねのあった同じ質問に対してですが、このたびも私はやはり感謝状を、何かこれだけでは足りないような気持ちがいたしますが、心を込めて感謝状をお贈り申し上げます。

次の「夫婦としてうれしく思ったこと」。このようなお答えでよろしいのか、嫁いで一、二年のころ、散策にお誘いいただきました。赤坂のお庭はくもの巣が多く、陛下は道々くもの巣を払うための、確か寒竹だったか、葉のついた細い竹を二本切っておいでになると、その二本を並べてお比べになり、一方の丈を少し短く切って、渡してくださいました。ご自分のよりも軽く、少しでも持ちやすいようにと思ってくださったのでしょう。今でもその時のことを思い出すと、胸が温かくなります。

昭和天皇の崩御後、陛下はご多忙な日々のなか、皇太后さまをお気遣いになり、さまざまに配慮なさると共に、昭和天皇が未完のままお残しになったそれまでのご研究の続きを、どのような形で完成し、出版できるか、また昭和天皇の残されたたくさんの生物の標本を、どうすれば散り散りに分散させず、大切にお預かりする施設に譲渡できるかなど、細やかにお心配りをなさいました。こうしたご配慮の下、平成元年の末には『皇居の植物』が、平成七年には『相模湾産ヒドロ虫類』の続刊が刊行され、また平成五年には昭和天皇ご使用の顕微鏡やたくさんの標本類が国立科学博物館に、平成七年には、鳥類の標本が山階鳥類研究所に、それぞれ無事に納められました。「印象に残った出来事は」という質問を受け、この時の記憶がよみがえりました。

「結婚して良かったと思った瞬間は」という難しいお尋ねですが、もうエピソードはこれで終わりにさせていただいて、本当に小さな思い出を一つお話しいたします。春、辛夷《こぶし》の花が採りたくて、木の下でどの枝にしようかと迷っておりました時に、陛下が一枝を目の高さまで降ろしてくださって、そこに欲しいと思っていたとおりの美しい花がついておりました。うれしくて、後に歌にも詠みました。歌集の昭和四十八年のところに入っていますが、でも、このようにお話をしてしまいましたが、それまで一度も結婚して良かったと思わなかったということではありません。

この五十年間、陛下はいつも皇太子、また天皇としての、お立場を自覚なさりつつ、私ども家族にも深い愛情を注いでくださいました。陛下が誠実で謙虚な方でいらっしゃり、また常に寛容でいらしたことが、私がおそばで五十年を過ごしてこられた何よりの支えであったと思います。

［関連質問］

——両陛下は四月十日、今年結婚五十年を迎えられるご夫婦をお招きになって茶会を開かれます。これは両陛下のご発案と聞いておりますけど、どのようなお気持ちでこの茶会を開かれたいと思われたのか、そこら辺のことをお聞かせいただけないでしょうか。

天皇陛下

この百組の結婚五十年を迎える人々を呼ぶということには、二人の意思と共に、宮内庁長官をはじめ関係者のいろいろな尽力があったと思います。ちょうど私どもが結婚してからの五十年は、先ほどもお話ししましたように、さまざまな出来事の多い時だったと思います。結婚したころは必ずしも豊かでありませんでしたが、皆、希望に満ちて未来に向かって進んでいったのでないかと思います。そして、その前の時代に、戦争があり、その戦争の厳しい環境のなかで、青少年時代を送ったことだと思います。このようにこの結婚五十年の人々はさまざまな、そして共通した経験をして今日に至っていると思います。このたび結婚五十年にあたって、結婚五十年を迎えられる人々をお招きしてこの茶会を催し、それぞれの皆さんがたどってきた道を話し合うということは、私どもにとっても意義深いことだと思いますし、またお互いに話し合って楽しいひと時になるのではないかと期待しています。

皇后陛下

今、陛下がすべてを話してくださいました。私も当日を楽しみにしております。

【注記】

（1）ＷＢＣ　ワールド・ベースボール・クラシック。野球の世界一決定戦。平成十八年（二〇〇六）三月に十六の国と地域が参加する第一回大会が開催された。日本代表チームは王貞治監督のもと優勝を果たし、初代王者となった。第二回大会は平成二十一年（二〇〇九）三月に開催、原辰徳監督率いる日本代表は連覇を果たした。チームの呼称は「侍ジャパン」。

平成最後のお誕生日のお言葉

❖天皇陛下のお誕生日　昭和八年十二月二十三日
❖皇后陛下のお誕生日　昭和九年 十 月 二十 日

天皇陛下の記者会見

〔宮内記者会代表質問〕

——天皇陛下として迎えられる最後の誕生日となりました。陛下が皇后さまと共に歩まれてきた日々はまもなく区切りを迎え、皇室は新たな世代が担っていくこととなります。現在のご心境と共に、今国民に伝えたいことをお聞かせください。

この一年を振り返る時、例年にも増して多かった災害のことは忘れられません。集中豪雨、地震、そして台風などによって多くの人の命が落とされ、また、それまでの生活の基盤を失いました。新聞やテレビを通して災害の様子を知り、また、後日いくつかの被災地を訪れて災害の状況を実際に見ましたが、自然の力は想像を絶するものでした。命を失った人々に追悼の意を表すると共に、被害を受けた人々が一日も早くもとの生活を取り戻せるよう願っています。

ちなみに私が初めて被災地を訪問したのは、昭和三十四年、昭和天皇の名代として、伊勢湾台風の被害を受けた地域を訪れた時のことでした。

今年も暮れようとしており、来年春の私の譲位の日も近づいてきています。

私は即位以来、日本国憲法の下で象徴と位置づけられた天皇の望ましい在り方を求めながらその務めを行い、今日までを過ごしてきました。譲位の日を迎えるまで、引き続きその在り方を求めながら、日々の務めを行っていきたいと思います。

第二次世界大戦後の国際社会は、東西の冷戦構造の下にありましたが、平成元年の秋にベルリンの壁が崩れ、冷戦は終焉を迎え、これからの国際社会は平和な時を迎えるのではないかと希望をもちました。しかしその後の世界の動きは、必ずしも望んだ方向には進みませんでした。世界各地で民族紛争や宗教による対立が発生し、また、テロにより多くの犠牲者が生まれ、さらには、多数の難民が苦難の日々を送っていることに、心が痛みます。

以上のような世界情勢のなかで日本は戦後の道のりを歩んできました。終戦を十一歳で迎え、昭和二十七年、十八歳の時に成年式、次いで立太子礼を挙げました。その年にサンフランシスコ平和条約が発効し、日本は国際社会への復帰を遂げ、次々と我が国に着任する各国大公使を迎えたことを覚えています。そしてその翌年、英国のエリザベス二世女王陛下の戴冠式に参列し、その前後、半年余りにわたり諸外国を訪問しました。それから六十五年の歳月が流れ、国民皆の努力によって、我が国は国際社会のなかで一歩一歩と歩みを進め、平和と繁栄を築いてきました。昭和二十八年に奄美群島の復帰が、昭和四十三年に小笠原諸島の復帰が、そして昭和四十七年に沖縄の復帰が成し遂げられました。沖縄は、さきの大戦を含め実に長い苦難の歴史をたどってきました。皇太子時代を含め、私は皇后と共に十一回訪問を重ね、その歴史や文化を理解するよう努めてきました。沖縄の人々が耐え続けた犠牲に心を寄せていくとの私どもの思いは、これからも変わることはありません。

そうしたなかで平成の時代に入り、戦後五十年、六十年、七十年の節目の年を迎えました。さきの大戦で多くの人命が失われ、また、我が国の戦後の平和と繁栄が、このような多くの犠牲と国民のたゆみない努力によって築かれたものであることを忘れず、戦後生まれの人々にもこのことを正しく伝えていくことが大切であると思ってきました。平成が戦争のない時代として終わろうとしていることに、心から安堵しています。

そして、戦後六十年にサイパン島を、戦後七十年にパラオのペリリュー島を、さらにその翌年フィリピンのカリラヤを慰霊のため訪問したことは忘れられません。皇后と私の訪問を温かく受け入れてくれた各国に感謝します。

次に心に残るのは災害のことです。平成三年の雲仙普賢岳の噴火、平成五年の北海道南西沖地震と奥尻島の津波被害に始まり、平成七年の阪神・淡路大震災、平成二十三年の東日本大震災など数多くの災害が起こり、多くの人命が失われ、数知れぬ人々が被害を受けたことに言葉に尽くせぬ悲しみを覚えます。ただ、そのなかで、人々の間にボランティア活動をはじめさまざまな助け合いの気持ちが育まれ、防災に対する意識と対応が高まってきたことには勇気づけられます。また、災害が発生した時に規律正しく対応する人々の姿には、いつも心を打たれています。

障害者をはじめ困難を抱えている人に心を寄せていくことも、私どもの大切な務めと思い、過ごしてきました。障害者のスポーツは、ヨーロッパでリハビリテーションのために始まったものでしたが、それを超えて、障害者自身がスポーツを楽しみ、さらに、それを見る人も楽しむスポーツとなることを私どもは願ってきました。パラリンピックをはじめ、国内で毎年行われる全国障害者スポーツ大会を、皆が楽しんでいることを感慨深く思います。

今年、我が国から海外への移住が始まって百五十年を迎えました。この間、多くの日本人は、赴いた地の人々の助けを受けながら努力を重ね、その社会の一員として活躍するようになりました。こうした日系の人たちの努力を思いながら、各国を訪れた際には、できる限り会う機会をもってきました。そして近年、多くの外国人が我が国で働くようになりました。私どもがフィリピンやベトナムを訪問した際も、将来日本で職業に就くことを目指してその準備に励んでいる人たちと会いました。日系の人たちが各国で助けを受けながら、それぞれの社会の一員として活躍していることに思いを致しつつ、各国から我が国に来て仕事をする人々を、社会の一員として私ども皆が温かく迎えることができるよう願っています。また、外国からの訪問者も年々増えています。この訪問者が我が国を自らの目で見て理解を深め、各国との親善友好関係が進むことを願っています。

明年四月に結婚六十年を迎えます。結婚以来皇后は、常に私と歩みを共にし、私の考えを理解し、私の立場と務めを支えてきてくれました。また、昭和天皇をはじめ私とつながる人々を大切にし、愛情深く三人の子どもを育てました。振り返れば、私は成年皇族として人生の旅を歩み始めてほどなく、現在の皇后と出会い、深い信頼の下、同伴を求め、爾来《じらい》この伴侶と共に、これまでの旅を続けてきました。天皇としての旅を終えようとしている今、私はこれまで、象徴としての私の立場を受け入れ、私を支え続けてくれた多くの国民に衷心より感謝すると共に、自らも国民の一人であった皇后が、私の人生の旅に加わり、六十年という長い年月、皇室と国民の双方への献身を、真心をもって果たしてきたことを、心からねぎらいたく思います。

そして、来年春に私は譲位し、新しい時代が始まります。多くの関係者がこのための準備にあたってくれていることに感謝しています。新しい時代において、天皇となる皇太子とそれを支える秋篠宮は共に多くの経験を積み重ねてきており、皇室の伝統を引き継ぎながら、日々変わりゆく社会に応じつつ道を歩んでいくことと思います。

今年もあとわずかとなりました。国民の皆が良い年となるよう願っています。

平成三十年十二月二十日　宮殿

皇后陛下の文書回答

〔宮内記者会代表質問〕

――この一年も、西日本豪雨や北海道の地震をはじめとする自然災害などさまざまな出来事がありました。今のお立場で誕生日を迎えられるのは今年限りとなりますが、天皇陛下の退位まで半年余りとなったご心境をお聞かせください。

昨年の誕生日から今日まで、この一年も年初の大雪に始まり、地震、噴火、豪雨等、自然災害が各地で相次ぎ、世界でも同様の災害や猛暑による山火事、ハリケーン等がさまざまな場所で多くの被害をもたらしました。「バックウォーター」(1)「走錨《そうびょう》」(2)など、災害がなければ決して知ることのなかった語彙にも、悲しいことですが慣れていかなくてはなりません。日本の各地で、災害により犠牲になられた方々を心より悼み、残された方々のお悲しみを少しでも分け持てればと思っています。また被災した地域に、少しでも早く平穏な日常の戻るよう、そして寒さに向かうこれからの季節を、どうか被災された方々が健康を損なうことなく過ごされるよう祈っています。

そのようななか、時々に訪れる被災地では、被災者の静かに物事に耐える姿、そしておそらくは一人一人が大きな心の試練を経験しているだろうなかで、健気に生きている子どもたちの姿にいつも胸を打たれています。また、被害が激しく、あれほどまでに困難の大きいなかで、一人でも多くの人命を救おうと、日夜全力を挙げて救援にあたられるすべての人々に対し、深い敬意と感謝の念を抱いています。

約三十年にわたる、陛下の「天皇」としてのお仕事への献身も、あと半年程で一つの区切りの時を迎えます。これまで「全身」と「全霊」双方をもって務めにあたっていらっしゃいましたが、加齢と共に徐々に「全身」をもって、という部分が果たせなくなることをお感じになり、政府と国民にそのお気持ちをお伝えになりました。五月からは皇太子が、陛下のこれまでと変わらず、心を込めてお役を果たしていくことを確信しています。

陛下は御譲位と共に、これまでなさってきたすべての公務から御身を引かれますが、以後もきっと、それまでと変わらず、国と人々のために祈り続けていらっしゃるのではないでしょうか。私も陛下のおそばで、これまでどおり国と人々の上に良きことを祈りつつ、これから皇太子と皇太子妃が築いてゆく新しい御代の安泰を祈り続けていきたいと思います。

二十四歳の時、想像すらできなかったこの道に招かれ、大きな不安のなかで、ただ陛下の御自身のお立場に対するゆるぎない御覚悟に深く心を打たれ、おそばに上がりました。そして振り返りますとあの御成婚の日以来今日まで、どのような時にもお立場としての義務は最優先であり、私事はそれに次ぐもの、というその時にうかがったお言葉のままに、陛下はこの六十年に近い年月を過ごしていらっしゃいました。義務を一つひとつ果たしつつ、次第に国と国民への信頼と敬愛を深めていかれる御様子をお近くで感じ取ると共に、新憲法で定められた「象徴」（皇太子時代は将来の「象徴」）のお立場をいかに生きるかを模索し続ける御姿を見上げつつ過ごした日々を、今深い感慨と共に思い起こしています。

皇太子妃、皇后という立場を生きることは、私にとり決して易しいことではありませんでした。与えられた義務を果たしつつ、その都度新たに気づかされたことを心にとどめていく――そうした日々を重ねて、六十年という歳月が流れたように思います。学生時代よく学長が「経験するだけでは足りない。経験したことに思いをめぐらすように」と言われたことを、幾度となく自分に言い聞かせてまいりました。その間、昭和天皇と香淳皇后の御姿からは計り知れぬお教えを賜り、陛下には時に厳しく、しかし限りなく優しく寛容にお導きいただきました。三人の子どもたちは、誰も本当に可愛く、育児は眠さとの戦いでしたが、大きな喜びでした。これまで私の成長を助けてくださったすべての方々に深く感謝しております。

陛下の御譲位後は、陛下の御健康をお見守りしつつ、御一緒に穏やかな日々を過ごしていかれればと願っています。そうしたなかで、これまでと同じく日本や世界の出来事に目を向け、心を寄せ続けていければと思っています。たとえば、陛下や私の若い日と重なって始まる拉致被害者の問題などは、平成の時代の終焉と共に急に私どもの脳裏から離れてしまうというものではありません。これからも家族の方たちの気持ちに陰ながら寄り添っていきたいと思います。

先々《さきざき》には、仙洞《せんとう》御所となる今の東宮御所に移ることになりますが、かつて三十年程住まったあちらの御所には、入り陽《ひ》の見える窓を持つ一室があり、若いころ、よくその窓から夕焼けを見ていました。三人の子どもたちも皆この御所で育ち、戻りましたらどんなに懐かしく当時を思い起こすことと思います。

赤坂に移る前に、ひとまず高輪の旧高松《たかまつの》宮邸《みやてい》であったところに移居いたします。昨年、何年ぶりかに宮邸を見にまいりましたが、両殿下の薨去《こうきょ》よりかなりの年月が経ちますのに、お住居の隅々まできれいで、管理を任されていた旧奉仕者が、夫妻二人して懸命にお守りしてきたことを知り、深く心を打たれました。できるだけ手を入れず、宮邸であった当時の姿を保ったままで住みたいと、陛下とお話しし合っております。

公務を離れたら何かすることを考えているかとこのごろよく尋ねられるのですが、これまでにいつか読みたいと思って求めたまま、手つかずになっていた本を、これからは一冊ずつ時間をかけ読めるのではないかと楽しみにしています。読み出すとつい夢中になるため、これまでできるだけ遠ざけていた探偵小説も、もう安心して手許に置けます。ジーヴス(3)も二、三冊待機しています。

また赤坂の広い庭のどこかに良い土地を見つけ、マクワウリをつくってみたいと思っています。こちらの御所に移居してすぐ、陛下の御田《おた》の近くに一畳にも満たない広さの畠があり、そこにマクワウリがいくつかなっているのを見、大層懐かしく思いました。いただいてもよろしいか陛下にうかがうと、大変に真面目なお顔で、これはいけない、神様に差し上げるものだからと仰せで、六月の大祓《おおはらい》の日に用いられることを教えてくださいました。大変な瓜田《かでん》に踏み入るところでした。それ以来、いつかあの懐かしいマクワウリを自分でもつくってみたいと思っていました。

皇太子、天皇としての長いお務めを全うされ、やがて八十五歳におなりの陛下が、これまでのお疲れを癒やされるためにも、これからの日々を赤坂の恵まれた自然の中でお過ごしになれることに、心の安らぎを覚えています。

しばらく離れていた懐かしい御用地が、今どのようになっているか。日本タンポポはどのくらい残っているか、その増減がいつも気になっている日本蜜蜂は無事に生息し続けているかなどを見廻り、陛下が関心をおもちの狸の好きなイヌビワの木なども御一緒に植えながら、残された日々を、静かに心豊かに過ごしていけるよう願っています。

【注記】

（1）**バックウォーター**　バックウォーター現象。背水とも。河川や用水路において、下流側の水位の変化が上流側の水位に影響を及ぼす現象。豪雨などで河川の本流の水位が上がり、本流に流入すべき支流の水が流入できずに行き場をなくし、溢れ出すと洪水が発生する。

（2）**走錨**　船舶が錨を下ろしたまま流されること。嵐や強風、潮流などによって船舶に加わる強い力が、錨が船を係留する力を上回ると発生する。走錨状態になると、錨を揚げることが困難になり、この場合操船できなくなるため、海難事故に陥る危険性が高い。

（3）**ジーヴス**　イギリスの作家Ｐ・Ｇ・ウッドハウスによる探偵小説『ジーヴスの事件簿』に登場する執事ジーヴス。

天皇陛下御在位三十年記念式典のお言葉

天皇陛下のお言葉

在位三十年にあたり、政府並びに国の内外から寄せられた祝意に対し、深く感謝いたします。

即位から三十年、こと多く過ぎた日々を振り返り、今日《こんにち》こうして国の内外の祝意に包まれ、このような日を迎えることを誠に感慨深く思います。

平成の三十年間、日本は国民の平和を希求する強い意志に支えられ、近現代において初めて戦争を経験せぬ時代をもちましたが、それはまた、決して平坦な時代ではなく、多くの予想せぬ困難に直面した時代でもありました。世界は気候変動の周期に入り、我が国も多くの自然災害に襲われ、また高齢化、少子化による人口構造の変化から、過去に経験のない多くの社会現象にも直面しました。島国として比較的恵まれた形で独自の文化を育ててきた我が国も、今、グローバル化する世界のなかで、さらに外に向かって開かれ、そのなかで叡智《えいち》をもって自らの立場を確立し、誠意をもって他国との関係を構築していくことが求められているのではないかと思います。

天皇として即位して以来今日《こんにち》まで、日々国の安寧と人々の幸せを祈り、象徴としていかにあるべきかを考えつつ過ごしてきました。しかし憲法で定められた象徴としての天皇像を模索する道は果てしなく遠く、これから先、私を継いでいく人たちが、次の時代、さらに次の時代と象徴のあるべき姿を求め、先立つこの時代の象徴像を補い続けていってくれることを願っています。

天皇としてのこれまでの務めを、人々の助けを得て行うことができたことは幸せなことでした。これまでの私のすべての仕事は、国の組織の同意と支持の下、初めて行い得たものであり、私がこれまで果たすべき務めを果たしてこられたのは、その統合の象徴であることに、誇りと喜びをもつことのできるこの国の人々の存在と、過去から今に至る長い年月に、日本人がつくり上げてきた、この国のもつ民度のお陰でした。災害の相次いだこの三十年を通し、不幸にも被災の地で多くの悲しみに遭遇しながらも、健気《けなげ》に耐え抜いてきた人々、そして被災地の哀《かな》しみを我が事とし、さまざまな形で寄り添い続けてきた全国の人々の姿は、私の在位中の忘れ難い記憶の一つです。

今日この機会に、日本が苦しみと悲しみのさなかにあった時、少なからぬ関心を寄せられた諸外国の方々にも、お礼の気持ちを述べたく思います。数知れぬ多くの国や国際機関、また地域が、心のこもった援助を与えてくださいました。心より深く感謝いたします。

平成が始まって間もなく、皇后は感慨のこもった一首の歌を記しています。

ともどもに平《たひ》らけき代《よ》を築かむと諸人《もろひと》のことば国うちに充《み》つ

平成は昭和天皇の崩御と共に、深い悲しみに沈む諒闇《りょうあん》のなかに歩みを始めました。そのような時でしたから、この歌にある「言葉」は、決して声高に語られたものではありませんでした。

しかしこのころ、全国各地より寄せられた「私たちも皇室と共に平和な日本をつくっていく」という静かななかにも決意に満ちた言葉を、私どもは今も大切に心にとどめています。

在位三十年にあたり、今日《こんにち》このような式典を催してくださった皆様に厚く感謝の意を表し、ここに改めて、我が国と世界の人々の安寧と幸せを祈ります。

平成三十一年二月二十四日　東京都　国立劇場

御日程録

凡例

一、御日程録は、天皇皇后両陛下の日常の御日程の実際を示すことを主な目的として、平成二十一年から平成三十年の両陛下の御日程記録から抜粋した。

一、御日程のうち、「御公務（御執務）」（法律・政令の公布など、閣議決定文書のうち天皇陛下の認証、裁可、署名が必要なものについてのご押印やご署名。原則として閣議後に週二回）、「行事関係御進講等」（行幸啓、国賓の接遇、外国御訪問等の準備のためのご進講）、「勤労奉仕団御会釈」については、紙数の関係で、各月の終わりにそれぞれ回数のみを示した。

一、「❖」印は天皇陛下の、「◈」印は皇后陛下の、印のないものは両陛下の御日程を示す。

❖平成二一年❖

一月

一日(木)❖四方拝
　新年祝賀の儀、新年祝賀
二日(金)　新年一般参賀
四日(日)❖奏事始の儀
五日(月)❖国会議事堂　第一七一回国会開会式
七日(水)　武蔵陵墓地　昭和天皇二十年式年祭の儀・山陵の儀
九日(金)　講書始の儀
　離任大使夫妻　御引見（スリランカ国）
一三日(火)　離任大使夫妻　御引見（アメリカ合衆国）
一四日(水)❖外務省総合外交政策局長御進講
　◈外務省総合外交政策局長御進講
　タイ国王族ソムサワリー殿下　お茶
一五日(木)　歌会始の儀
一六日(金)❖アイルランド国首相　御引見
　❖認証官任命式
一九日(月)　しょうけい館（戦傷病者史料館）常設「戦傷病者資料展示」御覧（戦傷病者特別援護法制定四五周年並びに財団法人日本傷痍軍人会創立五五周年記念にあたり）
　❖赴任大使　拝謁
二〇日(火)　赴任大使夫妻　御接見
　離任大使夫妻　御引見（アンゴラ国）
二一日(水)　日本武道館　戦傷病者特別援護法制定四五周年並びに財団法人日本傷痍軍人会創立五五周年記念式典　御臨席
　離任大使夫妻　御引見（ノルウェー国）
　帰朝大使夫妻　お茶
二二日(木)　農林水産祭天皇杯受賞者拝謁・業績御覧
　◈ＴＯＨＯシネマズ　六本木ヒルズ　あけの星会設立五五周年・青少年福祉センター設立五〇周年記念チャリティー映画会　ロイヤル・チャリティー・プレミア映画「マンマ・ミーア！」特別試写会　御鑑賞
二三日(金)❖ラトビア国首相　御引見
二六日(月)　ブルガリア国大統領閣下及び同令夫人〈公式実務訪問賓客〉御会見・午餐
　❖認証官任命式
三〇日(金)　孝明天皇例祭の儀

御公務（御執務）――――七回
行事関係御進講等――――二回
勤労奉仕団御会釈――――三回

四月

二日(木)　新任外国大使夫妻　お茶
　❖認証官任命式
三日(金)❖神武天皇祭皇霊殿の儀
　❖皇霊殿御神楽の儀
六日(月)　文部科学省研究振興局長

他　御懇談

七日（火）◈東京国立博物館　国宝興福寺創建一三〇〇年記念「阿修羅展」御覧

❖セーシェル国大統領閣下　御会見

❖お手まき

八日（水）◈教文館「ぞうさんの詩人まどさん一〇〇歳展―ぼくがボクでよかったな―」御覧及び講演会「詩人としてのまどさんについて」御出席

記者会見（御結婚満五〇年にあたり）

九日（木）❖お手まき

一〇日（金）天皇皇后両陛下御結婚満五〇年祝賀行事

一三日（月）離任大使夫妻　御引見（スロバキア国）

❖衆議院及び参議院の役員等　拝謁及びお茶

一四日（火）ヨルダン国国王陛下、王弟ファイサル殿下、王妹ラーイヤ殿下及び王族ガーズィ殿下　御昼餐

一五日（水）日本橋三越本店　天皇皇后両陛下ご成婚五〇年・ご即位二〇年記念写真展「両陛下と旅」御覧

❖警視総監　御進講

新任外国大使夫妻　お茶

一六日（木）赤坂御苑　園遊会

一七日（金）❖パキスタン国大統領閣下　御会見

天皇皇后両陛下御結婚五〇年記念及び天皇陛下御即位二〇年記念春季雅楽特別演奏会　御鑑賞

二〇日（月）❖ベトナム国共産党中央執行委員会書記長　御引見

離任大使夫妻　御引見（アフガニスタン国）

国立オリンピック記念青少年総合センター「青年国際交流事業五〇年 既参加青年の集い」レセプション 御臨席

二一日（火）❖内閣総理大臣　内奏

❖認証官任命式

二二日（水）離任大使夫妻　御引見（サウジアラビア国）

二三日（木）❖赴任大使　拝謁

赴任大使夫妻　御接見

国立劇場　二〇〇九年（第二五回）日本国際賞授賞式　御臨席

帝国ホテル　二〇〇九年（第二五回）日本国際賞祝宴　御臨席

二四日（金）憲政記念館　第三回みどりの式典及びレセプション　御臨席

二七日（月）東京藝術大学大学美術館「皇女たちの信仰と御所文化　尼門跡寺院の世界」御覧

二八日（火）◈天蚕山つけ御作業

NHKホール「天皇・皇后両陛下ご成婚五〇周年ご即位二〇周年 記念コンサート」御鑑賞

三〇日(木)❈御養蚕始の儀（御養蚕所）
御公務（御執務）――九回
行事関係御進講等――四回
勤労奉仕団御会釈――八回

五月

一日(金)❖旬祭
秋篠宮同妃両殿下外国御訪問首席随員　拝謁
一日〜五日　葉山御用邸御滞在
七日(木)❈御給桑行事（御養蚕所）
秋篠宮同妃両殿下　御挨拶（オーストリア国、ブルガリア国、ハンガリー国及びルーマニア国御訪問につき）
八日(金)❖春の勲章親授式
❖同受章者　拝謁・お礼言上
❖春の勲章受章者　拝謁・お礼言上
一〇日(日)❈サントリーホール「佐藤しのぶ わが母の教え給いし歌二〇〇九」御鑑賞
一一日(月)　シンガポール国大統領閣下及び同令夫人〈国賓〉歓迎行事
同　御会見
同　宮中晩餐
一二日(火)　最高裁判所長官　御説明（裁判員制度について）
一三日(水)　迎賓館赤坂離宮　シンガポール国大統領閣下及び同令夫人　御訪問
❖春の勲章受章者及び褒章受章者　拝謁・お礼言上
❖赴任大使　拝謁
赴任大使夫妻　御接見
❖認証官任命式
一四日(木)❈明治神宮会館「平成二一年全国赤十字大会―赤十字思想誕生一五〇周年―」御臨席
❖春の勲章受章者及び褒章受章者　拝謁・お礼言上
一五日(金)❈株式会社資生堂事業所内保育所「カンガルーム汐留」御訪問（こどもの日にちなみ）
❖春の勲章受章者及び褒章受章者　拝謁・お礼言上
一八日(月)❈御給桑行事（御養蚕所）
❖春の勲章受章者及び褒章受章者　拝謁・お礼言上
一九日(火)❖春の勲章受章者及び褒章受章者　拝謁・お礼言上
文部科学省研究振興局長ほか　御懇談
二〇日(水)　シンガポール国元首相　お茶
二一日(木)　全日本中学校長会総会に出席する中学校長　拝謁
第五回日本・太平洋諸島フォーラム首脳会議に出席する各国首脳夫妻等　茶会
❈聖路加国際病院小児総合医療センター「ヘレン・ダグラスハウスの子どもたちとの交流会」御出席
二二日(金)❈上蔟行事（御養蚕所）
❖認証官任命式
二四日(日)　秋篠宮同妃両殿下　御挨

拶（オーストリア国、ブルガリア国、ハンガリー国及びルーマニア国から御帰国につき）

二五日(月)❖外務省総合外交政策局長 御進講

◈外務省総合外交政策局長 御進講

❖赴任大使 拝謁

赴任大使夫妻 御接見

常陸宮同妃両殿下外国御訪問首席随員 拝謁

二六日(火)❖お田植え

二七日(水)❖カタール国皇太子殿下〈公式実務訪問賓客〉 御会見・午餐

二八日(木)◈初繭掻行事（繭の毛羽取り作業含む）（御養蚕所）

離任大使夫妻 御引見（ザンビア国）

二九日(金)❖池上金型工業株式会社中曽根事業所 御視察

三一日(日) パシフィコ横浜 横浜開港一五〇周年記念式典 御臨席

オリジナルショー「ヴィジョン！ヨコハマ」御覧

横浜開港資料館 御視察

御公務（御執務）――九回

行事関係御進講等――六回

勤労奉仕団御会釈――三回

六月

一日(月) 日本学士院会館 日本学士院第九九回授賞式 御臨席

日本学士院賞本年度受賞者及び新会員等 茶会

二日(火)◈ホテルオークラ 日米婦人クラブ創立六〇周年記念祝賀式典・午餐会 御臨席

三日(水)❖日本銀行総裁 御進講

四日(木) 文部科学省研究振興局長他 御懇談

六日～八日 福井県 第六〇回全国植樹祭御臨場、併せて地方事情御視察

六日(土) 石川県知事等 御挨拶

福井県知事等 御挨拶

県勢概要 御聴取

福井県こども療育センター 御訪問

全国植樹祭レセプション 御臨席

七日(日) 全国植樹祭式典 御臨場

国土緑化運動・育樹運動ポスター原画コンクール等入賞作品 御覧

福井県立音楽堂大ホール 御視察

総合繊維メーカー「セーレン株式会社」御視察

提灯奉迎

八日(月) 越前町立福井総合植物園 御視察

福井県知事等 御挨拶

石川県知事等 御挨拶

一〇日(水)❖信任状捧呈式（アルバニア国、パラオ国）

常陸宮同妃両殿下 御挨拶（ペルー国及びボリビア国御訪問につき）

日本学士院第二部会員　お茶

一一日（木）　離任大使夫妻　御引見（マレーシア国）

楽部洋楽演奏会「天皇皇后両陛下御結婚五〇年及び天皇陛下御即位二〇年奉祝洋楽演奏会」御鑑賞

平成二〇年度農林水産祭中央審査委員会会長はじめ審査委員等　御懇談

❖内閣総理大臣　内奏

一二日（金）❖国立西洋美術館　国立西洋美術館開館五〇周年記念事業「ルーヴル美術館展　一七世紀ヨーロッパ絵画」御覧

一三日（土）　駐日カナダ国大使夫妻　御昼餐（カナダ国御訪問にあたり）

一五日（月）　日本芸術院会館　第六五回日本芸術院授賞式　御臨席

日本芸術院賞平成二〇年度受賞者及び新会員等　茶会

一六日（火）❖香淳皇后例祭の儀

一七日（水）❖外務省総合外交政策局長　御進講

❖外務省総合外交政策局長　御進講

一八日（木）　フィリピン国大統領閣下及び同夫君　御会見

❖「高等裁判所長官、地方裁判所長及び家庭裁判所長会同」に出席する地方裁判所長及び家庭裁判所長　拝謁

皇太子明仁親王奨学金奨学生　御接見

在京カナダ国大使館（高円宮記念ギャラリー）「カナダの先住民アート展：高円宮殿下妃殿下所蔵品」御覧（カナダ国御訪問にあたり）

在京カナダ国大使館（大使公邸）カナダ国大使夫妻　御夕餐

一九日（金）❖信任状捧呈式（アフガニスタン国、サウジアラビア国）

二二日（月）　武蔵陵墓地　武蔵野陵・武蔵野東陵　御参拝（外国御訪問につき）

二三日（火）　高円宮妃殿下　御挨拶（フランス国、モナコ国、エジプト国及び英国御旅行につき）

二四日（水）❖神宮及び勅祭社宮司等　拝謁

新任外国大使夫妻　お茶

カナダ国及びアメリカ合衆国御訪問につき随員等　拝謁

カナダ国及びアメリカ合衆国御訪問随員・随行員等　茶会

二五日（木）❖御養蚕納の儀（御養蚕所）

二六日（金）　常陸宮同妃両殿下　御挨拶（ペルー国及びボリビア国御訪問から御帰国につき）

二九日（月）　外国御訪問同行記者団　御挨拶

三〇日（火）❖節折の儀

御公務（御執務）――――一〇回
行事関係御進講等――――三回
勤労奉仕団御会釈――――五回

七月

一日（水）❖賢所皇霊殿神殿に謁するの儀（外国御訪問につき）
天蚕（ヤママユ）の収繭御作業
二日（木）❖皇太子殿下に国事行為臨時代行に関する勅書の御伝達
❖認証官任命式
三日～一七日　カナダ国及びアメリカ合衆国公式御訪問
三日（金）　カナダ国（オタワ市）へ御出発
四日（土）　旧マッケンジー・キング邸　御訪問（ガティーノ市長夫妻はじめ市民代表者との御交歓）
中央試験農場　御訪問
外務大臣夫妻及び国際協力大臣と御夕餐
五日（日）　メール・ブルー（自然保護地区）　首都圏管理国家委員会（NCC）の自然保護担当者等と御散策
地球磁気学研究所　御訪問
日系人代表及び在留邦人代表　御接見
六日（月）　歓迎行事
総督閣下及び同夫君　御会見
植樹セレモニー
カールトン大学　御訪問（オタワ大学及びカールトン大学関係者との昼食会及び学生との御懇談）
ハーパー首相夫妻　御引見
総督閣下及び同夫君主催晩餐会
七日（火）　総督閣下及び同夫君と御朝食
平和維持記念碑　御供花
国会　御訪問
歓迎行事（御記帳）
上院・下院議場　御視察
図書館　御視察
上院議長夫妻主催　午餐会
在カナダ国日本大使夫妻主催答礼レセプション
総督閣下及び同夫君ほか御夕餐
八日（水）　総督閣下及び同夫君お別れの御挨拶
カナダ外務貿易省　御訪問
日加修好八〇周年特別イベント　御臨席
レセプション　御臨席
外務大臣夫妻主催　昼食会
九日（木）　トロント市へ
カナダの日本関係者　御接見
トロント小児病院　御訪問
オンタリオ州議会　御訪

問
オンタリオ州副総督夫妻御引見
オンタリオ州副総督夫妻主催　午餐会
オンタリオ州首相夫妻　御引見
市民との御交流
◈トロント公共図書館　御訪問
日系文化会館　御訪問
日系人代表及び在留邦人代表　御接見

一〇日(金)
モミジ・シニアズ・センター　御訪問
バンクーバー市へ
冬季オリンピック・スピードスケート施設（リッチモンド・オーバル）御視察
先住民族（ファースト・ネイションズ）首長等による歓迎（ウィットネス・セレモニー）
ビクトリア市へ

一一日(土)
ブリティッシュ・コロンビア州副総督夫妻　御引見
ブリティッシュ・コロンビア州副総督夫妻　御夕餐
ブリティッシュ・コロンビア州首相夫妻　御引見
市民との御交流
ブリティッシュ・コロンビア州副総督及び州首相共催歓迎午餐会
日系人代表及び在留邦人代表　御接見（ユーコン準州からの代表者を含む）

一二日(日)
ブリティッシュ・コロンビア州副総督夫妻とのお別れの御挨拶
海洋科学研究所　御訪問
海洋科学研究所関係者　昼食会
バンクーバー市へ
バンクーバー日本語学校・日系人会館　御訪問

一三日(月)
ブリティッシュ・コロンビア大学　御訪問
学長による御説明
新渡戸庭園　御散策
日本関係者　御懇談
人類学博物館　御訪問
ブリティッシュ・コロンビア大学長夫妻主催　昼食会
日系プレース　御訪問
日系人代表　御接見（アルバータ、サスカチュワン、マニトバの各州からの代表者を含む）
入居者　御接見
日本語学園　御視察
カナダ側接伴員を招いての御夕餐

一四日(火)
在カナダ日本大使及び在バンクーバー日本総領事共催レセプション　御臨席
アメリカ合衆国（ハワイ州オアフ島）へ

カピオラニ・パーク　御訪問（一九六〇年御訪問時にお手植えの木御覧・市民代表と御交流）
アメリカ合衆国連邦政府代表　御引見

一五日（水）　国立太平洋記念墓地　御供花
ハワイ州知事　御引見
ハワイ州知事主催　午餐
皇太子明仁親王奨学金財団五〇周年記念行事　御臨席
財団関係者との御懇談
過去の奨学生との御懇談晩餐会

一六日（木）　ハワイ州知事等とのお別れの御挨拶
ハワイ島へ
在アメリカ合衆国日本大使及び在ホノルル日本総領事共催レセプション　御臨席
東京へ御出発

一七日（金）　御帰国

二一日（火）❖賢所皇霊殿神殿に謁するの儀（外国御訪問から御帰国につき）
❖皇太子殿下　御報告（国事行為臨時代行について）

二二日（水）❖前衆議院議長・参議院議長　御挨拶
❖警察大学校警部任用科第二五期学生　拝謁
帰朝大使夫妻　お茶

二三日（木）　帰朝大使夫妻　お茶
サントリーホール「難民を助ける会創立三〇周年／天満敦子デビュー三〇周年記念　天満敦子ヴァイオリン・チャリティコンサート」御鑑賞（御休所にて「難民を助ける会」の活動報告御聴取）

二四日（金）　東京海洋大学水産史料館「特別展示 天皇陛下の魚類学ご研究」御覧

二六日～二九日　那須御用邸御滞在

二六日（日）　栃木県知事等　御挨拶
県勢概要　御聴取
農家　御視察

二七日（月）　環境省移管地利用計画　御聴取

二九日（水）　栃木県知事等　御挨拶

三〇日（木）❖明治天皇例祭の儀
◈杉並公会堂「エレルヘイン少女合唱団東京公演」御鑑賞

御公務（御執務）――四回
行事関係御進講等――二回
勤労奉仕団御会釈――一回

九月

二日（水）　新認定重要無形文化財保持者夫妻　お茶

三日（木）◈社団法人国際日本語普及協会理事長　御進講（社団法人国際日本語普及協会の活動について）
グランドプリンスホテル赤坂　日本人間ドック学会創立五〇周年記念祝賀

会　御臨席

四日(金)◈東京国立近代美術館「ゴーギャン展」御覧

六日(日)秋篠宮妃殿下・悠仁親王殿下　御挨拶（悠仁親王殿下御誕生日につき）

七日(月)❖総務大臣　内奏

在京外国大使夫妻　午餐

八日(火)東京国際フォーラム　更生保護制度施行六〇周年記念全国大会　御臨席

天皇皇后両陛下御成婚五〇年及び天皇陛下御即位二〇年奉祝行事（木曜会会員主催）音楽会　御鑑賞

九日(水)新任外国大使夫妻　お茶

青年海外協力隊帰国隊員及び日系社会青年ボランティアの代表　御接見

一〇日(木)帰朝大使夫妻　お茶

一一日(金)秋篠宮妃殿下　御挨拶（御誕生日につき）

一二日〜一六日　葉山御用邸御滞在

一六日(水)❖衆議院議長・副議長　拝謁

❖衆議院議長・参議院議長奏上

一七日(木)❖親任式・認証官任命式

イタリア国大統領閣下及び同令夫人（公式実務訪問賓客）御会見・午餐

東京文化会館　ミラノ・スカラ座二〇〇九年日本公演「ドン・カルロ」御鑑賞（イタリア国大統領閣下及び同令夫人御同席）

一八日(金)❖国会議事堂　第一七二回国会開会式

❖認証官任命式

二三日(水)❖秋季皇霊祭・秋季神殿祭の儀

馬事公苑　天皇陛下御在位二〇年慶祝「第四一回愛馬の日」御臨席

二四日(木)◈在京ドイツ国大使館　べーテル写真展「施しより仕事を、心の豊かさを求めて—ベーテル総合福祉施設—」御覧

前内閣総理大臣夫妻　御夕餐

二五日〜二七日　新潟県　第六四回国民体育大会御臨場、併せて地方事情御視察

二五日(金)新潟県知事等　御挨拶

県勢概要　御聴取

トキ保護関係者　御懇談

豊栄福祉交流センタークローバー　御訪問

二六日(土)式典前演技　御覧

国民体育大会開会式　御臨場

国民体育大会役員懇談会　御臨席

提灯奉迎

二七日(日)レスリング競技　御覧

ウエイトリフティング競技　御覧

新潟県知事等　御挨拶

二八日(月)バラの記念御植樹（フローレンス・ナイチンゲール国際基金発足七五周年にあたりつ

くられたアニバーサリーローズ）
❖離任大使　御引見（ブルガリア国）
❊有明コロシアム　「東レパン・パシフィック・オープン・テニストーナメント」杉山選手引退試合御覧
前在バンクーバー総領事夫妻　お茶

二九日（火）❖お稲刈り
社団法人江東区シルバー人材センター東陽作業所引き続き仙台堀川公園御訪問（敬老の日にちなみ）
❖お稲刈り

三〇日（水）❖外務省総合外交政策局長御進講
❊外務省総合外交政策局長御進講
離任大使夫妻　御引見（パラグアイ国）
前衆議院議長・前衆議院副議長夫妻　御夕餐

御公務（御執務）――八回
行事関係御進講等――四回
勤労奉仕団御会釈――三回

一一月

二日（月）在京外国大使夫妻　午餐
❖警察大学校警部任用科第二六期学生　拝謁

三日（火）❖文化勲章親授式
❖同受章者　拝謁・お礼言上

四日（水）帰朝大使夫妻　お茶
文化勲章受章者及び文化功労者等　茶会
日本プレスセンタービル日本記者クラブ創立四〇周年記念パーティー　御臨席

五日（木）❖秋の勲章親授式
❖同受章者　拝謁・お礼言上
❖秋の勲章受章者　拝謁・お礼言上
❊平成二一年度「ねむの木賞」受賞者　御接見

六日（金）❖秋の勲章受章者　拝謁・お礼言上
記者会見（天皇陛下御即位二〇年にあたり）

九日（月）新任外国大使夫妻　お茶
❖秋の勲章受章者　拝謁・お礼言上
中央職業能力開発協会理事長・（独）高齢・障害者雇用支援機構理事長　御報告（天皇陛下御在位二〇年記念技能五輪・アビリンピックいばらき大会二〇〇九について）
昭和天皇をお偲びする会晩餐（皇太子同妃お始め皇族各殿下、元皇族及び曾孫を含む御親族）

一〇日（火）国立公文書館　天皇陛下御在位二〇年記念公文書特別展示会　御覧
❖秋の勲章受章者及び褒章

受章者　拝謁・お礼言上

一一日(水)❖紙の博物館「手漉き和紙の今～日本の心二〇〇〇年紀『和紙總鑑』～」御覧

❖ペルー国大統領閣下　御会見

❖秋の勲章受章者　拝謁・お礼言上

一二日(木)❖天皇陛下御即位二〇年につき賢所皇霊殿神殿祭典の儀

天皇陛下御即位二〇年祝賀行事

国立劇場　天皇陛下御在位二〇年記念式典（政府主催）御臨席

二重橋より祝賀にお応え（天皇陛下御即位二〇年をお祝いする国民祭典）

一三日(金)　天皇陛下御即位二〇年宮中茶会（内閣総理大臣等）

天皇陛下御即位二〇年宮中茶会（副大臣等）

一四日(土)　天皇陛下御即位二〇年宮中茶会（各国の外交使節団の長等）

アメリカ合衆国大統領閣下　御昼餐

東京文化会館「乞巧奠七夕の宴～京都・冷泉家の雅～」御鑑賞

一六日(月)❖秋の勲章受章者及び褒章受章者　拝謁・お礼言上

一六日～二〇日　大阪府・京都府　京都御所茶会御臨席、併せて地方事情御視察

一六日(月)　大阪府副知事等　御挨拶

一七日(火)　大阪市立東洋陶磁美術館御視察

大阪府勢概要　御聴取

国立文楽劇場　御鑑賞

提灯奉迎

一八日(水)　大阪府立たまがわ高等支援学校　御訪問

大阪府副知事等　御挨拶

京都府知事等　御挨拶

府勢概要　御聴取

茶会（天皇陛下御即位二〇年につき）

❖認証官任命式

一九日(木)　京都府立植物園　御視察

小倉山二尊教院華台寺　御拝礼（鷹司和子様御逝去二〇年につき）

二〇日(金)　霊鑑寺　御訪問

京都府知事等　御挨拶

二三日(月)❖新嘗祭神嘉殿の儀（夕の儀・暁の儀）

二四日(火)❖サントリーホール　内田光子ピアノ・リサイタル御鑑賞

二五日(水)❖最高裁判所長官はじめ最高裁判所判事、高等裁判所長官等　午餐

離任大使夫妻　御引見（パプアニューギニア国）

東宮御所　天皇陛下御即位二〇年及び天皇皇后両陛下御成婚五〇年をお祝いしての御内宴（晩餐）

二六日(木)　平林寺　御訪問

二七日(金)　東京国立博物館　御即位

二〇年記念特別展「皇室の名宝―日本美の華」御覧
三〇日(月) 日本学士院会館 第二五回国際生物学賞授賞式及びレセプション 御臨席
秋篠宮殿下 御挨拶（御誕生日につき）
文部科学大臣表彰の教育者表彰被表彰者 拝謁

御公務（御執務）――八回
行事関係御進講等――五回
勤労奉仕団御会釈――五回

❖ 平成二二年 ❖

三月

一日(月) 在カナダ国大使夫妻 御昼餐
総務大臣表彰の地方公共団体税務職員 拝謁
三日(水) ラオス国国家主席閣下及び同令夫人〈公式実務訪問賓客〉 御会見・午餐
四日(木) 法務大臣及び財団法人矯正協会会長表彰の法務省矯正職員代表 拝謁
皇太子殿下ガーナ国及びケニア国御訪問首席随員 拝謁
五日(金) 皇太子殿下 御挨拶（ガーナ国及びケニア国御訪問につき）
◈内閣府男女共同参画局長他 御懇談（男女共同参画社会の形成に向けての歩みにつき）
八日(月)❖東京都知事 御進講
警察庁長官表彰の全国優秀警察職員 拝謁
❖認証官任命式
一〇日(水) ルーマニア国大統領閣下及び同令夫人〈公式実務訪問賓客〉 御会見・午餐
三の丸尚蔵館 御成婚五〇年・御即位二〇年記念特別展「両陛下―想い出と絆の品々」第五期「世界の国々との友好の絆」御覧
一一日(木) 新任外国大使夫妻 お茶
日本学士院第一部会員 お茶
一二日(金)◈東京国立博物館 没後四〇〇年特別展「長谷川等伯」御覧
一五日(月)❖東ティモール国大統領閣下 御会見
厚生労働大臣表彰の医療功労賞受賞者 拝謁
シニア海外ボランティア及び日系社会シニアボランティア 御接見
一七日(水)❖ポーランド国上院議長 御引見
在トロント日本総領事夫妻 お茶
皇太子殿下 御挨拶（ガーナ国及びケニア国御訪問から御帰国につき）
一八日(木) 新任外国大使夫妻 お茶
應神天皇御事蹟について御進講（一七〇〇年御式年に

あたり）
❖警察大学校警部任用科第二七期学生　拝謁

一九日（金）在京外国大使夫妻　午餐

二一日（日）春季皇霊祭・春季神殿祭の儀

二二日（月）秋篠宮殿下・佳子内親王殿下・眞子内親王殿下　御挨拶（秋篠宮殿下にはラオス国御旅行・眞子内親王殿下には学習院高等科御卒業並びにラオス国御旅行・佳子内親王殿下には学習院中等科御卒業につき）

二三日（火）❖信任状捧呈式（中華人民共和国、コソボ国）

二四日（水）神宮の神馬となる予定の「国春号」御覧

二五日〜二八日　京都府　第一四回国際内分泌学会議オープニングセレモニー御臨席、併せて地方事情御視察

二五日（木）京都堂上会、門跡寺院、御由緒寺院・神社関係者等御挨拶
京都府知事等　御挨拶
泉涌寺　東山天皇陵（月輪陵）御参拝（東山天皇三〇〇年式年にあたり）

二六日（金）野村別邸碧雲荘　御視察
河井寛次郎記念館　御視察
桜　御覧（近衞邸跡）
国立京都国際会館　第一四回国際内分泌学会議オープニングセレモニー及び同懇親会　御臨席

二七日（土）宇治平等院　御訪問
長岡宮大極殿・小安殿跡御視察
向日市文化資料館　御視察

二八日（日）京都堂上会、門跡寺院、御由緒寺院・神社関係者等御挨拶
妙法院　御訪問
京都府知事等　御挨拶

二九日（月）❁日本橋三越本店「第二三回旭出学園工芸展」御覧
秋篠宮殿下・眞子内親王殿下　御挨拶（ラオス国御旅行から御帰国につき）

三一日（水）❁音楽大学卒業生演奏会　御臨席

御公務（御執務）――一二回
行事関係御進講等――五回
勤労奉仕団御会釈――六回

五月

一日（土）❖旬祭

三日（月）東京国立博物館　特集陳列「平成二二年新指定国宝・重要文化財」御覧

六日（木）寛仁親王殿下　御挨拶（トルコ国御訪問から御帰国につき）
ちよだパークサイドプラザ　いずみ学童クラブ　御訪問（こどもの日にちなみ）

七日（金）❁御給桑行事（御養蚕所）
❖春の勲章親授式
❖同受章者　拝謁・お礼言上

一〇日（月）❖春の勲章受章者　拝謁・お礼言上
バンクーバー冬季オリンピック入賞選手及び役員茶会
❖春の勲章受章者　拝謁・お礼言上
帰朝大使夫妻　お茶（帰朝報告）
一一日（火）❖スウェーデン国国会議長御引見
❖春の勲章受章者　拝謁・お礼言上
上智大学学長、上智大学外国語学部アジア文化研究室准教授　御説明（アンコール・ワット等の歴史・遺跡発掘調査につき）
一二日（水）❖明治神宮会館　平成二二年全国赤十字大会　御臨席
❖春の勲章受章者　拝謁・お礼言上
一三日（木）❖春の勲章受章者　拝謁・お礼言上
一四日（金）❖春の勲章受章者及び褒章受章者　拝謁・お礼言上
❖上野学園石橋メモリアルホール　上野学園 石橋メモリアルホール開館記念「オープニング・ガラ・コンサートⅡ」（後半）御鑑賞
一七日（月）カンボジア国国王陛下〈国賓〉歓迎行事
同　御会見
同　宮中晩餐
一八日（火）❖御給桑行事（御養蚕所）
一九日（水）迎賓館赤坂離宮　カンボジア国国王陛下　御訪問
二〇日（木）離任大使夫妻　御引見（マラウイ国）
離任大使夫妻　御引見（欧州連合代表部）
東京国立博物館　特別展「細川家の至宝─珠玉の永青文庫コレクション─」御覧
二一日（金）❖上蔟行事（御養蚕所）
二二日〜二四日　神奈川県・静岡県
第六一回全国植樹祭御臨場、併せて地方事情御視察
二二日（土）神奈川県知事等　御挨拶、少時御歓談
県勢概要　御聴取
神奈川県立中井やまゆり園　御訪問
国土緑化運動・育樹運動ポスター原画コンクール等入賞作品　御覧
全国植樹祭レセプション御臨席
二三日（日）全国植樹祭お手植え行事御臨席
全国植樹祭式典　御臨席
二四日（月）箱根町立箱根湿生花園　御視察
神奈川県知事等　御挨拶、少時御歓談
国立駿河療養所　御訪問・御供花
財団法人神山復生病院　御訪問・御供花

二五日（火）　静岡県知事等　御挨拶、少時御歓談
　ラオス国国民議会議長夫妻　御引見
　❖お田植え
二六日（水）❖お田植え
　◈初繭掻行事（繭の毛羽取り作業含む）（御養蚕所）
二七日（木）❖全国市議会議長会定期総会に出席する市議会議長等　拝謁
　離任大使夫妻　御引見（エルサルバドル国）
　バンクーバー冬季パラリンピック入賞選手及び役員　茶会
二八日（金）　文部科学省研究振興局長ほか　御懇談
三〇日（日）　迎賓館赤坂離宮　御視察
三一日（月）　日本芸術院会館　第六六回日本芸術院授賞式　御臨席
　日本芸術院賞平成二一年度受賞者及び新会員等　茶会
　❖認証官任命式
御公務（御執務）――――九回
行事関係御進講等――――三回
勤労奉仕団御会釈――――三回

六　月

一日（火）❖中華人民共和国国務院総理〈公式実務訪問賓客〉　御引見
二日（水）　国立科学博物館　特別展「大哺乳類展―陸のなかまたち」御覧
四日（金）　観音崎公園　第四〇回戦没・殉職船員追悼式　御臨席・御供花
四日～八日　葉山御用邸御滞在
八日（火）❖衆議院議長・参議院議長奏上
九日（水）　皇太子殿下スウェーデン国御訪問首席随員　拝謁
　❖親任式・認証官任命式
　❖認証官任命式
一〇日（木）❖「高等裁判所長官、地方裁判所長及び家庭裁判所長会同」に出席する地方裁判所長及び家庭裁判所長　拝謁
　離任大使夫妻　御引見（モーリタニア国）
一一日（金）❖認証官任命式
一二日～一五日　岐阜県・愛知県　第三〇回全国豊かな海づくり大会御臨席、併せて地方事情御視察
一二日（土）　岐阜県知事等　御挨拶、少時御歓談
　県勢概要　御聴取
　岐阜市立岐阜特別支援学校　御訪問
　全国豊かな海づくり大会絵画・習字優秀作品　御覧
　全国豊かな海づくり大会歓迎レセプション　御臨席
一三日（日）　全国豊かな海づくり大会式典行事　御臨席

全国豊かな海づくり大会河上歓迎行事御臨席及び御放流
篠田桃紅美術空間　御覧
うだつの上がる町並み・美濃和紙あかりアート館御視察
提灯奉迎

一四日（月）　世界淡水魚園水族館　御視察
土岐市立陶磁器試験場・セラテクノ土岐　御視察
岐阜県知事等　御挨拶、少時御歓談
愛知県知事等　御挨拶、少時御歓談
県勢概要　御聴取

一五日（火）　独立行政法人国立長寿医療研究センター　御訪問
新美南吉記念館　御視察
愛知県知事等　御挨拶、少時御歓談

一六日（水）　香淳皇后一〇年式年祭の儀
❖離任大使　御引見（スーダン国）
皇太子殿下　御挨拶（スウェーデン国御訪問につき）

一七日（木）❖衆議院議長、参議院議長　御挨拶
❖アフガニスタン国大統領閣下　御会見
平成二一年度農林水産祭中央審査委員会会長はじめ審査委員等　御懇談
❖認証官任命式

一八日（金）❖株式会社河野製作所本社工場　御視察

二一日（月）　日本学士院会館　日本学士院第一〇〇回授賞式　御臨席
日本学士院賞本年度受賞者及び新会員等　茶会
◈銀座ヤマハホール　グレゴリー・セドフリサイタル（後半）御鑑賞

二二日（火）◈御養蚕納の儀（御養蚕所）
中国日本友好協会会長　お茶
皇太子殿下　御挨拶（スウェーデン国御訪問から御帰国につき）

二三日（水）❖神宮及び勅祭社宮司等　拝謁
離任大使夫妻　御引見（スイス国）

二四日（木）　離任大使夫妻　御引見（アフガニスタン国）
❖赴任大使　拝謁
赴任大使夫妻　御接見

二五日（金）❖信任状捧呈式（ボスニア・ヘルツェゴビナ国、イラク国）

二八日（月）❖外務省総合外交政策局長　御進講
◈外務省総合外交政策局長　御進講
離任大使夫妻　御引見（セネガル国）
高円宮妃殿下フィンランド国御訪問首席随員　拝謁
皇太子明仁親王奨学金奨学生　御接見

二九日(火)　高円宮妃殿下　御挨拶（アイルランド国御訪問につき）
三〇日(水)❖節折の儀
　眞子内親王殿下　御挨拶（アイルランド国御旅行につき）
御公務（御執務）――九回
行事関係御進講等――二回
勤労奉仕団御会釈――五回

八月

一日〜二日　茨城県　第二一回IUPAC化学熱力学国際会議開会式御臨席及び地方事情御視察
一日(日)　茨城県知事等　御挨拶、少時御歓談
　県勢概要　御聴取
　（独）宇宙航空研究開発機構筑波宇宙センター　小惑星探査機関連展示等　御覧
　つくば国際会議場　第二一回IUPAC化学熱力学国際会議開会式及び同レセプション　御臨席
二日(月)　（独）国立環境研究所　御視察
　（独）農業・食品産業技術総合研究機構　御視察
　（独）農業生物資源研究所（本部地区）御視察
　（独）農業生物資源研究所（大わし地区）御視察
　茨城県知事等　御挨拶、少時御歓談
四日(水)❖赴任大使　拝謁
　赴任大使夫妻　御接見
五日(木)❖外務省総合外交政策局長　御進講
　◈外務省総合外交政策局長　御進講
六日(金)◈厚生労働省医政局長、厚生労働省医政局看護課長　御説明（経済連携協定［EPA］に基づく外国人看護師候補者の受け入れについて）
　宮崎県知事　御説明（宮崎県における口蹄疫への取り組みについて）
九日(月)❖衆議院議長、参議院議長　御挨拶
　◈日本看護連盟顧問、近大姫路大学学長、日本看護協会会長　御説明（日本の看護の現状と課題について）
一〇日(火)　香淳皇后をお偲びする会（演奏会及び茶会）（崩御後一〇年にあたり）
一一日(水)◈国立新美術館　オルセー美術館展二〇一〇「ポスト印象派」御覧
一二日(木)❖文部科学事務次官　御進講
　前内閣総理大臣夫妻　御夕餐
一三日(金)　国際原子力機関（IAEA）事務局長　御接見
一五日(日)　日本武道館　全国戦没者追悼式　御臨席
一六日(月)　離任大使夫妻　御引見（ガボン国）
　眞子内親王殿下　御挨拶

（アイルランド国御旅行から御帰国につき）

一七日(火)　内閣総理大臣夫妻　御夕餐

一八日(水)　離任大使夫妻　御引見（アイルランド国）

新参議院正副議長夫妻　御夕餐

一九日(木)　前参議院議長夫妻・前参議院副議長　御夕餐

二〇日(金)❖認証官任命式

二四日〜二九日　長野県・群馬県御滞在及び第三一回草津夏期国際音楽アカデミー＆フェスティヴァル御出席

二四日(火)　長野県知事等　御挨拶、少時御歓談

大日向開拓地　御散策

二五日(水)　軽井沢町　御滞在

二六日(木)　軽井沢町　御滞在

二七日(金)❖石尊山　御登山（秋篠宮同妃両殿下、眞子内親王殿下、悠仁親王殿下御同行）

◈草津音楽の森セミナーハウスⅡ　ワークショップ御参加

群馬県知事等　御挨拶、少時御歓談

草津音楽の森国際コンサートホール　第三一回草津夏期国際音楽アカデミー＆フェスティヴァルコンサート「シューマンの室内楽③／ピアノ四重奏曲」（後半）御鑑賞

二八日(土)❖芳ヶ平方面　御散策

◈草津音楽の森セミナーハウスⅡ　ワークショップ御参加

草津音楽の森国際コンサートホール　主催者及び音楽祭関係者とのお集まり　御出席

二九日(日)　天蚕飼育農家　御視察

群馬県知事等　御挨拶、少時御歓談

長野県知事等　御挨拶、少時御歓談

三〇日(月)❖赴任大使　拝謁

赴任大使夫妻　御接見

❖信任状捧呈式（スーダン国、モーリタニア国）

三一日(火)❖赴任大使　拝謁

赴任大使夫妻　御接見

御公務（御執務）――六回

行事関係御進講等――二回

勤労奉仕団御会釈――二回

九月

一日(水)❖赴任大使　拝謁

赴任大使夫妻　御接見

二日(木)❖スペイン国首相（公式実務訪問賓客）御引見

❖赴任大使　拝謁

赴任大使夫妻　御接見

三日(金)❖赴任大使　拝謁

赴任大使夫妻　御接見

六日(月)❖エクアドル国大統領閣下　御会見

❖新認定重要無形文化財保持者夫妻　お茶

❖秋篠宮妃殿下・悠仁親王

殿下　御挨拶（悠仁親王殿下御誕生日につき）

七日(火)❖自衛隊高級幹部会同に出席する統合幕僚長等　拝謁

八日(水)　在京外国大使夫妻　午餐

九日(木)　新任外国大使夫妻　お茶

一〇日(金)　新旧外務省儀典長夫妻　御昼餐

❖認証官任命式

一一日(土)　秋篠宮妃殿下　御挨拶（御誕生日につき）

一三日(月)　オランダ国皇太子殿下　御夕餐

一四日(火)　（社）シルバー人材センター江戸川区高齢者事業団本部 引き続き 篠崎リサイクルセンター　御訪問（敬老の日にちなみ）

一五日(水)❖絢子女王殿下に勲章御親授

絢子女王殿下　御挨拶（成年に達せられ勲章御親授につき）

横浜市立大学木原生物学研究所　御視察

一五日～一九日　葉山御用邸御滞在

一七日(金)❖認証官任命式

二一日(火)❖認証官任命式

離任大使夫妻　御引見（フィリピン国）

二二日(水)❖信任状捧呈式（ホンジュラス国）

新旧外務事務次官夫妻　御夕餐

二三日(木)　秋季皇霊祭・秋季神殿祭の儀

二四日～二七日　千葉県　第六五回国民体育大会御臨場、併せて地方事情御視察

二四日(金)　千葉県知事等　御挨拶、少時御歓談

県勢概要　御聴取

淑徳共生苑　御訪問

式典前演技　御覧

二五日(土)　国民体育大会総合開会式御臨場

国民体育大会役員懇談会御臨席

二六日(日)　ボウリング競技　御覧

ソフトテニス競技　御覧

千葉県立中央博物館分館海の博物館　御視察

提灯奉迎

二七日(月)　大山千枚田　御視察

東京海洋大学水圏科学フィールド教育研究センター館山ステーション　御視察

千葉県知事等　御挨拶、少時御歓談

二八日(火)❁東京国立近代美術館「上村松園展」御覧

❖お稲刈り

二九日(水)❖お稲刈り

三〇日(木)❁川崎市市民ミュージアム「まど・みちお えてん」御覧（まど・みちお一〇〇歳を記念して）

❖ガーナ国大統領閣下〈公式実務訪問賓客〉御会見・午餐

青年海外協力隊帰国隊員及び日系社会青年ボランティアの代表　御接見

御公務（御執務）――九回
行事関係御進講等――六回
勤労奉仕団御会釈――三回

一〇月

一日（金）❖旬祭
❖赴任大使　拝謁
赴任大使夫妻　御接見（内一大使より前任地の帰国報告御聴取）

二日（土）❖国会議事堂　第一七六回国会開会式
秋篠宮妃殿下　御挨拶（社会福祉法人恩賜財団母子愛育会総裁御就任につき）
◈霞会館　絲竹會創立一二〇年記念会　御臨席

四日（月）❖赴任大使　拝謁
赴任大使夫妻　御接見（内三大使より前任地の帰国報告御聴取）

五日（火）三宅村村長　御説明（三宅島：全島避難から一〇年、島民帰島五周年にあたり、その後の復興状況について）
◈有楽町朝日ホール　映画「レオニー」ジャパンプレミア（特別試写会）御鑑賞

七日～一〇日　奈良県　平城遷都一三〇〇年記念祝典御臨席、併せて地方事情御視察

七日（木）奈良県知事等　御挨拶、少時御歓談
県勢概要　御聴取
東大寺大仏殿　御訪問
第一次大極殿　御視察
提灯奉迎

八日（金）平城遷都一三〇〇年記念祝典　御臨席
平城遷都一三〇〇年記念祝賀会　御臨席
法華寺　御訪問
春日大社境内地内　鹿苑角きり場　御視察

九日（土）元明天皇陵（奈保山東陵）御参拝
光仁天皇陵（田原東陵）御参拝
唐招提寺　御訪問
薬師寺　御訪問
玄奘三蔵伽藍　御訪問（玄奘塔及び大唐西域壁画殿　御覧）

一〇日（日）室生寺　御訪問
長谷寺　御訪問
奈良県知事等　御挨拶、少時御歓談
大阪府知事等　御挨拶、少時御歓談

一一日（月）◈国立オリンピック記念青少年総合センター　世界のガールスカウト運動一〇〇周年・日本のガールスカウト運動九〇周年記念事業記念レセプション　御臨席

一二日（火）◈グランドプリンスホテル赤坂　シンポジウム「女性＝健康」―健やかな日

本の今日と明日のために—開幕記念レセプション　御臨席
タイ国シリントン王女殿下　御夕餐

一三日(水)　新任外国大使夫妻　お茶

一四日(木)　新旧外務省総合外交政策局長　御昼餐
❖赴任大使　拝謁
❖赴任大使夫妻　御接見（内二大使より前任地の帰国報告御聴取）

一五日(金)❖三の丸尚蔵館「皇室の文《ふみ》庫《くら》　書陵部の名品」展　御覧

一七日(日)❖神嘗祭神宮遥拝の儀
❖神嘗祭賢所の儀

一八日(月)　帝国ホテル　産業財産権制度一二五周年記念式典御臨席
❖ボツワナ国大統領閣下　御会見

一九日(火)　離任大使夫妻　御引見（チェコ国）
❖信任状捧呈式（スイス国、エストニア国）

二〇日(水)　皇后陛下御誕生日祝賀行事

二一日(木)❖法務事務次官　御進講
❖トルコ国大国民議会議長御引見
❖全国警察本部長会議に出席する全国警察本部長等拝謁

二二日(金)❖グアテマラ国大統領閣下御会見

二三日(土)　眞子内親王殿下　御挨拶（御誕生日につき）

二五日(月)　国際交流基金賞受賞者　御接見
新嘗祭献穀者御会釈
インド国首相夫妻（公式実務訪問賓客）御引見

二六日(火)❖内閣総理大臣　内奏
❖（財）文字・活字文化推進機構会長、同理事長　御説明（国民読書年について）
新嘗祭献穀者御会釈
離任大使夫妻　御引見（ブラジル国）

二七日(水)❖認証官任命式
新嘗祭献穀者御会釈
厚生労働大臣表彰の保健文化賞受賞者　拝謁

二八日(木)　赤坂御苑　園遊会

二九日(金)　ガボン国大統領閣下及び同令夫人　御会見

御公務（御執務）————一〇回
行事関係御進講等————三回
勤労奉仕団御会釈————七回

❖平成二三年❖

三月

一日(火)　最高裁判所長官　御説明（裁判員制度の実施状況について）

二日(水)　新任外国大使夫妻　お茶

三日(木)❖外務省総合外交政策局長御進講
❖外務省総合外交政策局長御進講

法務大臣及び財団法人矯正協会会長表彰の法務省矯正職員代表　拝謁
帰朝大使夫妻　お茶（帰朝報告）

五日（土）　秋篠宮殿下　御挨拶（タイ国御旅行につき）
国立劇場　平成二三年三月琉球芸能公演「組踊と創作舞踊―おきなわ芸能の今、そしてこれからⅢ―」第二部ユネスコ無形文化遺産記載記念組踊「二童敵討」御鑑賞

七日（月）　警察庁長官表彰の全国優秀警察職員　拝謁

九日（水）　❖セルビア国大統領閣下〈公式実務訪問賓客〉御会見・午餐
国立科学博物館動物研究部部長ほか　御説明（中間報告）（皇居の生物相調査「第Ⅱ期」について〈蛾類・甲虫類〉）
❖認証官任命式

一〇日（木）　❖認証官任命式
厚生労働大臣表彰の医療功労賞受賞者　拝謁
シニア海外ボランティア及び日系社会シニアボランティア　御接見
経済三団体の長　御懇談

一一日（金）　秋篠宮殿下　御挨拶（タイ国御旅行から御帰国につき）
神宮の神馬となる予定の「笑智号」御覧

一五日（火）　前原子力委員会委員長代理　御説明（原子力発電所の仕組みと安全対策について）
警察庁長官　御説明（東北地方太平洋沖地震被災状況及び救助活動等について）

一六日（水）　❖東北地方太平洋沖地震に関する天皇陛下お言葉のビデオ収録
東京大学大学院医学系研究科教授　御説明（放射線被曝について）

一七日（木）　日本赤十字社社長、同副社長　御説明（東北地方の災害に対する日赤の救護活動等について）
❖認証官任命式

一八日（金）　御黙禱（ニュージーランド国での地震被災者黙禱に合わせ）
海上保安庁長官　御説明（東北地方太平洋沖地震被災地の救助、救援活動等について）

二一日（月）　春季皇霊祭・春季神殿祭の儀

二二日（火）　❖認証官任命式

二三日（水）　❁日本看護協会会長　活動状況御聴取（東北地方の災害に対する救護活動等について）

二四日（木）　❁日本看護協会副会長　活動状況御聴取（東北地方の災害に対する救護活動―放射線健康管理等―について）

二五日（金）　❖信任状捧呈式（エチオピア国、ブラジル国）

二九日（火）　❁東京大学医学部附属病院院長　御説明（乳児と放射線被曝について）

三〇日（水）　外務事務次官　御説明（東北地方太平洋沖地震と国際社会—支援その他—について）
東京武道館　東北地方太平洋沖地震に伴う避難者を御見舞

三一日（木）❖離任大使　御引見（トルコ国）

御公務（御執務）————一七回
行事関係御進講等————三回
勤労奉仕団御会釈————五回

四月

一日（金）　防衛大臣、統合幕僚長　御説明（東北地方太平洋沖地震及び福島原子力発電所に対する自衛隊の活動状況について）

三日（日）　神武天皇祭皇霊殿の儀

四日（月）❖赴任大使　拝謁
赴任大使夫妻　御接見
文部科学省研究振興局長、京都大学名誉教授、名古屋大学医学部保健学科教授、学習院大学理学部化学科教授　御説明（放射性物質の環境影響について）

六日（水）　新任外国大使夫妻　お茶

七日（木）❖赴任大使　拝謁
赴任大使夫妻　御接見（内一大使より前任地の帰国報告御聴取）
伊勢神宮大宮司　御説明（伊勢神宮遷宮の進捗状況につき）
❖信任状捧呈式（フィリピン国、リベリア国）

八日（金）　旧騎西高等学校　東日本大震災に伴う避難者を御見舞

一一日（月）　東日本大震災に伴う都内避難者（皇居東御苑見学会参加者）にお会いになる
御黙禱（東日本大震災から一か月目にあたり）
日本学士院第一部会員　お茶

一二日（火）　東京工業大学原子炉工学研究所所長　御説明（福島原子力発電所について）

一三日（水）　農林水産大臣　御説明（東日本大震災による農水産物被害と原子力発電所事故に伴う農水産物への影響について）
❖離任大使　御引見（アゼルバイジャン国）
❖お手まき

一四日（木）　千葉県　東日本大震災に伴う被災地（千葉県旭市）御見舞
千葉県知事より被災状況等御聴取
旭市海上公民館　被災者御見舞
旭市　被災地域　御視察
旭市飯岡保健センター　被災者　御見舞
千葉県知事等　御挨拶

一五日（金）❖日本看護協会会長、日本看護協会常任理事　活動状況御聴取（東日本大震災における保健師の救護活動等について）

❖信任状捧呈式（ボリビア国、インド国）
◈東日本大震災に伴う都内避難者（皇居東御苑見学会参加者）にお会いになる
❖お手まき

一七日（日）　アメリカ合衆国国務長官（元大統領夫人）ヒラリー・ロダム・クリントン　お茶

一八日（月）　文部科学省研究振興局長ほか　御懇談

二〇日（水）❖離任大使　御引見（東ティモール国）
東京大学地震研究所地震火山情報センター長　御説明（地震のメカニズムと東北地方太平洋沖地震等について）

二一日（木）　オーストラリア国首相及びティム・マシーソン氏〈公式実務訪問賓客〉　御引見
❖赴任大使　拝謁
赴任大使夫妻　御接見（内三大使より前任地の帰国報告御聴取）

二二日（金）　茨城県　東日本大震災に伴う被災地（茨城県）御見舞
茨城県知事、北茨城市長より被災状況等御聴取
大津漁港　被災地域　御訪問（漁業関係者より被災状況御聴取）
大津地区　被災地域　御訪問（御徒歩にて被災状況御視察）
北茨城市民体育館　被災者　御見舞
茨城県知事等　御挨拶、少時お話し

二五日（月）　消防庁長官　御説明（東日本大震災における消防の活動状況につき）

二六日（火）◈天蚕山つけ御作業
厚生労働副大臣　御説明（東日本大震災に伴う医療・看護等厚生労働関係業務への影響と対応策につき）

二七日（水）　宮城県　東日本大震災に伴う被災地（宮城県）御見舞
宮城県知事より被災状況等御聴取
東松島市から南三陸町へ自衛隊ヘリにて御移動
南三陸町立伊里前小学校校庭より被災地域御視察
南三陸町長より被災状況等御聴取
南三陸町立歌津中学校　被災者　御見舞
南三陸町立伊里前小学校復興尽力者　おねぎらい
南三陸町から仙台市宮城野区へ自衛隊ヘリにて御移動（上空より被災状況御視察）
仙台市長より被災状況等御聴取
仙台市宮城野体育館　被災者　御見舞

仙台市宮城野区から東松島市へ自衛隊ヘリにて御移動
宮城県知事等　御挨拶、少時お話し

二八日(木)　新任外国大使夫妻　お茶

御公務(御執務)――――一一回
行事関係御進講等――――八回
勤労奉仕団御会釈――――七回

五月

一日(日)❖旬祭

六日(金)　岩手県　東日本大震災に伴う被災地(岩手県)御見舞
岩手県知事より被災状況等御聴取
花巻市から釜石市へ自衛隊ヘリにて御移動
釜石市長より被災状況等御聴取
釜石市立釜石中学校　被災者　御見舞
釜石市長等　御挨拶、少時お話し
釜石市から宮古市へ自衛隊ヘリにて御移動(上空より被災状況御視察)
宮古市長より被災状況等御聴取
宮古市民総合体育館　被災者　御見舞
宮古市長　御挨拶、少時お話し
宮古市から花巻市へ自衛隊ヘリにて御移動
岩手県知事等　御挨拶、少時お話し

九日(月)　日本アイソトープ協会常務理事　御説明(放射線の人体への影響等につき)
❖赴任大使　拝謁
赴任大使夫妻　御接見(各大使より前任地の帰国報告御聴取)

一〇日(火)❖御養蚕始の儀(御養蚕所)
内閣総理大臣　御説明(東日本大震災への対応につき)

一一日(水)❖認証官任命式
福島県　東日本大震災に伴う被災地(福島県)御見舞
福島県知事より被災状況等御聴取
玉川村から福島市へ自衛隊ヘリにて御移動
福島市長より避難者受入状況等御聴取
あづま総合運動公園内あづま総合体育館　被災者御見舞
福島市長　御挨拶、少時お話し
福島市から相馬市へ自衛隊ヘリにて御移動(東日本大震災発生から二か月目同時刻にあたり機内にて御黙禱)
相馬市長より被災状況等御聴取
相馬市立中村第二小学校　被災者　御見舞
相馬市立中村第二小学校

復興尽力者　おねぎらい
相馬港原釜・尾浜地区　被災状況　御視察
相馬市から玉川村へ自衛隊ヘリにて御移動
福島県知事等　御挨拶、少時お話し

一七日(火)❖御給桑行事（御養蚕所）
ルクセンブルク国皇太子殿下　御昼餐

一八日(水)　離任大使夫妻　御引見（コンゴ民主共和国）
全日本中学校長会総会に出席する中学校長　拝謁
東京オペラシティコンサートホール「東日本大震災復興支援チャリティーコンサートクラシック・エイド」（後半）御鑑賞

一九日(木)　全国漁業協同組合連合会代表理事会長ほか　御説明（東日本大震災に伴う漁業被害につき）

二〇日(金)❖サントリーホール「日本フィルハーモニー交響楽団第六三〇回定期演奏会」（後半）御鑑賞

二一日～二二日　和歌山県　第六二回全国植樹祭御臨場、併せて地方事情御視察

二一日(土)　和歌山県知事等　御挨拶、少時御歓談
県勢概要　御聴取
学校法人近畿大学理事・教授ほか　御懇談（クロマグロの完全養殖並びに東日本大震災に伴う被害状況について）
国土緑化運動・育樹運動ポスター原画コンクール等入賞作品　御覧
全国植樹祭レセプション御臨席

二二日(日)　全国植樹祭式典　御臨場
田辺市立美術館　時間調整及び御視察
和歌山県知事等　御挨拶、少時御歓談

二四日(火)❖お田植え

二五日(水)❖認証官任命式
特定非営利活動法人あい・ぽーとステーション子育てひろば「あい・ぽーと」御訪問（こどもの日にちなみ）
❖信任状捧呈式（ポルトガル国、ベルギー国）

二六日(木)❖お田植え
東京工業大学原子炉工学研究所所長　御説明（福島原子力発電所の現状につき）

二七日(金)❖御給桑行事（御養蚕所）

三〇日(月)　明治神宮会館　社会福祉法人恩賜財団済生会創立一〇〇周年記念式典　御臨席
全国農業協同組合中央会会長ほか　御説明（東日本大震災に伴う農業被害につき）

三一日(火)❖信任状捧呈式（マケドニア旧ユーゴスラビア共和国、スリランカ国）

御公務（御執務）――――九回
行事関係御進講等――――五回

九月

一日（木）❖衆議院議長、参議院議長御挨拶
❖認証官任命式
二日（金）❖衆議院議長・参議院議長奏上
❖親任式・認証官任命式
※東京オペラシティコンサートホール　小児がん征圧キャンペーン／東日本大震災復興支援芸道五〇周年記念チャリティー演奏会平野緑城の世界（後半）御鑑賞
五日（月）新任外国大使夫妻　お茶
新認定重要無形文化財保持者夫妻　お茶
❖認証官任命式
六日（火）❖信任状捧呈式（エルサルバドル国、スーダン国）
❖赴任大使　拝謁
赴任大使夫妻　御接見
秋篠宮妃殿下・悠仁親王殿下　御挨拶（悠仁親王殿下御誕生日につき）
七日（水）※皇族たる皇室会議の議員及びその予備議員の互選
❖離任大使　御引見（コートジボワール国）
離任大使夫妻　御引見（フランス国）
❖赴任大使　拝謁
赴任大使夫妻　御接見
八日（木）東京大学高齢社会総合研究機構機構長ほか　御説明（東日本大震災被災地での仮設住宅におけるコミュニティづくりにつき）
❖東京国立博物館　特別展「空海と密教美術展」御覧
九日～一二日　北海道　国際微生物学連合二〇一一会議記念式典御臨席併せて地方事情御視察
九日（金）❖北海道知事等　御挨拶、少時御歓談
❖道勢概要　御聴取
一〇日（土）❖独立行政法人森林総合研究所北海道支所　御視察
❖札幌市豊平川さけ科学館御視察
❖札幌コンベンションセンター　国際微生物学連合二〇一一会議記念式典及びレセプション　御臨席
一一日（日）❖白老町立特別養護老人ホーム寿幸園　御訪問
❖アイヌ民族博物館　御黙禱（東日本大震災発生から六か月目にあたり。皇后陛下は、同時刻御所で御黙禱）
❖アイヌ民族博物館　御視察及び古式舞踊御覧
一二日（月）❖地方独立行政法人北海道立総合研究機構水産研究本部栽培水産試験場　御視察
❖北海道知事等　御挨拶、少時御歓談
❖認証官任命式

一三日（火）　コロンビア国大統領閣下及び同令夫人　御会見
❖国会議事堂　第一七八回国会開会式
❖赴任大使　拝謁
赴任大使夫妻　御接見
一四日（水）❖外務省総合外交政策局長御進講
❖外務省総合外交政策局長御進講
新任外国大使夫妻　お茶
社会福祉法人全国盲ろう者協会会長他　御説明（我が国における盲ろう者の現状と協会の取り組みにつき）
一五日（木）❖赴任大使　拝謁
赴任大使夫妻　御接見
関西広域連合長　御説明（阪神・淡路大震災の被災経験をいかした、関西地域としての東日本大震災の被災地・被災者への支援につき）
二〇日（火）❖信任状捧呈式（キルギス国、セルビア国）

二一日（水）　横浜市高田地域ケアプラザ　御訪問（敬老の日にちなみ）
❖赴任大使　拝謁
赴任大使夫妻　御接見
二二日（木）❖赴任大使　拝謁
赴任大使夫妻　御接見
離任大使夫妻　御引見（ネパール国）
二三日（金）　秋季皇霊祭・秋季神殿祭の儀
二六日（月）　東京国際フォーラム　UIA（国際建築家連合）二〇一一東京大会開会式及び同レセプション　御臨席
二七日（火）　被災企業支援工場 協和工業株式会社東金事業所　御視察
❖認証官任命式
二八日（水）❖フィリピン国大統領閣下〈公式実務訪問賓客〉　御会見・午餐
❖お稲刈り

二九日（木）❖赴任大使　拝謁
赴任大使夫妻　御接見（内二大使より前任地の帰国報告御聴取）
❖お稲刈り
三〇日～一〇月二日　山口県　第六六回国民体育大会御臨場、併せて地方事情御視察
三〇日（金）　山口県知事等　御挨拶、少時御歓談
県勢概要　御聴取
大内光輪保育園　御訪問
御公務（御執務）――――九回
行事関係御進講等――――五回
勤労奉仕団御会釈――――三回

一〇月

一日（土）　式典前演技　御覧
国民体育大会総合開会式御臨場
国民体育大会役員懇談会御臨席
二日（日）　弓道競技　御覧
軟式野球競技　御覧

山口県産業技術センター
御視察
山口県知事等　御挨拶、少
時御歓談
三日（月）❖衆議院議長　御挨拶
四日（火）❖信任状捧呈式（コスタリカ国、ルワンダ国）
インド国下院議長及び同
夫君　御引見
五日（水）❖株式会社不二製作所　御
視察
新任外国大使夫妻　お茶
六日（木）❖信任状捧呈式（オーストラリア国、パプアニューギニア国）
七日（金）　和歌山県知事　御説明（紀南地方の豪雨災害状況につき）
ホテルニューオータニ　オ
イスカ創立五〇周年記念
レセプション　御臨席
内閣総理大臣夫妻　御夕
餐
八日〜一一日　葉山御用邸御滞在
一二日（水）　国際交流基金賞受賞者　御
接見
一三日（木）　赤坂御苑　園遊会
一四日（金）　奈良県知事　御説明（奈良県での豪雨災害状況につき）
一七日（月）❖神嘗祭神宮遥拝の儀
❖神嘗祭賢所の儀
一八日（火）　国際平和協力隊　御接見
一九日（水）❖外務省総合外交政策局長
御進講
◈外務省総合外交政策局長
御進講
二〇日（木）　皇后陛下御誕生日祝賀行
事
二一日（金）❖全国警察本部長会議に出
席する全国警察本部長等
拝謁
❖国会議事堂　第一七九回
国会開会式
オーストラリア国カウラ
日本庭園財団・日本協会
会長ドン・キブラー氏　御
接見
二三日（日）❖眞子内親王殿下に勲章御
親授
眞子内親王殿下　御挨拶
（成年に達せられ勲章御親授につき）
二四日（月）　離任大使夫妻　御引見（イラン国）
❖ドイツ国大統領閣下〈公式
実務訪問賓客〉御会見・
午餐
書陵部特別展示会「皇室
と御修学」御覧
二五日（火）❖内閣総理大臣　内奏
皇太子殿下　御挨拶（サウジアラビア国スルタン・アブドルアジーズ・アール・サウード皇太子殿下薨去、御弔問につき）
新嘗祭献穀者御会釈
国際緊急援助隊　御接見
前内閣総理大臣夫妻　御
夕餐
二六日（水）　新嘗祭献穀者御会釈
厚生労働大臣表彰の保健
文化賞受賞者　拝謁
新任外国大使夫妻　お茶

二七日（木）　農林水産事務次官　御説明（大震災等の農林水産業への影響につき）
新嘗祭献穀者御会釈
❖警察大学校警部任用科第三二期学生　拝謁
離任大使及び同夫君　御引見（オーストリア国）
皇太子殿下　御挨拶（サウジアラビア国スルタン・アブドルアジーズ・アール・サウード皇太子殿下薨去、御弔問から御帰国につき）

二九日〜三一日　鳥取県　第三一回全国豊かな海づくり大会御臨席、併せて地方事情御視察

二九日（土）　鳥取県知事等　御挨拶、少時御歓談
県勢概要　御聴取
鳥取県立鳥取養護学校　御訪問
全国豊かな海づくり大会絵画・習字優秀作品　御覧

三〇日（日）　全国豊かな海づくり大会レセプション　御臨席
全国豊かな海づくり大会式典行事　御臨席
海上歓迎行事御臨席及び御放流
鳥取大学乾燥地研究センター　御視察

三一日（月）　倉吉市立倉吉博物館　御視察
倉吉白壁土蔵群　御視察
鳥取県栽培漁業センター　御視察
鳥取県知事等　御挨拶、少時御歓談

御公務（御執務）――一〇回
行事関係御進講等――六回
勤労奉仕団御会釈――七回

❖平成二四年❖

二月

二日〜七日　葉山御用邸御滞在

二日（木）　神奈川県知事等　御挨拶、少時御歓談
県勢概要　御聴取

八日（水）❖外務省総合外交政策局長　御進講
❖外務省総合外交政策局長　御進講

九日（木）　中世日本研究所所長、コロンビア大学名誉教授バーバラ・ルーシュ氏　お茶

一〇日（金）　マレーシア国上院議長夫妻　御引見
❖認証官任命式

一三日（月）❖赴任大使　拝謁
赴任大使夫妻　御接見（内一大使より前任地の帰国報告御聴取）
東京国立博物館　特別展「北京故宮博物院二〇〇選」御覧
❖認証官任命式

一五日（水）　在京外国大使夫妻　午餐
❖全国検事長及び検事正会同に出席する検事正等　拝謁

一六日（木） 帰朝大使夫妻　お茶（帰朝報告）
全国連合小学校長会理事会に出席する小学校長　拝謁
❖退職認証官　お茶
❖皇太子殿下に国事行為臨時代行に関する勅書の御伝達
二二日（水）❈赴任大使夫妻　お茶
二三日（木） 皇太子殿下　御挨拶（御誕生日につき）
二七日（月）❈ベルギー国大使館　ブリュッセル弦楽四重奏団東日本大震災チャリティーコンサート　御鑑賞
二八日（火）❈赴任大使夫妻　お茶（内二大使より前任地の帰国報告御聴取）

御公務（御執務）――――五回
勤労奉仕団御会釈――――四回

三　月

二日（金）❈日本橋三越本店「第二四回旭出学園工芸展」御覧
七日（水）❈離任大使夫妻　御引見（ペルー国）
九日（金）❈板橋区立美術館「安野光雅の絵本展」御覧
❖皇太子殿下より国事行為臨時代行及びその他御代行につき御報告を受けられる
一〇日（土）❈東京オペラシティコンサートホール「東日本大震災復興支援チャリティコンサートクラシック・エイドVol. 2」（後半）御鑑賞
一一日（日） 国立劇場　東日本大震災一周年追悼式　御臨席
一六日（金）❈サントリー美術館「大阪市立東洋陶磁美術館コレクション 悠久の光彩東洋陶磁の美」展　御覧
一八日（日）❈聖心女子大学「東日本大震災復興支援ジャズコンサート」（後半）御鑑賞
一九日（月）❖外務省総合外交政策局長御進講
❈外務省総合外交政策局長御進講
二一日（水） クウェート国首長殿下〈国賓〉 御会見
二二日（木）❖皇太子殿下より国事行為臨時代行及びその他御代行につき御報告を受けられる
❈離任大使　御引見（ロシア国）
二三日（金） 迎賓館赤坂離宮　クウェート国首長殿下　御訪問
二四日（土）❈日本橋三越本店　天皇皇后両陛下喜寿記念「御所のお庭」写真展　御覧
常陸宮同妃両殿下　御挨拶（トンガ国国王ジョージ・トゥポウ五世陛下葬儀に御参列につき）
二六日（月） サンパウロ日伯援護協会会長夫妻　お茶
二七日（火）❈音楽大学卒業生演奏会　御臨席

三一日（土）　三の丸尚蔵館　皇后陛下喜寿記念特別展「紅葉山御養蚕所と正倉院裂復元のその後」御覧

行事関係御進講等――――二回
勤労奉仕団御会釈――――七回

五　月

一日（火）❖旬祭
※ホテルグランパシフィックLE DAIBA　第一〇回いけばなインターナショナル世界大会「花展」御覧

二日（水）❖赴任大使　拝謁
赴任大使夫妻　御接見（内一大使からは併せて帰国報告を御聴取）
根津美術館　特別展「KORIN展―国宝燕子花図とメトロポリタン美術館所蔵八橋図―」御覧

四日（金）※高島屋東京店「存在の美学 第二回 伊達市噴火湾文化研究所同人展」御覧
東京体育館　第四〇回記念日本車椅子バスケットボール選手権大会　御覧

七日（月）※天蚕山つけ御作業

八日（火）❖春の勲章親授式
❖同受章者　拝謁・お礼言上
※明治神宮会館　平成二四年全国赤十字大会　御臨席
❖春の勲章受章者　拝謁・お礼言上

九日（水）英国御訪問につき首席随員等　拝謁
ペルー国大統領閣下及び同令夫人（公式実務訪問賓客）御会見・午餐

一〇日（木）新任外国大使夫妻　お茶
駐日英国大使　御夕餐（英国御訪問にあたり）

一一日（金）臨時神宮祭主 黒田清子様御挨拶（神宮祭祀御奉仕につき）

一二日～一三日　宮城県　第一四回IACIS国際会議開会式御臨席及び東日本大震災被災者御訪問

一二日（土）宮城県知事等　御挨拶、少時御歓談
県勢概要　御聴取
地震、津波研究者からの御説明　御聴取

一三日（日）仙台市長より被災状況等御聴取
仙台市荒井小学校用地応急仮設住宅　御訪問
仮設住宅町内会役員・支援者等　御懇談
仙台国際センター　第一四回IACIS国際会議開会式及び同レセプション　御臨席
宮城県知事等　御挨拶、少時御歓談

一五日（火）❖皇太子殿下に国事行為臨時代行に関する勅書の御伝達

外国御訪問同行記者団　御挨拶
英国御訪問につき随員等拝謁
臨時神宮祭主黒田清子様御挨拶（神宮祭祀御奉仕終了につき）

一六日〜二〇日　英国御訪問

一六日(水)　英国（ロンドン市）へ御出発

一七日(木)　ホーランド・パーク内日本庭園他　御散策
ケンジントン・チェルシー区長、園長、キューガーデン元園長（植物専門家）等　御会食
❖リンネ協会サウスゲート会長及びカトラー前会長　お茶
❖シスター・フランシス（ヘレン・ダグラス・ハウス評議会議長）お茶
英国の日本関係者　茶会

一八日(金)　女王陛下及び王配殿下主催午餐会　御出席（英国女王陛下御在位六〇周年記念）
チャールズ皇太子殿下及びコーンウォール公爵夫人主催晩餐会　御出席
在留邦人代表　茶会

一九日(土)　東京へ御出発

二〇日(日)　御帰国

二一日(月)❖皇太子殿下　御報告（国事行為臨時代行について）

二二日(火)　新任外国大使夫妻　お茶

二三日(水)　赤十字国際委員会総裁　御昼餐

二四日(木)　第六回太平洋・島サミット首脳会議に出席する各国首脳夫妻等　茶会

二五日(金)❖全国市議会議長会定期総会に出席する市議会議長等　拝謁
帝国ホテル　日米フルブライト交流プログラム六〇周年記念レセプション　御臨席
シンガポール国前首相府内閣顧問　御夕餐

二六日〜二八日　山口県　第六三回全国植樹祭御臨場、併せて地方事情御視察

二六日(土)　山口県知事等　御挨拶、少時御歓談
県勢概要　御聴取
国土緑化運動・育樹運動ポスター原画コンクール等入賞作品　御覧
全国植樹祭レセプション　御臨席

二七日(日)　全国植樹祭式典　御臨席
特別養護老人ホームサンライフ山陽　御訪問
提灯奉迎

二八日(月)　安徳天皇陵（阿弥陀寺陵）御参拝
赤間神宮　御参拝
下関市立しものせき水族館海響館　御視察
山口県知事等　御挨拶、少時御歓談

三〇日(水)❖パラグアイ国大統領閣下

御会見
❖春の勲章受章者及び褒章受章者　拝謁・お礼言上
❖お田植え

三一日(木)❖春の勲章受章者　拝謁・お礼言上

御公務（御執務）――五回
行事関係御進講等――五回
勤労奉仕団御会釈――三回

六月

一日(金)❖認証官任命式
❖春の勲章受章者　拝謁・お礼言上
秋篠宮同妃両殿下ウガンダ国御訪問首席随員　拝謁
スウェーデン国国王陛下及び王妃陛下　御夕餐

二日(土)❁高島屋東京店「いけばな池坊五五〇年祭記念特別展」御覧

四日(月)　日本学士院会館　日本学士院第一〇二回授賞式　御臨席
日本学士院賞本年度受賞者及び新会員等　茶会
❖認証官任命式

五日(火)❖春の勲章受章者　拝謁・お礼言上
❖お田植え

六日(水)❁御養蚕始の儀（御養蚕所）
❖春の勲章受章者及び褒章受章者　拝謁・お礼言上
寛仁親王殿下薨去
寛仁親王邸　行幸啓（御弔問）

七日(木)❖アルメニア国大統領閣下御会見
寛仁親王邸　行幸啓（御舟入に先立ち御拝礼）

八日(金)　新任外国大使夫妻　お茶
❁国立療養所菊池恵楓園園長　御説明（国立ハンセン病療養所の地域開放［園内の保育所設置等］につき）
秋篠宮同妃両殿下　御挨拶（ウガンダ国御訪問につき）

一一日(月)　港区立芝浦アイランドこども園・児童高齢者交流プラザ　御訪問（こどもの日にちなみ）
離任大使及び同夫君　御引見（ポーランド国）
放射線医学総合研究所理事長、前原子力委員会委員長代理、倉敷芸術科学大学学長　御説明（放射線の健康への影響、除染、リスク管理について）

一二日(火)　東京大学名誉教授、森林総合研究所気象環境研究領域気象害・防災林研究室長　御説明（海岸防災林の津波に対する効果、その被害状況及び今後の再生の方向について）
財団法人国際科学技術財団会長・理事長　御昼餐
皇太子殿下タイ国、カンボジア国及びラオス国御訪問首席随員　拝謁

一三日(水) 寬仁親王邸　行幸啓（正寝移柩の儀後の御拝礼）
ベルギー国皇太子同妃両殿下　御夕餐
離任大使夫妻　御引見（インド国）
❖最高裁判所長官はじめ最高裁判所判事、高等裁判所長官等　午餐
寬仁親王邸　行幸啓（霊代安置の儀に先立ち御拝礼）
新旧独立行政法人国際協力機構理事長　お茶
一四日(木) 霊車が豊島岡墓地に向かわれる間及び斂葬の儀の間　御所にてお慎み
勅使・皇后宮使からの復命報告をお受けになる
❖「高等裁判所長官、地方裁判所長及び家庭裁判所長会同」に出席する地方裁判所長及び家庭裁判所長　拝謁
一五日(金)❖御給桑行事（御養蚕所）
パシフィコ横浜　国際幹細胞学会一〇周年記念セレモニー及びレセプション　御臨席
一六日(土) 香淳皇后例祭の儀
一八日(月) 日本芸術院会館　第六八回日本芸術院授賞式　御臨席
日本芸術院賞平成二三年度受賞者及び新会員等　茶会
秋篠宮同妃両殿下　御挨拶（ウガンダ国御訪問から御帰国につき）
一九日(火) 豊島岡墓地　行幸啓（斂葬の儀後の御拝礼）
皇太子殿下　御挨拶（サウジアラビア国ナーイフ・ビン・アブドルアジーズ・アール・サウード皇太子殿下薨去、御弔問につき）
二三日(土) 皇太子殿下　御挨拶（サウジアラビア国ナーイフ・ビン・アブドルアジーズ・アール・サウード皇太子殿下薨去、御弔問から御帰国、並びに、タイ国、カンボジア国及びラオス国御訪問につき）
二五日(月)❖警察庁長官　御進講
二六日(火)❖認証官任命式
❖御給桑行事（御養蚕所）
二七日(水) スロバキア国大統領閣下及び同令夫人（公式実務訪問賓客）　御会見・午餐
二八日(木)❖上蔟行事（御養蚕所）
❖神宮及び勅祭社宮司等　拝謁
日本芸術院第一部会員　お茶
二九日(金)❖外務省総合外交政策局長　御進講
❖團藤重光元宮内庁参与邸　御弔問
❖外務省総合外交政策局長　御進講
離任大使夫妻　御引見（ニュージーランド国）
三〇日(土)❖節折の儀

御公務（御執務）――九回
行事関係御進講等――三回
勤労奉仕団御会釈――八回

七月

一日（日）サントリーホール「ベルリンフィル一二人のチェリストたち」東京公演（後半）御鑑賞
二日（月）離任大使夫妻 御引見（オランダ国）
皇太子明仁親王奨学金奨学生 御接見
三日（火）皇太子殿下 御挨拶（タイ国、カンボジア国及びラオス国御訪問から御帰国につき）
明治天皇御事蹟について御進講（一〇〇年御式年にあたり）
帰朝大使夫妻 お茶（帰朝報告）
四日（水）◈初繭掻行事（繭の毛羽取り作業含む）（御養蚕所）
❖信任状捧呈式（マリ国、トルコ国）
日本学士院第一部会員 お茶
五日（木）❖株式会社メトラン 御視察（企業御訪問）
（公財）地球環境戦略研究機関国際生態学センター長 御説明（常緑広葉樹の植栽による海岸防災の森づくりについて）
九日（月）新任外国大使夫妻 お茶
◈サントリーホール「吉田秀和さんのお別れ会―水戸室内管弦楽団の演奏による追悼―」御出席
一〇日（火）❖アフガニスタン国大統領閣下 御会見
帰朝大使夫妻 お茶（帰朝報告）
一一日（水）在京外国大使夫妻 午餐
一二日（木）◈Bunkamuraオーチャードホール 小児がん征圧キャンペーン・チャリティーコンサート「生きる二〇一二～小児がんなど病気と闘う子どもたちとともに～」（後半）御出席
一三日（金）❖信任状捧呈式（チュニジア国、アルメニア国）
❖日本銀行総裁 御進講
一六日（月）菊栄親睦会会員 晩餐
一七日（火）❖警察大学校警部任用科第三四期学生 拝謁
離任大使夫妻 御引見（キューバ国）
一八日（水）明治神宮 御参拝（明治天皇一〇〇年祭につき）
◈天蚕（ヤママユ）の収繭御作業
一九日（木）長野県 長野県北部地震被災者 御訪問
長野県知事、栄村長より被災状況等御聴取
横倉農村広場仮設住宅 被災者 御見舞
横倉農村広場仮設住宅 仮設住宅管理者・支援者等御懇談

十日町市長　御懇談（被災状況等について）
二〇日（金）❖認証官任命式
二三日～二七日　那須御用邸御滞在
二三日（月）栃木県知事等　御挨拶、少時御歓談
県勢概要　御聴取
農家　御視察
二四日（火）那須高原ビジターセンター　御視察
二七日（金）栃木県知事等　御挨拶、少時御歓談
三〇日（月）明治天皇一〇〇年式年祭の儀
帰朝大使夫妻　お茶（帰朝報告）
三一日（火）❁御養蚕納の儀（御養蚕所）
平成二三年度農林水産祭中央審査委員会会長はじめ審査委員等　御懇談
御公務（御執務）――――九回
勤労奉仕団御会釈――――一回

九月

三日（月）離任大使夫妻　御引見（ブルガリア国）
四日（火）❖外務省総合外交政策局長御進講
❁外務省総合外交政策局長御進講
秋篠宮殿下　御挨拶（ベトナム国御旅行から御帰国につき）
五日（水）新任外国大使夫妻　お茶
六日（木）秋篠宮妃殿下・悠仁親王殿下　御挨拶（悠仁親王殿下御誕生日につき）
一〇日（月）❖信任状捧呈式（トリニダード・トバゴ国、ポーランド国）
❖自衛隊高級幹部会同に出席する統合幕僚長等　拝謁
一一日（火）秋篠宮妃殿下　御挨拶（御誕生日につき）
❖認証官任命式
一二日（水）❖信任状捧呈式（赤道ギニア国、カーボヴェルデ国）
❖衆議院議長、参議院議長御挨拶
❖認証官任命式
一三日（木）❁サントリーホール　難民を助ける会チャリティーコンサート「忘れないで三・一一―震災から五五三日目に贈るコンサート―」（第二部より）御鑑賞及び「難民を助ける会」の活動報告御聴取
一四日～一七日　葉山御用邸御滞在
一八日（火）日本青年館　日本遺族会創立六五周年記念式典　御臨席
❖キリル・ロシア国モスクワ・全ルーシ総主教　御引見
一九日（水）❖認証官任命式
在京外国大使夫妻　午餐
❖赴任大使　拝謁
赴任大使夫妻　御接見
二〇日（木）和光市新倉高齢者福祉セ

ンター（敬老の日にちなみ）並びに埼玉県立歴史と民俗の博物館　御訪問
青年海外協力隊帰国隊員及び日系社会青年ボランティアの代表　御接見

二一日(金)❖信任状捧呈式（オーストリア国、ブルネイ国）

二二日(土)　秋季皇霊祭・秋季神殿祭の儀

二三日(日)　東宮御所　皇后陛下喜寿をお祝いしての御内宴（晩餐）

二四日(月)◈吉井画廊「仏蘭久淳子展」御覧
日本学士院第二部会員　お茶
❖お稲刈り

二五日(火)　離任大使夫妻　御引見（イタリア国）
❖赴任大使　拝謁
赴任大使夫妻　御接見
❖お稲刈り

二六日(水)　新旧外務省儀典長夫妻　御昼餐

二七日(木)❖赴任大使　拝謁
赴任大使夫妻　御接見

二八日～三〇日　岐阜県　第六七回国民体育大会御臨場併せて地方事情御視察

二八日(金)　岐阜県知事等　御挨拶、少時御歓談
県勢概要　御聴取
岐阜県美術館　開館三〇周年記念シャガール展　御覧
清流園　御訪問
提灯奉迎

二九日(土)　岐阜市長良川鵜飼伝承館御視察
式典前演技　御覧
国民体育大会総合開会式御臨席
国民体育大会役員懇談会御臨席

三〇日(日)　なぎなた競技　御覧
岐阜県知事等　御挨拶、少時御歓談

御公務（御執務）――――八回
行事関係御進講等――六回
勤労奉仕団御会釈――六回

一〇月

一日(月)❖旬祭
❖認証官任命式

二日(火)　豊島岡墓地　行幸啓（寛仁親王殿下一〇〇日祭の儀後の御拝礼）
❖認証官任命式

三日(水)　マレーシア国国王陛下及び王妃陛下〈国賓〉　歓迎行事
同　御会見
同　宮中晩餐

四日(木)　日比谷公会堂　全国老人クラブ連合会創立五〇周年記念全国老人クラブ大会　御臨席
リヒテンシュタイン国皇太子殿下　お茶

五日(金)　迎賓館赤坂離宮　マレーシア国国王陛下及び王妃

陛下〈国賓〉御訪問
ロンドンパラリンピック入賞選手等　茶会

六日（土）山梨県　地方事情御視察
山梨県知事等　御挨拶、少時御歓談
県勢概要　御聴取
山梨県立武田の杜保健休養林　御視察
山梨県知事等　御挨拶、少時御歓談

九日（火）❖認証官任命式

一〇日（水）国際交流基金賞受賞者　御接見
日本芸術院第二部会員　お茶
アメリカ合衆国連邦議会上院仮議長ダニエル・イノウエ夫妻　お茶
宮内庁職員による天皇陛下喜寿奉祝茶会　御臨席

一一日（木）ザンビア国大統領閣下及び同令夫人　御会見
❖認証官任命式

一二日（金）❖赴任大使　拝謁
赴任大使夫妻　御接見
皇太子殿下ルクセンブルク国御訪問首席随員　拝謁
❖リベリア国大統領閣下　御会見

一三日（土）福島県　東日本大震災に伴う被災地御訪問
福島県知事、川内村長より復興状況等御聴取
上川内早渡地区　除染作業　御視察
下川内応急仮設住宅　御訪問
川内小学校　支援者等　御懇談（支援活動及び除染活動等について）
田村市長　御懇談（復興状況等について）
福島県知事等　御挨拶

一五日（月）❖国立療養所松丘保養園園長　御説明（国立療養所松丘保養園の現状と課題について）

ロンドンオリンピック入賞選手等　茶会

一七日（水）❖神嘗祭神宮遥拝の儀
神嘗祭賢所の儀
皇太子殿下　御挨拶（ルクセンブルク国御訪問につき）

一八日（木）❖内閣府事務次官　御進講
国立劇場　調停制度施行九〇周年・日本調停協会連合会創立六〇周年記念式典　御臨席
臨時神宮祭主 黒田清子様　御挨拶（神宮神嘗祭御奉仕終了につき）

一九日（金）❖全国警察本部長会議に出席する全国警察本部長等　拝謁

二〇日（土）皇后陛下御誕生日祝賀行事

二二日（月）パナマ国大統領閣下及び同令夫人　御会見
皇太子殿下　御挨拶（ルクセンブルク国御訪問から御帰国につき）

二三日(火)　離任大使夫妻　御引見（カナダ国）
❖認証官任命式
二四日(水)❖認証官任命式
二五日(木)　赤坂御苑　園遊会
二六日(金)❖赴任大使　拝謁
赴任大使夫妻　御接見（内二大使からは併せて帰国報告を御聴取）
二八日(日)　東京競馬場「近代競馬一五〇周年記念事業 東日本伝統馬事芸能・第一四六回天皇賞競走」御覧
二九日(月)　新嘗祭献穀者御会釈
❖国会議事堂　第一八一回国会開会式
エディタ・グルベローヴァ氏（オペラ歌手）お茶
三〇日(火)❖内閣総理大臣　内奏
離任大使夫妻　御引見（英国）
三一日(水)　新嘗祭献穀者御会釈
新任外国大使夫妻　お茶
御公務（御執務）――――一二回
行事関係御進講等――――五回
勤労奉仕団御会釈――――八回

一一月

一日(木)　ノルウェー国首相夫妻（公式実務訪問賓客）御引見
二日(金)　サラマンカ大学学長ダニエル・エルナンデス・ルイペレス氏ほか　お茶
三日(土)❖文化勲章親授式
❖同受章者　拝謁・お礼言上
五日(月)　文化勲章受章者及び文化功労者等　茶会
六日(火)❖赴任大使　拝謁
赴任大使夫妻　御接見
❖信任状捧呈式（ウルグアイ国、インド国）
◈平成二四年度「ねむの木賞」受賞者　御接見
七日(水)　新任外国大使夫妻　お茶
❖秋の勲章受章者　拝謁・お礼言上
三の丸尚蔵館　三の丸尚蔵館第五九回展覧会「描き継ぐ日本美―円山派の伝統と発展」御覧
新旧外務事務次官夫妻　御夕餐
八日(木)❖秋の勲章親授式
❖同受章者　拝謁・お礼言上
❖秋の勲章受章者　拝謁・お礼言上
書陵部庁舎　図書課図書寮文庫　御視察（人事院総裁賞受賞につき）
九日(金)❖秋の勲章受章者　拝謁・お礼言上
ヒレナガニシキゴイ御放流
埼玉県知事、埼玉県農林総合研究センター水産研究所長　御説明（ヒレナガニシキゴイの品種改良等について）
一〇日(土)　明治神宮文化館　明治天皇一〇〇年祭記念 第一回

「明治天皇六大巡幸」展　御覧
一二日(月)❖秋の勲章受章者　拝謁・お礼言上
帰朝大使夫妻　お茶（帰朝報告）
一三日(火)❖外務省総合外交政策局長　御進講
◈外務省総合外交政策局長　御進講
新旧外務省総合外交政策局長　御昼餐
❖秋の勲章受章者及び褒章受章者　拝謁・お礼言上
東京国立博物館　東京国立博物館一四〇周年 古事記一三〇〇年・出雲大社大遷宮特別展「出雲―聖地の至宝―」御覧
一四日(水)❖信任状捧呈式（オランダ国、バングラデシュ国）
❖警察大学校警部任用科第三五期学生　拝謁
帰朝大使夫妻　お茶（帰朝報告）
一五日(木)❖秋の勲章受章者　拝謁・お礼言上
❖赴任大使　拝謁
赴任大使夫妻　御接見（内一大使からは併せて前任地からの帰国報告を御聴取）
山種美術館「没後七〇年　竹内栖鳳―京都画壇の画家たち―」展　御覧
一六日(金)財務大臣表彰の国税庁税務職員及び総務大臣表彰の地方公共団体税務職員　拝謁
一七日〜二〇日　沖縄県　第三二回全国豊かな海づくり大会御臨席併せて地方事情御視察
一七日(土)沖縄県知事等　御挨拶、少時御歓談
沖縄平和祈念堂　御拝礼
白梅之塔関係者　御懇談（白梅之塔への花束お渡し）
国立沖縄戦没者墓苑　御供花
対馬丸記念会関係者及び沖縄豆記者関係者 御挨拶
県勢概要　御聴取
全国豊かな海づくり大会絵画・習字優秀作品　御覧
レセプション　御臨席
一八日(日)全国豊かな海づくり大会式典行事　御臨席
全国豊かな海づくり大会海上歓迎行事御臨席及び御放流
障害者支援施設更生ソフィア　御訪問
障害者支援施設更生ソフィア理事長はじめ関係者御懇談
提灯奉迎
一九日(月)沖縄科学技術大学院大学御視察
沖縄科学技術大学院大学学生等　御懇談
沖縄科学技術大学院大学長　御懇談

万座毛　御視察
恩納村役場　恩納村漁協
海ぶどう生産部会長等　御懇談
二〇日(火)　沖縄県海洋深層水研究所御視察
沖縄県海洋深層水研究所長等　御懇談
沖縄県知事等　御挨拶、少時御歓談
二二日(木)❖最高裁判所長官はじめ最高裁判所判事、高等裁判所長官等　午餐
厚生労働大臣表彰の保健文化賞受賞者　拝謁
❖前衆議院議長、参議院議長　御挨拶
二三日(金)❖新嘗祭神嘉殿の儀（夕の儀・暁の儀）
二四日(土)◈三越銀座店「篠田桃紅作品展」御覧
臨時神宮祭主 黒田清子様御挨拶（神宮新嘗祭御奉仕終了につき）

二六日(月)　日本学士院会館　第二八回国際生物学賞授賞式及び記念茶会　御臨席
離任大使夫妻　御引見（パキスタン国）
秋篠宮殿下　御挨拶（タイ国御旅行につき）
❖認証官任命式
二七日(火)　信任状捧呈式（イラン国、コソボ国）
文部科学大臣表彰の教育者表彰被表彰者　拝謁
二八日(水)　豊島岡墓地　高円宮御墓所　御参拝（憲仁親王一〇年式年にあたり）
❖法務大臣、法務副大臣、検事総長はじめ　午餐
❖信任状捧呈式（ブルガリア国、キューバ国）
二九日(木)　秋篠宮殿下　御挨拶（タイ国御旅行から御帰国につき）
在京外国大使夫妻　午餐
❖赴任大使　拝謁
赴任大使夫妻　御接見

三〇日(金)　秋篠宮殿下　御挨拶（御誕生日につき）
新認定重要無形文化財保持者夫妻　お茶
御公務（御執務）――――一一回
行事関係御進講等――――三回
勤労奉仕団御会釈――――八回

一二月

三日～五日　京都府・岐阜県　明治天皇一〇〇年式年にあたり明治天皇陵及び昭憲皇太后陵を御参拝並びに地方事情御視察
三日(月)　京都堂上会会員、門跡寺院、御由緒寺院・神社はじめ御挨拶
京都府知事等　御挨拶、少時御歓談
府勢概要　御聴取
曼殊院　御訪問
宮内庁職員（京都事務所、正倉院事務所、桃山、月輪、畝傍、古市各陵墓監区事務所）によ

る天皇陛下喜寿奉祝職員茶会　御臨席
四日(火)　明治天皇陵・昭憲皇太后陵　御参拝（明治天皇一〇〇年式年にあたり）
障害福祉サービス事業所京都太陽の家　御訪問
五日(水)　京都府副知事等　御挨拶、少時御歓談
大垣市奥の細道むすびの地記念館　御視察
岐阜県知事等　御挨拶、少時御歓談
六日(木)❖ベトナム国国会議長　御引見
厚生労働大臣表彰の障害者自立更生者等　拝謁
東京藝術大学大学美術館　尊厳の芸術展―The Art of Gaman―　御覧
七日(金)　ハイチ国大統領閣下及び同令夫人　御会見
◈絲竹會例会
◈国際児童図書評議会（IBBY）前会長パトリシア・オルダナ、同事務局長エリザベス・ペイジ両氏ほか　御接見
九日(日)　皇太子妃殿下・愛子内親王殿下　御挨拶（御誕生日につき）
一〇日(月)　財団法人鉄道弘済会義肢装具サポートセンター　御訪問（障害者週間にちなみ）
人事院総裁賞受賞者　御接見
新任外国大使夫妻　お茶
臨時神宮祭主黒田清子様　御挨拶（神宮祭祀御奉仕につき）
一一日(火)❖信任状捧呈式（トンガ国、ハイチ国）
◈伊藤忠青山アートスクエア「ねむの木のこどもたちとまり子美術展」～ねむの木学園創立四五年を祝して～　御覧
一二日(水)　新任外国大使夫妻　お茶
皇宮警察音楽隊創設六〇周年記念演奏会　御鑑賞
一三日(木)◈三菱一号館美術館「シャルダン展―静寂の巨匠」御覧
一四日(金)❖信任状捧呈式（リトアニア国、カナダ国）
❖人事院総裁、原子力規制委員会委員長はじめ　午餐
一五日(土)◈浜離宮朝日ホール　きりく・ハンドベルアンサンブル～クリスマスコンサート～（後半）御鑑賞
一七日(月)❖賢所御神楽の儀
一八日(火)　臨時神宮祭主黒田清子様　御挨拶（神宮祭祀御奉仕終了につき）
一九日(水)◈世田谷美術館「生誕一〇〇年 松本竣介展」御覧
❖記者会見（御誕生日にあたり）
二〇日(木)❖信任状捧呈式（イタリア国、タイ国）
三笠宮邸　行幸啓（御訪問）
二一日(金)❖信任状捧呈式（マーシャル国、

英国）
❖内閣総理大臣はじめ閣僚等　午餐
三の丸尚蔵館　三の丸尚蔵館第六〇回展覧会「鎌倉期の宸筆と名筆―皇室の文庫《ふみくら》から」御覧
二三日（日）❖天皇誕生日　祝賀の儀
一般参賀
祝賀行事
二五日（火）❖大正天皇例祭の儀
❖総務大臣　内奏
二六日（水）　離任大使夫妻　御引見（ガーナ国）
❖衆議院議長・衆議院副議長・参議院副議長　拝謁
❖衆議院議長・参議院議長奏上
❖親任式・認証官任命式
二七日（木）❖外務省総合外交政策局長御進講
◇外務省総合外交政策局長御進講
皇族・元皇族・御親族　午餐（歳末につき）
❖認証官任命式
二八日（金）❖国会議事堂　第一八二回国会開会式
二九日（土）　佳子内親王殿下　御挨拶（御誕生日につき）
三一日（月）❖節折の儀
御公務（御執務）――――六回
勤労奉仕団御会釈――――三回

❖平成二五年❖

五月

一日（水）❖旬祭
新任外国大使夫妻　お茶
東京タワー「世界記憶遺産の炭坑絵師 山本作兵衛展」御覧
二日（木）　神社本庁統理、伊勢神宮大宮司　御昼餐
日本芸術院第一部会員　お茶
六日（月）　皇太子同妃両殿下　御挨拶（オランダ国御訪問から御帰国につき）
七日（火）◇天蚕山つけ御作業
帰朝大使夫妻　お茶（帰朝報告）
八日（水）◇明治神宮会館　平成二五年全国赤十字大会　御臨席
東京国立博物館「国宝大神社展」御覧
九日（木）◇御給桑行事（御養蚕所）
❖春の勲章親授式
❖同受章者　拝謁・お礼言上
❖春の勲章受章者　拝謁・お礼言上
一〇日（金）　東京ステーションギャラリー「東京ステーションギャラリー再開記念生誕一二〇年木村荘八展」御覧
❖春の勲章受章者　拝謁・お礼言上
一三日（月）❖春の勲章受章者　拝謁・お礼言上

ブルネイ国国王陛下及び王妃陛下　お茶
一四日（火）❖赴任大使　拝謁
赴任大使夫妻　御接見
※国立劇場　平成二五年五月文楽公演第一部「曾根崎心中」御鑑賞
一五日（水）❖春の勲章受章者　拝謁・お礼言上
帰朝大使夫妻　お茶（帰朝報告）
❖春の勲章受章者及び褒章受章者　拝謁・お礼言上
一六日（木）❖春の勲章受章者及び褒章受章者　拝謁・お礼言上
ペーター・マウラー赤十字国際委員会総裁　お茶
一七日（金）帰朝大使夫妻　お茶（帰朝報告）
カナダ国下院議長夫妻　御引見
文部科学省研究振興局長他　御懇談
二〇日（月）※御給桑行事（御養蚕所）

離任大使夫妻　御引見（大韓民国）
❖衆議院及び参議院の役員等　拝謁及びお茶
二一日（火）❖信任状捧呈式（レバノン国）
※帝国ホテル　大橋鎮子（暮しの手帖社社主）お別れの会御出席
❖お田植え
二二日（水）全日本中学校長会総会に出席する中学校長　拝謁
※自由学園明日館「婦人之友」創刊一一〇周年記念〈婦人之友表紙と子供之友〉原画展「色彩のパレード」御覧
二三日（木）※上蔟行事（御養蚕所）
離任大使夫妻　御引見（フィンランド国）
江東区立越中島小学校　御訪問（こどもの日にちなみ）
❖お田植え
二四日（金）❖信任状捧呈式（ギニア国、ウガンダ国）

二五日〜二七日　鳥取県　第六四回全国植樹祭御臨場併せて地方事情御視察
二五日（土）鳥取県知事等　御挨拶、少時御歓談
県勢概要　御聴取
米子水鳥公園ネイチャーセンター　水鳥御観察及び展示品御覧
国土緑化運動・育樹運動ポスター原画コンクール等入賞作品　御覧
全国植樹祭レセプション御臨席
二六日（日）全国植樹祭式典　御臨席
とっとり花回廊　御視察
特別養護老人ホームゆうらく　御訪問
二七日（月）鳥取県立大山自然歴史館御視察
鳥取県立米子コンベンションセンター　まんが王国とっとりパネル　御覧
鳥取県知事等　御挨拶、少

時御歓談

二九日（水）❖国土交通事務次官　御進講

❈初繭掻行事（繭の毛羽取り作業含む）（御養蚕所）

インド国首相夫妻〈公式実務訪問賓客〉御引見

インド国首相夫妻　御昼餐

皇太子殿下スペイン国御訪問首席随員　拝謁

三〇日（木）日本芸術院第一部会員　お茶

三一日（金）武蔵陵墓地　武蔵野陵・武蔵野東陵　御参拝

羽村市郷土博物館　御視察

御公務（御執務）――九回

行事関係御進講等――三回

勤労奉仕団御会釈――五回

六月

一日（土）横浜ベイホテル東急　第二回野口英世アフリカ賞授賞式及び記念晩餐会　御臨席

二日（日）在インド国大使夫妻　御昼餐（インド国御訪問につき）

三日（月）第五回アフリカ開発会議出席の各国首脳夫妻等　茶会

五日（水）❖外務省総合外交政策局長御進講

❈外務省総合外交政策局長御進講

❈高円宮妃殿下　御挨拶（スウェーデン国御訪問につき）

六日（木）秋篠宮同妃両殿下クロアチア国、スロバキア国及びスロベニア国御訪問首席随員　拝謁

七日（金）フランス国大統領閣下及びトリエルヴェレール女史〈国賓〉歓迎行事

同　御会見

同　宮中晩餐

八日（土）迎賓館赤坂離宮　フランス国大統領閣下及びトリエルヴェレール女史〈国賓〉御訪問

皇太子殿下　御挨拶（スペイン国御訪問につき）

九日（日）❈紀尾井ホール　和波孝禧楽壇デビュー五〇周年記念演奏会「我が心のブラームス」（後半）御鑑賞

一〇日（月）❖豊島岡墓地　寛仁親王御墓所　御参拝（寛仁親王殿下一周年祭の儀お済ませにつき）

臨時神宮祭主　黒田清子様御挨拶（神宮祭祀御奉仕につき）

一一日（火）❖荒川区立日暮里図書館「吉村昭『海の壁』と『関東大震災』」展　御覧

高円宮妃殿下　御挨拶（スウェーデン国御訪問から御帰国につき）

一三日～一五日　天皇陛下葉山御用邸御滞在

一六日（日）香淳皇后例祭の儀

一七日(月) 日本学士院会館 日本学士院第一〇三回授賞式 御臨席
日本学士院賞本年度受賞者及び新会員等 茶会
❁帝国ホテル 第五〇回記念「日本更生保護女性の集い」祝賀会 御出席
❖認証官任命式
一八日(火) 秋篠宮同妃両殿下 御挨拶(クロアチア国、スロバキア国、スロベニア国御訪問につき)
皇太子殿下 御挨拶(スペイン国御訪問から御帰国につき)
臨時神宮祭主 黒田清子様 御挨拶(神宮祭祀御奉仕終了につき)
一九日(水) 在京外国大使夫妻 午餐
❖「高等裁判所長官、地方裁判所長及び家庭裁判所長会同」に出席する地方裁判所長及び家庭裁判所長 拝謁

二一日(金)❁御養蚕納の儀(御養蚕所)
新任外国大使夫妻 お茶
書陵部庁舎 琵琶譜(平安時代の琵琶の楽譜等)御覧
二二日〜二五日 京都府・大阪府 第一一回世界生物学的精神医学会国際会議開会式御臨席及び地方事情御視察
二二日(土) 京都府知事等 御挨拶 少時御歓談
府勢概要 御聴取
妙心寺 御訪問
宮内庁職員(京都事務所、正倉院事務所、桃山、月輪、畝傍、古市各陵墓監区事務所)による皇后陛下喜寿奉祝職員茶会 御臨席
冷泉家 御訪問
二三日(日) 国立京都国際会館 第一一回世界生物学的精神医学会国際会議開会式 御臨席
レセプション 御臨席

二四日(月) 聴竹居 御視察
京都府知事等 御挨拶、少時御歓談
大阪府知事等 御挨拶 少時御歓談
府勢概要 御聴取
株式会社新日本テック 御視察
提灯奉迎
二五日(火) 大阪大学会館(適塾記念センター)御視察
大阪府知事等 御挨拶、少時御歓談
二六日(水)❖神宮及び勅祭社宮司等 拝謁
二七日(木) 皇太子明仁親王奨学金奨学生 御接見
宮内庁職員による皇后陛下喜寿奉祝茶会 御臨席
三〇日(日)❖節折の儀
御公務(御執務)――――八回
行事関係御進講等――――五回
勤労奉仕団御会釈――――四回

七月

一日（月）　秋篠宮同妃両殿下　御挨拶（クロアチア国、スロバキア国、スロベニア国御訪問から御帰国につき）

二日（火）　眞子内親王殿下　御挨拶（英国短期御留学から御帰国につき）

三日（水）❖離任大使　御引見（ラトビア国）

❖警察大学校警部任用科第三七期学生　拝謁

❖衆議院議長、参議院議長　御挨拶

彌生画廊「御所の花」展　御覧

四日〜五日　岩手県　東日本大震災に伴う被災地御訪問

四日（木）　岩手県知事等　御挨拶、少時御歓談

岩手県知事、遠野市長より復興状況等御聴取

遠野市応急仮設住宅希望の郷絆　御訪問

支援者等　御懇談（支援活動について）

あえりあ遠野語りべホール　遠野昔話（座敷童子）お聴き取り

五日（金）　住田町保健福祉センター

住田町長　御懇談（被災者支援状況等について）

大船渡市長より復興状況等御聴取

太平洋セメント株式会社大船渡工場　御視察

陸前高田市長より復興状況等御聴取

陸前高田市立第一中学校応急仮設住宅　御訪問

支援者等　御懇談（支援活動について）

一関市長　御懇談（復興支援状況等について）

岩手県知事等　御挨拶、少時御歓談

六日（土）❖国立科学博物館　魚類の系統と多様性に関する国際シンポジウム懇親会　御出席

七日（日）　東京芸術劇場　学習院ＯＢ管弦楽団 第六七回定期演奏会　御鑑賞

八日（月）　日本芸術院会館　第六九回日本芸術院授賞式　御臨席

日本芸術院賞平成二四年度受賞者及び新会員等　茶会

❖認証官任命式

九日（火）　楽部洋楽演奏会　御鑑賞

一〇日（水）❖信任状捧呈式（イラク国、大韓民国）

東京農業大学「食と農」の博物館「日本の森林復旧」展―日本の山はハゲ山だった―　御覧

一一日（木）　離任大使夫妻　御引見（アイスランド国）

一二日（金）　離任大使夫妻　御引見（ルクセンブルク国）